营销策划

主　编　王斐　罗军
副主编　袁伟　魏浩　李英　霍萧夷

北京理工大学出版社
BEIJING INSTITUTE OF TECHNOLOGY PRESS

内 容 简 介

本书共分为三大部分，第一部分为营销策划的基本理论部分，包括第1章到第3章，内容为营销策划的原理与理念、操作流程、营销策划书写作等；第二部分为营销策划的要素策划部分，包括4章到第10章，内容为企业市场调研、产品、分销渠道、促销、品牌、广告、企业形象系统策划等。第三部分为营销专题策划部分，包括第11章公关策划。本书内容翔实、阐述透彻、体例新颖、案例丰富，集营销策划方法、技巧与文案于一体，是一本独具特色的营销策划类书籍。

本书既可作为大学本科、高职高专的市场营销和工商管理专业学生的教材，也可以作为营销策划和营销管理人员、销售业务与销售管理人员、广告策划人员的学习和培训用书。

版权专有　侵权必究

图书在版编目（CIP）数据

营销策划 / 王斐，罗军主编 . —北京：北京理工大学出版社，2018.7
ISBN 978 – 7 – 5682 – 5858 – 6

Ⅰ. ①营⋯　Ⅱ. ①王⋯ ②罗⋯　Ⅲ. ①营销策划 – 教材　Ⅳ. ①F713.50

中国版本图书馆 CIP 数据核字（2018）第 149653 号

出版发行 /	北京理工大学出版社有限责任公司
社　　址 /	北京市海淀区中关村南大街5号
邮　　编 /	100081
电　　话 /	（010）68914775（总编室）
	（010）82562903（教材售后服务热线）
	（010）68948351（其他图书服务热线）
网　　址 /	http://www.bitpress.com.cn
经　　销 /	全国各地新华书店
印　　刷 /	三河市天利华印刷装订有限公司
开　　本 /	787 毫米×1092 毫米　1/16
印　　张 /	16.5
字　　数 /	388 千字
版　　次 /	2018 年 7 月第 1 版　2018 年 7 月第 1 次印刷
定　　价 /	68.00 元

责任编辑 / 刘永兵
文案编辑 / 刘永兵
责任校对 / 周瑞红
责任印制 / 施胜娟

图书出现印装质量问题，请拨打售后服务热线，本社负责调换

前　言

营销策划是最能与时代同步发展、创新的一门学科和方法，随着以社交网站和微博为表现形式的自媒体 Web 2.0 时代的到来，在后金融危机环境下，随处可见利用互联网策划出前所未有的创意方案，也随处可见有意炮制而试图博得眼球的营销噱头与炒作。策划之说本身就颇具神秘感，或"运筹帷幄之中，决胜千里之外"，或"策划于密室，点火于基层"，虽然亦正亦邪，但均让人有神秘莫测、深藏玄机之感叹。但我们编辑这本《营销策划》则要揭去"策划"的神秘面纱，只借用策划蕴含的良苦用心、周密安排、设谋求变、出其不意的内核，为企业营销行为锻造"金手杖"。国外有学者把营销策划比作"防止企业跌倒的金手杖"是十分贴切的。

本书仅围绕企业营销活动这个大主题展开，企业的营销活动包括企业楔入市场到最终退出市场的全过程，这个过程是丰富多彩、变化无穷的。因而对企业的每一行为、每一活动的策划也是极具变数的，不可能在一本书中样样涉及、面面俱到，只能摘其要者而述之。企业营销这个总主题包括大大小小的主题若干，一次营销策划只是围绕所确定的某一主题展开，本书所涉及的也只能是对其中部分主题展开的策划。

本书每章结构主要是由营销策划方法与实务两部分组成，既有必要的营销策划基本理论与方法，又有大量的实务与操作；本书编排体例新颖，每章开篇有学习目标、结尾提供实战体验，方便读者把握重点、了解相关知识背景、学会理论联系实际，读起来生动有趣。本书的编写团队成员既有在高校市场营销专业从教多年的经历，又有在企业从事专业策划的经验，因此本书也是其多年相关从教与实践经验的结晶。

本书主要由广东科技学院管理系市场营销教研室的教师团队担任撰稿工作，该团队教师均长期承担市场营销专业相关课程的教学，担任主要编写工作的教师均为营销策划课程任课教师。

各章的分工如下：广东科技学院王斐老师（第1、8章）、罗军老师（第4、6、8章）、袁伟老师（第2、3章）、李英老师（第5、7章）、魏浩老师（第9、10章）、霍萧夷老师（第11章），黄小斌老师参与了第1章的编写，全书的结构和大纲由王斐老师策划，并负责全书的总撰写。

  本书在编写和出版的过程中，得到了北京理工大学出版社的大力支持，在此深表感谢；另外，本书还参考借鉴并引用了国内营销书籍和杂志刊登的一些同人编写的案例，在此一并表示最诚挚的谢意。同时，也对所有直接或间接为我们提供素材的营销策划一线经理人表示谢意和敬意。最后希望广大读者能够对本书的瑕疵之处不吝赐教，以便本书之后改版修订。

编 者

目 录

第1章 营销策划概述 （1）
1.1 什么是营销策划 （4）
1.1.1 营销策划的含义 （4）
1.1.2 营销策划：竞争的利器 （5）
1.1.3 营销策划的目的与特征 （6）
1.1.4 营销策划的框架与内容 （9）
1.2 中国营销策划业的发展过程 （10）
1.2.1 中国营销策划业的历史 （10）
1.2.2 中国营销策划业的现状 （12）
1.2.3 中国营销策划业的前景 （13）
1.3 营销策划的误区 （14）
1.3.1 营销策划的认识误区 （14）
1.3.2 营销策划的运作误区 （15）

第2章 营销策划的内涵与流程 （22）
2.1 营销策划的内涵 （23）
2.1.1 营销策划的原理 （23）
2.1.2 营销策划的效应原理 （24）
2.1.3 营销策划的体系 （26）
2.1.4 营销策划的特点 （27）
2.1.5 营销策划人的基本技能 （27）
2.2 营销策划的原则和方法 （28）
2.2.1 营销策划的基本原则 （28）
2.2.2 营销策划的基本方法 （29）

2.3 营销策划的组织和流程 …………………………………………………（34）
　　2.3.1 营销策划机构的建立 ……………………………………………（34）
　　2.3.2 营销策划的流程 …………………………………………………（36）

第3章 营销策划书写作 …………………………………………………（40）

3.1 构建营销策划书的框架 …………………………………………………（41）
　　3.1.1 框架设计的准备 …………………………………………………（42）
　　3.1.2 框架设计的要素 …………………………………………………（42）
　　3.1.3 框架设计的纲要 …………………………………………………（42）
　　3.1.4 整理资料与写作技巧 ……………………………………………（43）
3.2 营销策划书的写作原则与格式要求 ……………………………………（44）
　　3.2.1 营销策划书的写作原则 …………………………………………（44）
　　3.2.2 营销策划书的格式要求 …………………………………………（44）
3.3 营销策划书的写作模板与案例 …………………………………………（47）
　　3.3.1 营销策划书的写作模板 …………………………………………（47）
　　3.3.2 营销策划书的模式 ………………………………………………（48）
　　3.3.3 营销策划书的范例 ………………………………………………（51）

第4章 营销调研策划 ……………………………………………………（60）

4.1 营销调研策划概述 ………………………………………………………（61）
4.2 营销调研策划启动 ………………………………………………………（61）
　　4.2.1 搜集调研的问题 …………………………………………………（61）
　　4.2.2 定义调研问题 ……………………………………………………（62）
　　4.2.3 调研项目的确定 …………………………………………………（65）
4.3 调研方案的设计 …………………………………………………………（66）
　　4.3.1 营销调研方案的概念 ……………………………………………（66）
　　4.3.2 营销调研方案设计流程 …………………………………………（66）
　　4.3.3 明确营销调研的目的 ……………………………………………（66）
　　4.3.4 确定调研对象和调研单位 ………………………………………（67）
　　4.3.5 设计调研内容 ……………………………………………………（67）
　　4.3.6 确定调研地点或范围 ……………………………………………（68）
　　4.3.7 选择适合的调研方式 ……………………………………………（68）
　　4.3.8 选择适当的调研方法 ……………………………………………（69）
　　4.3.9 设计调查问卷 ……………………………………………………（71）
　　4.3.10 确定调研时间、调研期限 ………………………………………（75）
　　4.3.11 确定调研资料整理和分析方法 …………………………………（76）
　　4.3.12 确定调研报告的形式和内容 ……………………………………（77）

4.3.13 制订调研的组织计划	（77）
4.3.14 确定营销调研预算	（77）

第 5 章　产品策划 （79）

5.1　产品策划概述 （80）
- 5.1.1　产品的相关概念 （80）
- 5.1.2　产品策划的内容 （82）

5.2　产品组合的策划 （82）
- 5.2.1　产品组合的相关概念 （82）
- 5.2.2　产品组合策划的分析方法 （83）

5.3　产品组合策略 （85）

5.4　不同生命周期阶段的产品策略策划 （86）
- 5.4.1　产品生命周期 （86）
- 5.4.2　不同生命周期阶段的产品策略 （87）

5.5　新产品开发策划 （89）
- 5.5.1　新产品的概述 （89）
- 5.5.2　新产品开发的程序 （90）
- 5.5.3　新产品开发的策略 （91）
- 5.5.4　新产品开发的方式 （92）

第 6 章　分销渠道策划 （95）

6.1　分销渠道策划概述 （97）
- 6.1.1　分销渠道概念 （97）
- 6.1.2　分销渠道的五种流程 （97）
- 6.1.3　分销渠道类型 （98）

6.2　影响分销渠道设计的因素 （98）
- 6.2.1　产品因素 （98）
- 6.2.2　市场因素 （99）
- 6.2.3　企业自身因素 （99）
- 6.2.4　环境因素 （100）
- 6.2.5　中间商因素 （100）

6.3　分销渠道策划 （100）
- 6.3.1　分析最终用户需求 （100）
- 6.3.2　定位目标市场 （101）
- 6.3.3　寻找渠道最佳接触点 （101）
- 6.3.4　分销渠道的结构策划 （101）
- 6.3.5　分销渠道驱动政策策划 （104）

6.4 分销渠道运营管理 (106)
6.4.1 选择分销渠道成员 (106)
6.4.2 分销渠道冲突与管理 (107)
6.5 渠道评估与调整 (109)
6.5.1 评估渠道成员 (109)
6.5.2 分销渠道成员的调整 (111)

第7章 促销策划 (115)
7.1 促销概述 (117)
7.1.1 促销的定义与作用 (117)
7.1.2 促销的主要类型 (118)
7.1.3 促销策划 (119)
7.2 广告促销策划 (119)
7.2.1 广告策划的主要内容 (120)
7.2.2 广告策划的原则 (121)
7.2.3 广告策划的程序 (123)
7.3 营业推广策划 (128)
7.3.1 营业推广策划及其过程 (128)
7.3.2 营业推广的方式 (129)
7.3.3 营业推广的控制 (130)
7.4 人员推销策划 (131)
7.4.1 人员推销策划及其过程 (131)
7.5 公共关系策划 (133)
7.5.1 公共关系策划的定义及其作用 (133)
7.5.2 公共关系策划的过程及其内容 (134)
7.5.3 公共关系策划的策略和手段 (136)
7.6 促销组合策划 (137)
7.6.1 影响促销组合的因素 (138)
7.6.2 促销组合决策 (138)

第8章 品牌策划 (141)
8.1 品牌策划概述 (142)
8.1.1 品牌策划的理解 (142)
8.1.2 品牌策划的误区 (143)
8.2 品牌决策策划 (144)
8.2.1 品牌化决策 (144)
8.2.2 品牌使用者决策 (144)

    8.2.3 品牌名称决策 …………………………………………………… (145)
    8.2.4 品牌战略决策 …………………………………………………… (146)
  8.3 品牌建设策划 ……………………………………………………………… (149)
    8.3.1 品牌定位策划 …………………………………………………… (149)
    8.3.2 品牌设计策划 …………………………………………………… (153)
    8.3.3 品牌传播策划 …………………………………………………… (156)
    8.3.4 品牌提升策划 …………………………………………………… (158)
    8.3.5 品牌保护策划 …………………………………………………… (160)
  8.4 品牌重新定位策划 ………………………………………………………… (161)
    8.4.1 品牌重新定位的时机 …………………………………………… (162)
    8.4.2 品牌重新定位的实施 …………………………………………… (162)

第9章 广告策划 ……………………………………………………………… (167)
  9.1 广告策划概述 ……………………………………………………………… (168)
    9.1.1 广告策划的概念 ………………………………………………… (168)
    9.1.2 广告策划的特征 ………………………………………………… (168)
    9.1.3 广告策划的内容 ………………………………………………… (169)
  9.2 广告定位策划 ……………………………………………………………… (171)
    9.2.1 广告定位的含义 ………………………………………………… (171)
    9.2.2 广告定位的作用 ………………………………………………… (171)
    9.2.3 广告定位的必要性 ……………………………………………… (173)
    9.2.4 广告定位的方法 ………………………………………………… (174)
  9.3 广告媒体策划 ……………………………………………………………… (176)
    9.3.1 广告媒体的含义 ………………………………………………… (176)
    9.3.2 广告媒体策划的原则 …………………………………………… (178)
    9.3.3 广告媒体策划的基本流程 ……………………………………… (178)
  9.4 广告效果评估 ……………………………………………………………… (183)
    9.4.1 广告效果概述 …………………………………………………… (183)
    9.4.2 广告效果的事前评估 …………………………………………… (187)
    9.4.3 广告效果的事中评估 …………………………………………… (193)
    9.4.4 广告效果的事后评估 …………………………………………… (196)

第10章 企业形象系统策划 …………………………………………………… (202)
  10.1 企业形象策划概述 ………………………………………………………… (204)
    10.1.1 企业形象策划的概念 …………………………………………… (204)
    10.1.2 企业形象策划构成要素 ………………………………………… (205)
    10.1.3 企业形象策划作用 ……………………………………………… (205)

        10.1.4 企业形象策划的重要性 ………………………………………… (206)
        10.1.5 企业形象设计原则 …………………………………………… (207)
        10.1.6 企业形象策划步骤 …………………………………………… (208)
    10.2 企业理念识别系统策划 ……………………………………………… (210)
        10.2.1 企业理念识别系统的含义 …………………………………… (210)
        10.2.2 企业理念设计须遵循的基本原则 …………………………… (212)
        10.2.3 企业理念设计程序 …………………………………………… (212)
    10.3 企业行为识别系统策划 ……………………………………………… (212)
        10.3.1 企业行为识别系统的构成 …………………………………… (213)
        10.3.2 企业行为识别系统建立的原则 ……………………………… (214)
        10.3.3 企业内部活动设计 …………………………………………… (215)
        10.3.4 企业对外行为识别系统设计 ………………………………… (217)
    10.4 企业视觉识别系统策划 ……………………………………………… (222)
        10.4.1 企业视觉识别系统概述 ……………………………………… (222)
        10.4.2 企业视觉识别系统设计程序 ………………………………… (226)

第11章 公关策划 ……………………………………………………… (229)

    11.1 公关策划概述 ………………………………………………………… (230)
        11.1.1 公关策划的概念与目的 ……………………………………… (230)
        11.1.2 公关策划涵盖范围 …………………………………………… (231)
        11.1.3 公关策划的特征与原则 ……………………………………… (231)
    11.2 公关策划的程序 ……………………………………………………… (236)
        11.2.1 公关策划的内容与流程 ……………………………………… (236)
    11.3 公共关系专题活动策划 ……………………………………………… (238)
        11.3.1 企业内部公关策划 …………………………………………… (238)
        11.3.2 公关活动策划 ………………………………………………… (238)
    11.4 危机公关策划 ………………………………………………………… (246)
        11.4.1 危机公关策划的意义 ………………………………………… (248)
        11.4.2 危机公关策划的核心 ………………………………………… (248)
        11.4.3 危机公关策划的要旨 ………………………………………… (250)

参考文献 …………………………………………………………………… (253)

第1章

营销策划概述

【学习目标】

- 了解中国营销策划业的现状;
- 掌握营销策划的概念;
- 理解中国营销策划业的发展过程。

【开篇案例】

VANCL 的营销之道：AISAS 模式

VANCL——凡客诚品（简称"凡客"），在 CEO 陈年的带领下，由一个默默无名的跟随者，已成为中国目前网络直销行业的领军者。VANCL 以 68 元体验营销的方式让很多消费者怦然心动，它所提倡的口碑宣传和 AISAS 模式中的 Share（分享）不谋而合。这一切是巧合还是必然？

在巨大的互联网浪潮下，一大批电子商务企业如雨后春笋般涌现，中国的电子商务行业正迎来一场空前的网络盛宴。创办于 2007 年的 VANCL 在创立不足一年的时间里实现每天约 2 万件衬衫的销售量，已经超越包括 PPG、Bono 在内的主要竞争对手。据艾瑞市场研究公司的监测，2008 年 VANCL 在国内服装电子商务领域市场份额已达到 18.9%，仅次于淘宝商城，在品牌企业中居于首位。凡客的成长速度，简直可以用一日千里来形容。

美国广告学家 E·S·刘易斯最初在 1898 年提出了 AIDMA 模式，即 Attention（关注）—Interest（兴趣）—Desire（渴望）—Memory（记忆）—Action（购买）。这个理论可以很好地解释在实体经济里的购买行为，但在网络时代，该理论渐渐失去效用。2005 年，日本电通集团推出的 AISAS 更加适应网络时代的消费者行为过程。AISAS 模式是由电通公司针对互联网与无线应用时代消费者生活形态的变化，而提出的一种全新的消费者行为分析模型。AISAS 的前两个阶段和 AIDMA 模型相同，但在第三个阶段 S 为 Search，即主动进行信息的搜索，第四个阶段为 A，即产生购买行动，最后一个阶段 S 为 Share，即分享——将购买心得和其他人进行分享。基于网络时代市场特征而重构的 AISAS（Attention（关注）—Interest（兴趣）—Search（搜索）—Action（行动）—Share（分享））模式，将消费者在关注商品并产生兴趣之后的信息搜集（Search），以及产生购买行动之后的信息分享（Share），作为两个重要环节来考虑，这两个环节都离不开消费者对互联网（包括无线互联网）的应用。这两个具备网络特质的"S"——Search（搜索）、Share（分享）的出现，指出了互联网时代下搜索（Search）和分享（Share）的重要性，而不是一味地向用户进行单向的理念灌输，充分体现了互联网对于人们生活方式和消费行为的影响与改变。

根据电通公司的调查数据，在商品认知阶段，消费者的信息来源以电视、报纸、杂志、户外、互联网等媒体广告为主；在理解商品及比较探讨和决定购买的阶段，除了亲临店头之外，互联网及口碑相传是其主要信息来源与决策依据。VANCL 的营销之道恰好契合了这一理论。

VANCL 通过大面积的广告覆盖来引起消费者的关注。在各大主流网站，比如腾讯、新浪、搜狐等都可以见到 VANCL 的身影。VANCL 的这一举动不禁让人们想起了已经淡出人们视野但曾经风光无限的 PPG，它曾经凭借巨额的广告费用来拉动需求。然而在广告策略上，VANCL 分账做广告的做法促使众多个人网络站长成为兼职的 VANCL 的推销员，大规模的网络联盟营销自然促进了 VANCL 品牌信息的传播向纵深发展。VANCL 包括电话销售的网络销售比重占据总销售的 95% 以上，其中直接来自网络下单的销售达 40%。这样一来，广告费用在销售收入中的比重大大降低了。

除了在网络广告上面下功夫之外，VANCL 还发起了 CGM（Consumer Generated Media，消费者发布型媒体营销）。这得益于互联网的巨大贡献。除了使消费者更加容易地获得产品和市场信息之外，互联网还引起了消费者心理的改变，"不愿失败"的消费心理有了更充分的信息依据。为了充分地掌握信息，消费者会从各个方面搜集信息，除了一些客观的网站，消费者还会偏向于论坛等。因此，以 Blog、Wiki、BBS、SNS 等为主要形式的个人媒体很快流行起来，它们不仅是个人信息发布和群体信息共享平台，还涉及将新闻和企业信息（也包括广告）进行比较讨论等各种各样的传播形式。在 VANCL 论坛（bbs.vancl.com）上，有各种各样的帖子和文章。在这里，你可以表达对 VANCL 的喜爱、不满、抱怨或者建议。另外，这里还有各大主流门户网站对 VANCL 的报道。建立这样的 BBS，不管你喜欢还是不喜欢 VANCL，它至少达到了一个目的——人们开始讨论 VANCL 了。这样形成了一定的气候，VANCL 的影响力就会逐渐扩大，顾客忠诚度逐渐提高，营销的功能也就实现了。

引起消费者的兴趣同样难不倒 VANCL。而"68 元"可以说是 VANCL 吸引用户的核心筹码。消费者初次购买 VANCL 的产品时，无论是原价 248～299 元的全棉免烫牛津纺衬衫，还是原价 199 元的 POLO 经典 T 恤衫，都可以用 68 元购买任意一件产品。VANCL 还为用户提供了办理发票和退换货服务，VANCL 所追求的是让客户有如进品牌专卖店那种信赖感。价格的设定，体现了 VANCL 品牌的一些想法。陈年说，做 VANCL 是因为许多人"买不起大牌"。他喜欢日本的"无印良品",这个品牌所有的产品上面都没有LOGO,衣服上面也只是贴个带LOGO的胶带,轻轻就可撕下来。他希望VANCL成为中国的"无印良品",买不起大牌衬衣的人穿着VANCL,价格便宜别人也不知道,品质看上去也不错,感觉就会舒服。这样的品牌思路,显然容易刺激更多人、更多次的购买。

经过广告宣传、体验营销,建立了一定的品牌声势以后,让消费者注意不到都难。形成了一定的品牌认知,消费者自己就会蠢蠢欲动了。而搜索VANCL对于消费者来说是轻而易举的事情。打开百度,输入VANCL或者凡客诚品,立刻就会出现76万多个相关网页链接。打开VANCL的官方网站,几乎所有产品及折扣都被展示在消费者面前,位于网页中央的占据一半页面的图片优惠信息也特别冲击人的视觉,而相关产品礼包优惠装的展示则往往会让凡客的用户从单买一件转而选择优惠套装。对于这些繁多的优惠加上体验营销的策略,很多消费者都会抱着试一试的心态,购买自己的第一件VANCL衬衫。有了第一次的购物体验,伴随着第二次第三次的购物经历,消费者的不信任感渐渐消失,取而代之的是对VANCL不遗余力的口碑宣传。在网络时代,在博客、社区、SNS流行的时代,人们会主动地把自己购买到的商品、服务拿出来分享,而自这个分享开始,又是一个新的轮回,因为你的分享恰恰能够引起新的消费者的关注与兴趣。而这也正是陈年所倡导的,利用消费者自身来做品牌宣传的口碑营销策略。VANCL网络口碑靠的主要就是用户体验的口碑传播,包括用户在购物时的心得分享。虽然对于网民口碑传播带来的新购买量VANCL暂时没有精确的统计,但从目前看,增长幅度在20%左右。VANCL还在进一步摸索和尝试有价值的网络口碑营销模式,口碑营销的价值在于契合了新的消费形态和生活方式,从成长的角度来看,上升的空间很大。

就是这样,VANCL实现了AISAS模式的完美呈现。从Attention(关注)到Share(分享),VANCL在各个细节上都体现出营销的力量。

(案例来源:http://www.92to.com/xinli/2016/02-02/1157612.html)

可以说,营销策划推动着我们这个精彩的世界,而营销策划本身也正是一个精彩的世界。创新性和艺术性是营销策划永恒不变的两大主题。面对日趋白热化的竞争以及同质化的产品,企业必须不断地实施与竞争对手不同的新的营销策划的思路、方法,再与文化、情感结合,使策划活动充满了艺术性、观赏性,这才能使消费者和公众对企业和产品产生较高的认同感,从而转化为购买行为。营销策划在不断地创新,又富有艺术性,甚至会经常制造出轰动的、吸引眼球的事件和新闻。因而,营销策划充满了趣味和激情,营销策划已成为当前企业竞争中最靓丽的一道风景线,往往能够激发最具创造力的灵感,产生最有竞争力的产品,也最能吸引我们去关注它、研究它,并投身于这项事业。下面举三个例子。

一是《魔兽世界》与可口可乐的合作。2005年,网络游戏运营商第九城市与可口可乐公司合作,可口可乐饮料罐上印制《魔兽世界》图像,可口可乐还帮助对方在全国打造《魔兽世界》的主题网吧。这是第九城市为对抗盛大公司做出的联盟营销策划。

二是电影《英雄》的营销成功。《英雄》以全球14.3亿元人民币的票房收入在中国影视史上创下了全新的纪录,也是中国第一部在海外市场获利的影片,开创了中国电影营销的新篇章。仔细分析《英雄》从筹拍到推广各阶段的运作方式,我们会发现《英雄》的成功,是因其在营销方面较传统影视制作推广方面有了较为大胆的突破。新画面公司的张伟平总裁可以说是中国电影营销策划第一人。

三是联想的世界杯营销。2006年夏的足球世界杯赛是球迷的节日，也是营销策划的舞台。在世界杯赛之前，已是全球第三大 PC 厂商的联想集团就与球星罗纳尔迪尼奥签约，小罗成为联想集团的全球品牌形象代言人。在世界杯期间，很多国家的观众都能看到小罗在广告片中的球艺展现，听到他说："它才是真正的明星，给我要的快乐！"

对于每一位营销策划的学习者来说，认识到营销策划的精彩、有趣之处非常重要。营销策划的这一特征是很多其他学科、课程所不具有的，它与我们的日常消费生活息息相关，也牵连着很多重要的、轰动的经济社会活动。只要将营销策划的知识、方法与我们感兴趣的现实、实践相结合，学习者就会产生极大的学习热情和兴趣，兴趣将会成为缔造我们事业成功的原动力。

1.1 什么是营销策划

1.1.1 营销策划的含义

营销策划和我们的生活很近，只要留心就会发现，在电视、报纸广告里，在超市中，凡是有商业竞争的地方，就会有营销策划。

在理解营销策划之前必须先理解策划。

一、策划

"策划"一词是现今社会使用频率最高的词汇之一。面对错综复杂、变化频繁的环境，人们常常需要策划，策划也是现代社会最常见的经济活动之一。策划思想及策划行为在我国古代就已出现。"策"就是古人用竹子编成的马鞭，有驱使、促进的含义，也有"谋略"之意。如《吕氏春秋》"此胜之一策也"，可以译为：这是取胜的一种谋术。"划"也作"画"，有计划和划分之意，"谋划"也。如《论语·述而》中"好谋而成者也"的"谋"意。"策划"一词最早出现在《后汉书·隗嚣传》"是以功名终申，策画复得"一句中，意思是计划和打算。流传久远的"三思而后行""凡事预则立，不预则废""多算胜，少算不胜，而况于算乎？""用兵之道，以计为首""先谋后事者昌，先事后谋者亡""运筹帷幄之中，决胜千里之外"，都具有典型的策划思想。而其中的"思""预""算""计""谋""运筹"则是策划寓意的直接表达。从中国传统的策划思想来看，"策划"与"计谋""计策""谋略""筹划"等含义相近，且在多数情况下是可以相互替代使用的，体现出了中华民族思想的深邃和精湛。今天人们对策划的理解又有了一些新的发展，当前理论界对策划有不同的见解。日本策划家和田创认为，策划是通过实践活动获取更佳效果的智慧，它是一种智慧创造行为的过程。美国出版的《哈佛企业管理丛书》认为，策划是一种程序，"在本质上是一种运用脑力的理性行为"。《经济与管理大词典》对策划的论述是：在经营管理中，为了达到某一经济目标，在一定的环境条件下，对可能实现的目标及方向做出的行动谋划方案。我们认为：策划是指人们为了达到某种预期的目标，借助科学、系统的方法和创造性思维，对策划对象的环境因素进行分析，对资源进行组合和优化配置，并进行调查、分析、创意、设计及制定行动方案的行为。

策划作为一种程序，在本质上是一种运用知识和智慧的理性行为。策划又是具有前瞻性的行为，它要求对未来一段时间将要发生的事情做出决策。策划就是找出事物的主客观条件和因果关系，选择或制定出可采用的对策，作为当前决策的依据，也就是事前决定什么、如何做、何时做、由谁来做的系统方案。

二、营销策划的内涵

营销策划，是指市场营销策划活动的主体，根据企业的整体战略，在对企业内部条件和外部环境分析的基础上，设定预期的营销目标并精心构思、设计和组合营销因素，从而高效率地将产品或服务推向目标市场的操作程序。营销策划是现代企业管理的重要内容，是企业竞争力提升的必要途径。

在理解营销策划含义时应该注意：首先，营销策划的对象可以是某一个企业整体，也可以是某一种产品或服务，还可以是一次活动；其次，营销策划需要设计和运用一系列计谋，这是营销策划的核心和关键；最后，营销策划需要制订周密的计划和做出精心的安排，以保证一系列计谋运用的成功。因此，营销策划并不是单纯的广告与销售活动，它是一项系统工程。营销策划的每个组成部分都需要有机地配合，充分发挥作用，任何一个部分都不可缺少或薄弱。否则，营销策划最终难以获得圆满成功，其重要作用将难以发挥。

1.1.2 营销策划：竞争的利器

在现代管理中，营销的重要性已经被绝大多数企业认识，许多企业在经营中，营销策划也已成为不可或缺的部分。但是，仍有一些企业还不能真正理解营销策划的意义。营销策划的重要性和方法亟须被中国企业理解，并灵活应用。"企业离不开营销，营销离不开策划"，不进行营销策划的企业是没有活力、没有竞争力的企业，营销策划已是现代企业竞争必备的利器。

首先，营销策划有利于塑造市场导向型企业。市场经济下的企业是以赢利性地满足顾客需求为根本任务的；树立市场导向的观念，建设营销型的企业是市场经济的客观要求。营销策划的实质是对需求的策划，对顾客的策划。一个营销策划必须建立在对顾客需求、心理充分分析的基础上，才能使策划出来的方案有利于产品或服务的营销。营销策划的直接结果是让产品畅销，但如果长期进行营销策划，那么其最终的结果是通过营销策划的谋略和执行，建立起一个能够以市场为导向、创新性地综合应用营销多种手段的营销型企业。养生堂公司就是通过营销策划塑造出的一个市场导向型企业，正因为这样，它所推出的几乎每一项产品都获得了很大的市场成功，农夫山泉、龟鳖丸、朵尔、清嘴、农夫果园、成长快乐等产品都是公司成功策划的结果。

其次，营销策划有利于产品销量的提高。正如前文所讲，这是企业进行营销策划的直接目的。通过营销策划，企业能够认真分析自身所处的营销环境，辨明市场机会和竞争威胁，找到一个能够显示企业比较竞争优势的市场位置，引起消费者的关注和兴趣，从而激发消费者的购买欲望。不同水平的营销策划对产品销量提高的效果会不同，通过扎实地了解顾客需求，系统地运用营销方法所做出的整合营销策划，相较于一招两式的促销策划，对产品销量的影响更为长期、有效。

最后，营销策划有利于企业形象的提升。营销策划不仅是为了产品销量的迅速提高，也需要考虑企业形象、企业核心竞争力的提升。营销策划中的战略策划、市场定位、公关策划等都是以这一方面为着眼点的。例如：大型国有企业中石化集团并没有一般国有企业的生产导向观念或"营销近视症"，它非常重视营销策划，在2004年，花费8亿元人民币获得F1的冠名权，2006年又获得2008年北京奥运会唯一的润滑油产品赞助资格。这两个举措极大地扩大了中石化在全球的知名度，提升了企业形象。

因为营销策划对企业经营的意义非凡，从20世纪90年代中期以来，在我国的人才市场中，营销策划人员始终是企业招聘的急需人才。因此可以说，营销策划不仅是企业竞争的利器，也是个人在职场竞争的利器。

1.1.3 营销策划的目的与特征

企业营销策划的总目标都是一致的，即服务企业的目标，是以"为了企业更好地生存与发展"为目标。

但处于不同市场、不同发展阶段、不同竞争程度的企业的市场营销策划的具体目标是不同的，有的是提高市场份额，有的是提高品牌知名度，有的是打击竞争对手，有的是培养消费者的忠诚度，等等。但是归根结底，企业营销策划的具体目标都是在特定的时间和地点，通过对企业各类资源的整合利用，使营销策划的对象以消费者偏好的形式出现在市场上，并在这一特定时空条件的市场上具有唯一性、排他性和权威性，从而获得长期的或者至少是一段时间的竞争优势。

总体看来，市场营销策划是一项既具有复杂性又要求系统性，既要求具体性又要求整体性的工作。营销策划具有以下特征。

一、商业性

营销策划的目的是给企业带来销量和利润，营销策划不是为了设计某个轰动的活动或富有艺术性的广告。"超女"不是纯粹的娱乐或文化活动，如果没有蒙牛集团对该节目的商业化运作，它也不会有如此大的成就。新画面公司对《英雄》的策划思路直接指导了导演张艺谋，使得好莱坞式的商业运作在电影中的地位更加凸显。有效的营销策划，可以使企业的市场份额迅速扩大，可以给企业带来利润的迅速增长，可以带来品牌知名度和美誉度的迅速提升，这就使得企业能够在可以预测的未来获得经济上或是声誉上的收益。只有把握住了现在，才能掌握未来。营销策划必须能产生理想的效益，或是能推动效益的增长，不能给企业带来效益的策划不是好的策划。

二、创新性

营销策划是解决营销过程中某一领域、某一问题的创意思维，是一种高智力密集型活动。营销策划的魅力就是创新性，创新性决定了营销策划的有效性。营销策划的逻辑可以用下式表示：科学的创意×实现的可能性＝最大的预期效果。营销策划要求策划者具有创新性思维，而这种创新性思维是策划生命力的源泉。创新性的具体要求包括：①丰富的想象力，能突破某些关键环节，产生特殊效果；②思维的发散性，即能够从不同角度、方向思考；③创造性想象力；④敏锐的洞察力；⑤积极的求异性，不轻言、盲从。在社会营销实践中，往往越具有创新性的营销策划所带来的营销效果越好。例如：湖北劲牌酒业公司在行业中第一个明确提出"健康酒"的概念，农夫山泉提出"天然水"的概念以和矿泉水、纯净水相区别，这些都是当时竞争者没有提出的，因而引起了公众的关注，都取得了很好的效果。

三、时效性

营销策划的另一个特征就是时效性。去年效果很好的营销策划今年可能就不好用了，别的企业好用的营销策划我们的企业可能就派不上用场。就如同"神舟五号"飞船发射成功的第二天，蒙牛与"神舟五号"密切结合的广告满天飞，让人们在热谈"神舟五号"的同时也记住了蒙牛，实际所带来的经济收益也让蒙牛满意。但是，等到"神舟六号"飞船上天的时候再用这个营销策划，效果明显就比上一次差很多。例如，云南海鑫茶叶有限公司、云南康乐茶叶交易中心两家公司提供10克石南普洱茶搭载"神六"，其目的是提高普洱茶的知名度，促进产品的销售，但是最终的结果是，几乎很少人因为"神舟六号"的成功上天而知道还有这么一种普洱茶，还有云南海鑫茶叶有限公司、云南康乐茶叶交易中心这么两家公司。即便是蒙牛这次借助"神舟六号"对产品进行宣传的营销策划，效果也比上一次差很多。

四、综合性

综合性是营销策划的又一重要特征。菲利普·科特勒在论及市场营销学的综合性时曾经指出，"经济学是其父，行为学是其母"。同样，对于营销策划来说，我们可以套用一下，"市场营销学是其父，策划学是其母"。市场营销学本身就是综合了哲学、数学、经济学、行为学、社会学、心理学等学科的精华而形成的跨学科性质的学科，营销策划更是在市场营销学的基础上集战略、文学、美学、心理学之大成。国内外很多知名的营销策划家都是知识面宽、阅历丰富、学习能力强的人。也就是说，综合性对营销策划人员提出了更高的要求，要求营销策划人员是通才、杂家，具有广泛的、全面的能力。

五、灵活性

孙子曾经说过，"兵无常势，水无常形"，这句话一样适用于营销策划。营销策划的灵活性是由营销活动所面临的环境的复杂性、多变性所决定的。在当今复杂多变的市场环境下，营销策划如果僵硬、机械，不具备灵活性、应变性、适应性，必将出现失误。营销策划的灵活性是指在营销策划过程中，必须注意策划方案的整体方向性与方案具体细节的灵活性相结合，对方案中不可预测性较强的环节应特别指出，并准备几套风险应对方案，以便对营销策划方案的某个环节进行调整。同时，在方案实施过程中，随着市场环境的变化以及影响市场的各种客观条件及因素的变化，应不断地调整方案的进程，保证方案的执行在可控制的范围之内。

六、可行性

可行性是指营销策划必须是企业经过努力可以实现的。要做到这一点，必须将良好的创意与企业现在能够利用的各种内外部资源，包括人力、物力、财力合理结合，最终落到实处。那些叫好不叫座、无法实现的创意都不是真正的营销策划。再好的创意，如果无法实施，只不过是启发人们的思路，并不能被称为营销策划。有一则寓言故事恰好说明了这一点：传说老鼠们为了防备猫的袭击，在一起开会商量对策，一只非常聪明的小老鼠提出了一个极具创意的建议：给猫脖子挂上一只铃铛。马上就有一只年长的老鼠问道：谁去给猫挂铃铛呢？结果，没有一只老鼠敢去。显然，这就是一个无法实现的创意。如果创意在企业现有资源的帮助下实现不了，那么就不能称其为营销策划。

【经典案例】

欧莱雅"三弄"人人网

一弄：科学之星

"欧莱雅校园科学之星"评选向中国大陆学历在本科以上的女生开放。学科不限，只要你有科学梦想，或对科学感兴趣，希望向更多的人表达你的科学见解，你就是欧莱雅要寻觅的人选。若你是男生，可以邀请你的女同学、女朋友参加，也可以为有科学梦想的女生投票、加油。"欧莱雅校园科学之星"针对女大学生开展的科学奖励，选取了人人网作为推荐人及候选人的评选平台。

人人网的任何注册用户只要加入"欧莱雅校园科学之星"群组，并邀请朋友参赛，均可获得"意外惊喜"。参赛与评选的规则要求候选人提交对某个问题的科学见解，由网友评分，平均值则作为最后得分。而在投票方面，设立网友投票的人气分，附加分值最高可达40分，可见网友的参与度非常高。网友的投票规则是：在人人网注册登录，每个人人网用户ID每天可对每个用户投3票。"欧莱雅校园科学之星"活动的推出，在人人网上掀起了关注热潮。活动不仅激发了女大学生们的参与热情，也引发了许多学生对科学钻研的热情，许多高校对此活动都给予了很大支持。

二弄：环保达人

2009年正值欧莱雅成立百年，一系列的网络营销活动如火如荼地进行，而作为充满生命力的人人网为欧莱雅在网络上的全面进攻提供了一个充满生机的环境和无限开阔的视野。

欧莱雅独家赞助2009年度"母亲河奖"，并就此于2009年5月19日和6月10日在人人网上开展"时尚环保达人"评选活动，号召大学生和欧莱雅一起关注公益支持环保。凡网上星级用户参与环保问答成功提交后，即可成为人人网"时尚环保达人"；与好友分享活动，邀请更多朋友参与到活动中，也可成为人人网"时尚环保达人"。此外，还从参与活动的用户中随机抽取30名，由欧莱雅（中国）有限公司提供精美礼品一份。

由于环保及公益活动一向是大学生关注的热点，所以这项活动受到大学生们的热烈追捧。欧莱雅公司的知名度与美誉度也因此项活动而迅速提升。

三弄：真情义卖

2009年7月，每年一度的欧莱雅"真情互动"校园义卖活动正式拉开了帷幕。有别于往年的线下运作模式，2009年的义卖活动在线上举行。至此，已连续举行7年的慈善义卖助学活动步入了e时代。与往年到各校园进行现场义卖不同，2009年的义卖活动在形式上进行了全面的改革和创新，将传统的线下销售模式转换为通过"真情网购平台"、著名的网上商城当当网进行在线销售。与此同时，同学们可通过人人网"真情分享平台"交流和分享感受。可见，人人网成为欧莱雅转战网络营销的主战场。

一时间，各大高校学生嘴里谈论的几乎都是欧莱雅和人人网："看人人网了吗？""参加欧莱雅了吗？"凭借以往几年校园义卖的成功，欧莱雅在校园内本来就具有很高的品牌知名度和良好的公益形象，当人人网成为各大公司针对学生的活动平台，分享与交流使得活动信息在最主要的人群里有着最大范围的传播时，无疑让欧莱雅的网络营销如虎添翼。

人人网实行实名制注册，以至该社区上所有用户都有很高程度的相互信赖，尤其用户的朋友群几乎都是自己现实生活中的好朋友，这些好朋友对信息进行分享，总是能够得到很高程度的信任并会引起很大的好奇心。欧莱雅充分利用了"朋友""实名制"，在人人网 SNS 上推出关于活动的投票评选，活动的分享传播效果显著。

（案例来源：林景新．实战网络营销［M］．广州：暨南大学出版社，2009．）

1.1.4 营销策划的框架与内容

营销策划是对企业市场营销活动的决策，它涉及对企业所在的宏观环境和微观环境分析，营销战略规划，营销策略设计，营销行动方案的设计、执行和控制等。总体来说，营销策划在基本确定了策划的任务之后，策划框架大致分为四个部分：

一、内外部环境分析

营销策划是对内部资源和条件、外部机会和威胁的反映，内外部环境分析是营销策划之始。正如舞龙时，整条龙都要围绕龙珠转，环境分析就像龙珠一样，决定了营销策划步骤的方向。环境是一个多因素、多层次的复杂综合体，各种环境因素不但分别对企业的营销活动产生影响，而且各因素之间又有相互交叉的影响。企业总是处于一定的、不停变化的营销环境当中，这在给企业的营销策划带来制约与威胁的同时，也给营销策划活动创造了良好的机会。所以，在进行营销策划时，首先要考虑的就是如何对企业的内外部环境进行全面而且有效的分析，不仅要分析外部环境中的政治、经济等宏观因素和消费者、竞争者等微观因素，也要分析内部环境中的企业资源条件、战略模式、企业文化、组织结构等。分析企业营销环境的方法很多，可以使用 PESTEL（政治、经济、社会、技术、环境、法律等宏观因素）分析法、SWOT（优势、劣势、机会与威胁）分析法、波士顿矩阵法、通用电气公司经营矩阵法等。

二、策划思路确定

在对企业的内外部环境进行系统分析之后，下一步就需要确定营销策划的总体思路，它具有纲举目张的作用，是营销策划"一条龙"的龙头。确定什么样的思路主要取决于营销策划的内容是什么。如果是整合营销策划，即一个企业整体的营销策划，策划思路的确定主要意味着制定企业营销战略，而制定企业营销战略的主要内容又是进行市场定位。如果是单项的专题性营销策划，如调研策划，确定策划思路主要是确定调研方法、调研对象；企业形象策划，确定策划思路主要是确定企业精神、价值观等以及视觉系统要传递的诉求点。也就是说，营销策划的内容不同，策划思路的类型也就不同。举个例子，在七喜饮料的经典广告策划中，"七喜，非可乐"有口皆碑，这句广告语策划的前端一定是策划思路确定，即差异化，甚至反向的市场定位思路，让本企业产品与可乐类产品区分开来，欲树立七喜在非可乐饮料中第一品牌的形象及地位。

三、策略与技巧设计

在策划思路确定的基础上,需要对营销策略和策划技巧给予具体可实施性的设计。营销策略即大家熟悉的"4P"——产品、价格、渠道和促销,在整合营销策划中离不开对这4个营销可控要素的策划。营销策划之所以不同于营销管理,主要在于营销策划需要更多一些技巧性、艺术性和创新性。借势和造势就是常用的营销策划技巧。借力打力往往比单纯的自己用力的效果更好。牛顿曾经说过,"给我一个支点,我可以撬起整个地球"。通过借助外界的力量,一方面可以节省企业的营销费用,另一方面又可以让目标顾客在毫无防备的情况下记住我们的产品、品牌等,真正起到事半功倍的效果。造势就是常说的"炒作",通过具有轰动效应的事件或信息的安排、设计,使产品或服务的知名度短时间内大幅度提高。借力和造势都能够呈几何级数扩大营销策划的效果。

四、方案执行与调整

当企业经营比较规范时,或者策划活动的影响较大时,都需要制定一个策划文本,即方案,作为指导企业实施的蓝图。企业须认真按照策划方案去执行。执行力很重要,"细节决定成败",方案的执行决定了营销策划的最终结果,并且执行也是一个能动的过程,要不断地、积极地审视营销策划结果与执行中的内外部环境是否协调,从而做出方案调整。方案调整是在不对方案伤筋动骨的情况下,对方案的局部细节再经过多方求证,对方案中的具体目标、行动步骤、策略、预算等进行调整、修改。方案付诸实施以后可以由企业高层管理人员或第三方专家对策划方案的实施情况进行评估、鉴定。可以预先设立一系列评估指标,对方案实施过程中出现的各种情况进行监督,一旦出现偏离策划的事件,要及时反馈给相关人员,及时地对营销策划进行调整和控制。

市场营销策划是一项复杂而又要求系统性、具体而又要求整体性的工作,其内容极其丰富。一个大的营销策划,往往是由若干个小的策划组合而成。这些基础性的营销策划是:营销调研策划、营销战略策划、产品策划、品牌策划、企业形象策划、渠道策划、广告策划、营销传播策划、营销组织策划等。这些也是本书要重点介绍的专题性的营销策划内容。

1.2 中国营销策划业的发展过程

1.2.1 中国营销策划业的历史

在中国经济快速发展、竞争日益充分的时代背景下,中国营销策划业的发展非常快速,其精彩程度不亚于任何一个发展中国家,充分展现出现代商业竞争中的东方智慧。中国营销策划业从20世纪80年代末开始已经走过了30多年。如果从营销策划的发展阶段来看,大致经历了以下三个阶段。

一、第一阶段:启蒙期(1988—1993年)

中国第一代营销策划人开启了策划行业的启蒙期,其代表为何阳等人。他们靠的是"个人智慧",为企业提供的是"点子激活市场"的策划。何阳时代的中国营销策划业就像一张白纸，只要在上面点上一个"点"，就会创造一个市场"奇迹"，因为任何营销创新，甚至是大胆敢想，就能超过别人，就能让消费者激动，让市场生命力勃发。何阳影响了中国一大批后继策划人，引来了中国营销策划行业的春天。这个时期营销策划人是伴随着中国市场的日益开放和卖方市场向买方市场过渡而成长的。遗憾的是，第一阶段中的营销策划过于随意，往往是经验式的拍脑袋式的决策，缺乏对市场整体的洞察和理解。

二、第二阶段：萌芽成长期（1994—2000年）

20世纪90年代末期，随着越来越多的外资企业进入中国，第二代营销策划人登台。中国营销策划业的环境发生了巨大变化，营销策划业也从混乱走向规范，专业化、职业化、行业化的时代到来，也出现了营销策划人的优胜劣汰，基本结束了"单打独斗"的时代，出现了真正意义上的策划公司。这个时期的营销策划有几个显著的特点：一是专业化程度提高了，有许多国外留学归来的学者创办策划公司；二是规模较小，品牌还很弱；三是市场发育落后，先天不足；四是国外咨询公司的进入，如盖洛普、麦肯锡等，基本上成为国内咨询市场的主力。

随着一些营销策划人的漫天要价和不负责任，企业也逐步从非理性过渡到理性消费，主要表现为需求细分、对营销策划业的鉴别力提高。但是这个时期的营销策划依附新闻炒作，热衷于炒作，难免会出现"泡沫"；只是局限于对企业某一方面的策划，如出现了广告热、公关热、CI热等，缺乏对企业整体的长远的策划。

三、第三阶段：整合策划期（2000年以后）

进入21世纪，由于国外跨国企业大举登陆我国市场，面对竞争的日益激烈，中国企业对营销策划的实际投入呈增长态势，营销策划的价值得到进一步认识，潜在的市场需求扩大。中国的营销策划逐渐走上了良性发展的轨道，开始出现对企业全方位的整合营销策划，包括战略策划、促销策划、广告策划、营销组织策划等。企业和策划公司开始建立战略联盟。国际知名咨询公司大举登陆后开始面临如何本土化的问题。咨询与实践脱节和咨询过度介入企业的现象逐渐得到解决，客观、公正、独立的咨询人员与组织正在形成，市场逐渐出现细分。

这个阶段，营销策划深入各行各业，IT、通信、医药、房产、影视、公益活动、娱乐、图书教育等各个领域到处活跃着营销策划人的身影。这个阶段的发展告诉人们，中国营销策划业在一个市场主导的新型商业环境下必须得到足够的重视，经济发展从没有像现在这样依赖资源、科技和策划的投入。

下面分析营销策划在我国迅速发展的原因。营销策划业是20世纪90年代以来世界上迅速发展的知识密集型产业。现代意义上的策划是社会化大生产的产物，随着企业规模的不断扩大、专业分工的细化，营销策划作为一种专门职业逐渐从一般管理职能中分离出来。以下原因使这个行业在我国日益兴旺成为可能。

（一）教育和IT业的发展

营销策划涉及许多学科领域，如公司战略、组织结构、公共部门管理、信息技术及产品开发等。其中一些学科领域在20世纪80年代发展十分迅猛，从而带动了营销策划的发展。改革开放以来，我国高校逐渐建立起了经济和管理类的院系，20世纪90年代后期开展的

MBA 教育，为我国经济建设培养了大批优秀人才。客观上为营销策划业在我国的发展打下了一定的人才基础。20 世纪 90 年代以来，我国 IT 技术发展迅速，为营销策划业提供了强有力的分析设备和先进的技术手段。IT 方面的营销策划业务量呈高速增长之势，如近年来方兴未艾的 ERP 咨询业务，为扩大营销策划的业务范围、提高用户的管理水平发挥了很大的作用。

（二）企业经营环境的变化

20 世纪 90 年代以来，企业界面临前所未有的竞争、惊人的技术进步以及关于组织机构的新理念。中国的经济正在由计划经济向市场经济过渡，产业结构、相关法律法规不断调整完善，国企改革，社会主义市场体系的建立，企业规模的扩大以及中国加入 WTO 等，企业生产经营内外环境的变化都导致了营销策划业的巨大需求。

（三）世界著名咨询公司对中国市场的开拓

目前，世界各国对咨询服务的需求均在增长。美国、日本咨询专家的服务已经遍布全球各大公司，帮助这些公司开拓国内市场和敲开国外市场的大门，特别是希望进入中国市场。有些咨询公司如麦肯锡已涉足欧洲多年。正如安永咨询公司的总裁菲利普先生所说："哪里有行动，哪里就有咨询！"

1.2.2 中国营销策划业的现状

随着中国加入 WTO，逐渐融入国际经济大潮中，各类策划、咨询公司像雨后春笋般蓬勃发展，在数量上就如当年广告公司扩张那样迅速膨胀，人们真正感受到了策划带来的巨大冲击力。据保守估计，现在全国专业策划公司在 1 万家以上，从业人员达到 100 万人之巨。从业人员中既包含专业策划公司的策划人员，也包含一般企业、广告公司、媒体等的策划人员。另外，还有大量散布在社会各个阶层的个体和非职业策划人员，如果把这些人也算上的话，这个数量就更庞大了。这种火爆景象实际上是在告诉我们，策划业作为一个新兴行业，在新经济时代越来越起着举足轻重的作用。在这些专业策划公司中，又以营销策划为主。有人根据营销策划人各自的特点，把他们分为五大流派，分别为管理规范的西洋派、理论基础扎实的学院派、善于打知名度的飞天派、用常规方法踏实作战的落地派以及正合奇胜的实战革命派。

在营销策划迅猛发展的带动下，中国管理咨询业也成长起来了。事实上，营销策划业是管理咨询业的一种，是其重要的组成部分。现代管理咨询是一种主要通过专业顾问团队，有针对性地利用先进的管理技术和经验，协助企业系统地认识和解决管理中的关键问题、获取竞争优势的专业服务活动。管理咨询涉及多学科知识，它是以管理学、哲学、市场营销学、美学等软科学理论和方法为指导，以数学、计算机科学、数理统计等工科知识为背景，运用先进技术、分析软件及仪器设备，具有很强的实践性、创造性和复杂性的思维活动过程。管理咨询可分为综合性咨询和专项咨询两大类。

应该承认，近年来中国营销策划业在探索中有了长足的进步，但当前又隐藏着诸多问题与不足，具体表现为：从业人员鱼龙混杂，素质参差不齐，自封的大师满天飞，自吹自擂，策划方法简单、缺乏科学性，一些策划公司盲目承担力所不能及的业务，行业竞争无序。这种现象发展下去，将给中国营销策划业的发展带来严重的不良影响。

1.2.3 中国营销策划业的前景

进入21世纪后,随着市场经济的飞速发展,市场竞争日趋激烈,特别是中国加入WTO,全球经济一体化进程加快,市场竞争更加激烈,知识在经济中的含量越来越高,对营销策划的需求越来越大,而且这种需求正以迅猛的速度向前发展。据统计,2010年,中国咨询策划业的市场规模为50亿美元,但到2020年,将达到200亿美元之巨,而这其中营销策划业占了相当大的比例,中国营销策划业越来越成为一个专业化分工的社会经济门类,成为国民经济中一个新的经济增长点,具有十分广阔的发展前景。

国外咨询公司大举进入中国,企业家素质越来越高,对策划业的要求也越来越高,要求策划业走专业化、规范化、国际化和集团式作战之路,要求策划人具有扎实的专业基础、丰富的实践经验,懂得规范化经营、国际化运作。具体来讲,中国营销策划也将面临以下几方面的转型趋势。

一、营销策划业从单目标向多目标的转型

着眼于当前的策划,同时又对长远的未来发展进行思考是我国营销策划业发展的又一必然趋势。我们在进行项目策划时,既要考虑经济效益和社会效益,又要注意有效地利用自然资源、保护自然资源、防止环境污染,以免造成公害。为企业策划扩大企业规模、扩大再生产的同时,要考虑为社会增加就业机会,保持社会安定。同时,既要考虑企业的近期目标,又要考虑到企业的中、长期目标;既要考虑企业的经济效益,又要考虑企业的整体形象、品牌形象、品牌的知名度和美誉度的提升,产品的科技含量,市场占有率,潜在的消费群以及新市场的开发,等等。

二、营销策划业从艺术向科学的转型

营销策划业将逐渐走向科学化。过去,中国的策划公司更多地把策划当作一种艺术,更多地强调咨询顾问与企业及企业家互动的过程,认为营销策划是一个驾驭各种矛盾关系的过程,是价值观达成共识的过程,是一种情感探索和交融的过程。策划在方法上也更多地讲究创意,这种方法以个人构想或集体构想为主要特征,属于单纯智慧型策划,多了热情少了一份理性。不可否认,热情和创意在营销策划中起很大作用,往往会带来出其不意的效果。现在经过几十年的发展,中国策划人的素质已经有了很大提高,对于营销策划有了更为理性的认识。意识到营销策划不仅仅是一门艺术,更是一门科学,营销创意是其灵魂,知识理论是其骨骼。未来的中国营销策划业会以更加科学的姿态出现在人们面前。

三、营销策划业从个人英雄式向团体智囊机构的转型

现代策划的创新需要多学科、多领域的联合和协作,为此带来了策划的复杂性。随着策划科学的应用向各个领域渗透、学科专业的高度分化,现代策划科学及技法越来越具有综合性。比如CI策划,其系统设计就须由专家系统来完成,而绝非个别的所谓策划家或策划大师所能完成的。完整的CI策划,既需要懂广告策划、营销策划、管理策划、企业诊断、平面设计、三维设计的专家,更需要懂企业的生存哲学、文化个性、个性经营理念、营销战略的高级专家通力合作。现代科学技术突飞猛进的发展,所引起的知识积累和信息膨胀,已非个别策划专家所能收集、传递、分析和处理。我们今天处于信息和知识爆炸的时代，科学成果指数不断刷新，科学文献越来越多，科技人员交流日益频繁。这就使得我们在策划任何项目时，必须掌握和处理大量的信息，这样的工作也不是个别策划专家所能完成的。

中国营销策划业从个人英雄式向团体智囊机构的转型发展是不可逆转的历史趋势，顺应这种趋势的策划者将受益无穷。反之，若对这一趋势熟视无睹，仍然迷信个人智慧、个人英雄式的策划方法，就是在逆当代策划业发展潮流而动，其策划之路将越走越窄。

1.3 营销策划的误区

20世纪90年代以来，市场的竞争日趋激烈，我国许多企业逐渐认识到了营销策划的作用，于是纷纷开始了营销策划的运作。20多年来，不少企业凭借成功的营销策划获得了市场，提高了知名度与美誉度，并且得以快速成长，但也有相当多的企业因为种种原因策划活动花费不少却收效甚微，甚至产生了负面影响。导致这些企业营销策划失败的一个重要原因，就是人们对营销策划存在一定的误区。当前营销策划中存在的误区主要表现在认识误区与运作误区两大方面。

1.3.1 营销策划的认识误区

一、营销策划是"包治百病"的良方

一些企业的管理人员认为，营销策划是解决企业在经营管理中所遇到的难题的"万能钥匙"，这本身就是对营销策划的一种误解，也无形中夸大了营销策划的作用。其实，营销策划只是企业众多职能之一，它不可能包办企业的所有问题。而且营销策划要取得成功仅靠营销策划过程本身是不够的，有许多因素影响着营销策划的成功与否，这些因素包括公司的规模、国际化程度、管理风格、公司高层的支持力度等。因此，企业的管理人员要正确看待营销策划，要认识到营销策划的局限性。一个企业要在激烈的竞争中生存发展，首要任务是苦练内功，企业自身的综合素质才是决定企业成败的关键因素，要不断地加强企业的市场应变能力，提高企业的核心竞争能力。只有企业自身的综合素质得到提高，企业才能更好地运用营销策划和驾驭营销策划。

二、营销策划是误人子弟的东西

一些企业认为营销策划对企业是毫无用处的，并且还会给企业带来损失。这种观点显然是另一个极端的误区。造成这种想法的原因是多方面的，例如在现实中，一些在营销策划方面不够重视的公司却经营得很好，而那些在营销策划方面做得很好的公司却经营得很差；一些企业曾经利用外部策划机构和人员做过策划，但是结果不够理想；少数策划公司和策划人员缺乏职业道德，只考虑自身利益，坑害了客户等。造成上述现象的原因是多方面的，如营销策划受许多因素的制约及各个企业所处的行业环境的差异等。营销策划建立在市场理论和管理理论的基础之上，并随着市场实践的探索而不断发展完善，是一种有严密逻辑和操作程序的边缘应用型综合技巧，它本身是科学性和艺术性的紧密结合，其效果并不会因某些失败的案例而被否定。反而随着世界经济一体化不断发展和市场竞争的加剧，企业的经营活动与管理活动更加需要营销策划来为其指明方向，为决策者提供有价值的参考。

三、营销策划方案可以模仿着做

在如今激烈的市场竞争中，企业要获取竞争优势就必须进行一系列的创新，在营销策划方面更是如此。创新性是营销策划的灵魂所在，只有创新的营销策划才能为企业带来效益。那些模仿他人的营销策划本身也是对营销策划的误解，是难以取得成功的。因此，营销策划要彻底摆脱"营销策划方案可以模仿着做"的误区，一定要从创新的基点出发来进行方案的构思和设计，只有这样才能真正体现出营销策划方案的价值，才能为企业带来竞争优势。

四、有专业知识就能做好营销策划

一些人认为拥有专业知识就能做好营销策划，这也是营销策划认识上的一个误区。应该指出的是，一个好的营销策划方案的诞生是离不开经济理论、市场营销理论、策划理论等方面的专业知识的。成功的营销策划除了专业知识外，还需要策划人员具有更加广博的知识，涉猎的知识面越宽越好，而且更需要丰富的行业营销管理经验，这是由营销策划具有很强的实践性所决定的。这就说明了有专业知识是成功的营销策划的必要条件，而不是充分条件，同样的道理也适用于那些只有丰富实践经验而缺乏专业知识的人。

五、营销策划越复杂越好

做好营销策划需要丰富的理论知识和实践经验，但这并不等于说营销策划越复杂越好。营销策划的目的在于高效率、高效益地完成营销任务，而不在于追求复杂。如果简单地认为简洁的营销策划意味着质量不高、复杂的营销策划则代表高质量，那么就犯了形而上学、舍本逐末的错误。此外，营销策划要根据企业高层管理者的特点来进行，一些企业高层管理者是不喜欢复杂的策划书的，他们更青睐简单有效的形式，这时候复杂的策划书往往会引起他们的反感，遭到否定。所以，营销策划书要考虑服务对象的特点，选择合适的表达方式。

六、营销策划方案一定要不折不扣地执行

这个误区体现在营销策划方案的实施和控制过程中。营销策划方案的制定，是在调查、分析过去和当时的状况之后，在对未来的不确定性所做预测的基础上形成的。这种预测虽然有一定的依据，但无法保证未来就是按照方案中所预测的那样进行。正如有人所说的那样，在现在社会中唯一不变的就是变化，市场往往是瞬息万变的，这就会导致一些策划者没有考虑到的问题出现及实际情况与原来设想的有偏差。这时候就需要企业在执行营销策划方案时具有一定的灵活性，针对情况的变化对策划方案做一定的调整，必要时甚至可以放弃原方案，只有这样才能使营销策划达到理想的效果。

1.3.2 营销策划的运作误区

营销策划要按照正确的策略，运用正确的思维，同时还要注意避免陷入营销策划的运作误区。常见的营销策划运作误区有以下几类。

一、盲目追求轰动效应

在策划中，策划人员被问得最频繁的一句话是：能搞出一个轰动性的策划吗？充斥街头大小书摊的各种策划书刊，也充满了策划人如何使企业一举成名、一夜暴富的传奇故事。制

造"新闻由头"进行爆炸性新闻炒作,是近年来普遍流行的策划手段。过去曾经有水洒马路、商场门前摔酒瓶、商场开业撒红包,现在又有女老板既招聘总经理又招亲等。即使自己想不出这样新奇的主意,也要找一批有新闻职业感觉的人士甚至是新闻记者们一起策划,弄出个爆炸性的新闻来。总之,就是要制造爆炸式轰动。然而,令人遗憾的是,轰动式策划虽然炮制出了轰动事件,却往往难以产生轰动效应,有时甚至是连轰动事件、轰动场面也难以出现。盲目追求策划的轰动性是营销策划的一大误区,其错误主要如下。

(一) 用知名度代替美誉度

实际上,知名度不等于美誉度,名牌不仅是有知名度的牌子,一个品牌、一个产品要想长期稳定地占领市场,不仅要有知名度还要有美誉度。只有同时创造知名度和美誉度,轰动事件才有可能转化成轰动效应。但问题是,有些企业与策划人在做策划时往往过于重视轰动性,想尽一切办法制造和传播知名度,但是对如何培养和传播美誉度却不予考虑。

(二) 将新闻策划当成营销策划

通过一个爆炸性的新闻事件制造轰动效应,本质上属于新闻策划,它通过新奇性和新闻性激发公众的热情,改变公众的认知,从而提高新闻事件的提及率和扩大传播面。但新闻策划效应的产生仍有它的前提。首先,再优秀的新闻策划在企业其他营销策划管理不到位的情况下,也不可能起到改变企业全局的作用。其次,新闻策划虽然能够扩大知名度,但它对企业产品销售的作用是间接的,并不能取得立竿见影的效果。

(三) 将营销策划等同于营销策略

有些企业和策划人一方面不了解、不遵循市场运作规律与营销策略,一方面又对那些似乎一夜之间成功的企业眼红,心态上急于求成,幻想着走捷径,企图通过几个轰动性营销策划,制造轰动效应,实现跨越式成功和跳跃式发展,而不是扎扎实实做品牌、做市场、抓管理,结果自然事与愿违。

在这里,不是要全面否定策划的轰动性,在营销策划正确的基本前提下,一项策划活动当然是越能引起目标受众的注意与兴趣越好。但要提高营销策划的效果,除了策划的正确无误外,从策划的技术层面上讲,至少还需要注意两个问题。

(1) 要把握好策划推出的时机,应尽可能避免与强势品牌、强势产品同时出击,否则信息干扰会很大,竞争会很激烈,投入会增加,而效果会降低。所以策划前必须获取这些情报。也不要与重大政治活动同期推出,否则会使活动策划难以形成新闻焦点和社会热点。例如,中央电视台黄金时段招标会连续8年都定在每年的11月8日召开,而2002年由于与党的十六大同期,因而改在11月18日举行。

(2) 要适时将公众对新闻事件的注意引导到对企业、品牌和产品的注意上来,使公众对新闻事件的好感自然转移到品牌和产品上来。在这个时候,合理的衔接和密切的配合是十分必要的。由于将新闻炒作转移到品牌形象与产品利益诉求上,是一个分层递进、推波助澜、借题发挥的过程。如果不能及时地转换这个热点,活动将会前功尽弃。早年浙江某企业50万元年薪招聘总经理,在当时的确是一个轰动性新闻。但到了现在,还有多少人知道招聘的是什么企业,又生产什么产品呢?那么大的代价只传播了一个高薪招聘事件,制造的轰动效应既没有扩大企业与品牌知名度,也没有刺激产品销量的增加,以至于企业因为把所有的资金都耗费在轰动事件的炒作上,缺乏后续资金,销售回笼又成问题,很快陷入困境。所以，切不可忘记策划的终极目的是带动品牌形象和产品销量的提升，必须及时转换新闻热点和诉求重点。

二、追求新奇而缺乏论证

不少策划往往把注意力过多地放在创意的新颖奇特上，而忽略了对创意的丰富发展完善，使得很有想法的策划创意因为缺乏论证，执行效果大打折扣。实际上，策划创意的论证是营销策划必不可少的一个重要环节，其操作效果层面上的意义甚至要超过策划的创意。新颖奇特的策划创意固然能吸引公众的关注，但更关键的是要让公众积极响应和参与活动，而这要靠活动细节的策划和活动整体策划的论证。遗憾的是，在形形色色的策划案例中我们却很难读到创意是如何丰富完善的，方案是如何论证的，几乎所有的策划书籍和杂志都是连篇累牍地介绍创意是如何新奇而使策划获得多么大的成功的，一味片面地强调创意的新颖奇特。头脑风暴的中心任务只是要搞出一个新奇的创意来，而较少提及创意背后的细化与论证。缺乏论证的策划，在执行过程中总是会出现各种各样的问题。

追求新奇而缺乏论证的主要表现如下。

（一）只注意了物质层面的新奇与新鲜，忽视了心理层面的沟通与理解

例如有一家酒店，在高考放榜以后，策划了一个"心连心手拉手"落榜同学相聚酒店的活动。本来这个活动的创意确实不错，表现了企业的爱心，在众多酒店只关注高考状元、发高考状元之财时，想到了不被社会关心的落榜考生。但由于缺乏对细节的完善与论证，忽视了落榜考生的心态，结果变成了一个无人参加的酒会。

（二）对策划执行过程中出现的问题估计过于简单，缺乏全面系统的思想准备和组织准备

有的策划公司为了吸引公众参与，设置了许多甜头，如承诺凭报纸广告可以免费获赠产品或礼品，结果人山人海，既增加了费用又形成了混乱局面，还给活动的参与者造成了不好的印象。有的策划对意外情况缺乏防范，由于现场出现事故导致满盘皆输；有的策划缺乏执行过程中相关环节的细致考虑和论证，结果中途被歪曲或利用，未达到真正的目的。比如某著名品牌2002年开展的"再来一瓶""开瓶见喜"买赠活动，由于瓶盖中的中奖字样隐蔽性不够，经销商和营业员可以透过包装瓶看出来，结果被零售商和营业员提前中途截留牟取私利，终端消费者很难买到。一项意在奖励消费者的促销活动被大打折扣。

（三）只注意到了活动表面，忽视了活动之间、活动过程的衔接

有的策划只注意到了参与活动的主体人员的安排，忽视了对辅助人员的安排；只考虑到了前台的场面，忽视了后台的衔接；只注意了活动当时的策划，忽视了活动善后工作的安排，结果一哄而散，后事无人料理。活动新闻稿件如何见报，如何借机跟进，活动如何达到最终效果，如何总结提高等均无人过问，没人负责。

（四）费用预算简单粗疏，结果与预算相差甚远

由于策划没有细化，方案没有论证，所以费用预算也无法细化，无法精确计算。由于很多活动项目的费用是与参与活动的人数成正比的，而公众的参与人数又难以确定，于是费用差距很大，结果往往超支甚至失控。兑现承诺就得增加费用，不兑现承诺也是一大笔损失，只不过前者是有形的，后者是无形的。比如，曾有一家服装企业将产品从皮衣延伸到衬衣，为此策划了"皮衣回娘家送衬衣"活动，未料到应者如云，挤坏了兑奖点的大门，而厂家根本没有准备足够多的衬衣，结果来者骂声不绝，齐呼上当。这种活动已经产生了相当严重

的副作用，虽然不至于立即反映在销量的降低上，但潜在威胁实际上已经存在，只不过由于副作用的潜伏性、长期性，企业短时间内还感受不到切肤之痛。

三、脱离实际编造概念

产品本身缺乏科技内涵与实际功能，缺乏具体真切实在的消费者利益，于是肆意编造概念，玩弄概念术语，形成媒体层面的热闹炒作和市场层面的短期虚假繁荣，但最终还是因为消费者的醒悟及产品自身的缺陷而使产品不得不退出市场，这是我国企业营销策划的一大误区。

这种编造和炒作概念的策划运作方式在保健品行业尤为普遍和严重。从脑黄金到补钙大战再到基因食品，一波接一波的保健品热浪非但没有带来繁荣，反而使行业陷入"短命"怪圈。一位保健品销售商直言，保健品实际上就是"炒概念"。20 世纪 80 年代，"蜂王浆""太阳神"口服液的横空出世着实轰动了全国，人们也因此有了保健意识。但渐渐成熟的消费者很快就不再相信有补遍全身的保健品。"什么都能补"的概念行不通之后又抛出单一功效保健这个法宝，从滋阴补阳、驻容养颜、补锌补钙到增强基因自我修补能力，保健概念层出不穷。

广告轰炸是炒作概念的重要手段。对比中外保健品行业，会发现这样一种现象：发达国家往往更注重产品的研发和创新，而中国的保健品企业从一开始就陷入了低研发投入、高广告投入的怪圈。美国、日本等发达国家的保健类食品大企业，如杜邦公司的投入主要用于开发新产品，广告投入并不大；而国内保健品企业普遍投资小，过 1 亿元投资的企业只占 1.45%，投资 500 万元到 1 亿元的企业占 38%，投资 100 万元的企业占 41.89%，投资小于 10 万元的作坊占 2.6%。一种普通保健品从研发到报审，所需费用一般在 20 万元左右，但其市场开发的投入却高得多，在启动阶段有的拿出产品销售额的 40% 左右来做广告。这种靠广告炒作概念拉动起来的保健品，难免隐藏着虚假、欺骗和误导消费者的不当竞争行为，结果自然难以长久。

四、太多策划太少战略

纵观整个营销策划界，不难发现"点子策划"盛行。所谓的营销策划，要么简单地套用营销理论，要么机械地套用其他策划案例，而对于市场信息、市场策略的分析与运用等方面极度缺乏，主要表现如下。

（一）推销策划代替营销策划

在市场营销中，推销、营销是有严格区别的。推销以产品为中心，以企业为中心，不管顾客是否需要，是否愿意接受，一味地发扬"五千精神"（即千方百计、千山万水、千难万险、千辛万苦、千言万语）硬推出去，抽奖、买赠、打折，硬销出去。现在仍有很多企业停留在这个阶段。而现代意义上的营销则是指一切以消费者为中心，从满足消费者的各种需要出发，并为之提供全方位、多层次的整合服务。真正的营销策划是在产品生产之前就开始了的，真正的营销可以使推销成为多余。然而现在还有不少策划仍然停留在推销策划层次，并且美其名曰"营销策划"，结果因无法解决根本问题而陷于恶性推销循环。

（二）主观臆断代替市场调研

"没有调查就没有发言权"，市场调研同样是营销策划非常重要的一环，但在实践中常常得不到应有的重视。有些企业自以为对市场很了解，认为没有必要花时间去做市场调查，于是闭门造车搞策划，凭着感觉搞方案。结果按此流程搞出的策划方案，真正执行起来，却发现并不如想象的那么顺利，结果也与预期目标相距甚远。

（三）过分热衷策划自我炒作

一些策划人写的书籍和文章，一些策划人的演讲，要么口若悬河，要么故弄玄虚，号称取得了前所未有的轰动效应。本来策划人恰当地自我包装一下也无可非议，在事实的基础上装饰提升一下这叫包装，但背离事实、颠倒黑白，将企业的成功完全归功于自己的某项策划、某个点子，就只能叫作伪装了。形成"太多策划太少策略"现象的主要原因在于：整个营销界策略研究基础薄弱，缺乏结合行业、企业、品牌、产品、市场特点进行的基础性营销研究；整个营销界缺乏一种研究营销策略的风气，比较肤浅和浮躁，少数"策划大师"整天抱着自己的案例四处宣讲，给人以策划无所不能的误导。其实，营销策划不能代替营销管理。营销管理是营销策划成功的保障；离开了扎实的营销管理，再好的营销策划方案也难以达到成功的目的。

总之，市场营销策划作为伴随中国市场经济体制的建立和市场营销理论的引入而出现的一个新兴行业，目前存在诸多的问题在所难免，但不能作为回避的借口。我们应该重视它、研究它，并且应该致力于克服它、解决它，从而使我们这个新兴行业健康发展，使中国的市场营销策划业发挥更大的效力，进而推动我国的市场经济发展和增强企业的核心竞争能力。

【经典案例】

你想成为它们的员工吗？——国外知名营销策划/管理咨询公司概览

波士顿管理咨询公司：不断创新咨询工具和理论

美国的波士顿管理咨询公司（BCG）成立于1963年，是一家著名的企业管理咨询公司，在战略管理咨询领域被公认为先驱。该公司的最大特色和优势在于已经拥有并还在不断创立的高级管理咨询工具和理论，著名的"波士顿矩阵"就是由该公司于20世纪60年代创立的。波士顿管理咨询公司的四大业务职能是企业策略、信息技术、企业组织和营运效益。

波士顿管理咨询公司经过50多年的发展，现已成为一家提供全方位企业策略的顾问机构。其使命是帮助客户超过其竞争对手，它在世界各地的主要客户都是规模庞大的企业，重点关注金融服务、快速消费品、工业、医疗保健、电信和能源业。该公司在全球34个国家和地区、55个城市设有分支机构，在全球拥有2 600名员工。1990年，BCG香港办事处的设立揭开了该公司进军大中华市场的序幕。大中华区目前由四个办事处组成，包括上海、香港、北京及台北，共有150多名员工，主要为大中华区的客户提供咨询服务。

麦肯锡："公司一体"的合作伙伴关系

麦肯锡公司是世界领先的全球管理咨询公司。自1926年成立以来，公司的使命就是帮助领先的企业机构实现显著、持久的经营业绩改善，打造能够吸引、培育和激励杰出人才的优秀组织机构。麦肯锡采取"公司一体"的合作伙伴关系制度，在全球44个国家有80多个分公司，目前拥有来自78个国家的9 000多名咨询人员。麦肯锡大中华分公司包括北京、香港、上海与台北四家分公司，共有40多位董事和250多位咨询顾问。大中华分公司成立以来，完成了800多个项目，涉及公司整体与业务单元战略、企业金融、营销/销售与渠道、组织架构、制造/采购/供应链、技术、产品研发等领域。

麦肯锡的经验是：关键是找那些企业的领导，使他们认识到公司必须不断变革以适应环境变化，并且愿意接受外部的建议，这些建议帮助他们决定做何种变革和怎样变革。麦肯锡的咨询服务集中于客户的业绩改进，比如说改进销售、利润成本、供货时间、质量等。麦肯锡的咨询重点放在高级管理层所关心的议题上，工作内容在战略、总体组织和相关政策领域各占1/3。

奥美广告公司：全方位管理品牌

奥美广告公司是全球十大传播公司之一，隶属于WPP集团，为客户提供多方面传播服务，如广告、直效行销、公共道德、互动营销、促销和视觉管理等。其"品牌管家"是一个完整计划，以确保所有和品牌相关的活动能反映和忠于品牌的核心价值和精神。在奥美，每个服务小组都是以品牌为名的，也就是与客户组成的品牌小组，每个小组都可以有客户服务、媒体、创意及公关等诸多成员。这种小组形式的好处在于它能肯定所有意见都适用于有关独特的品牌。"品牌管家"可以说是一个过程。即建立品牌后，还要不停地培育它，使其茁壮成长，在客户和消费者的心中更具有价值。"品牌管家"的责任就是协助广告管理品牌资产。

罗兰贝格：多文化咨询

罗兰贝格国际管理咨询公司于1967年在德国建立，现已成为欧洲最大的管理咨询公司之一，隶属于德意志银行集团，在全球26个国家和地区设有35个办事处。公司的咨询顾问来自全球近40个国家，形成了行业中心与功能中心互为支持的跨国服务力量，为企业提供公司战略、重建、重组、市场营销、物流营运、企业兼并后联合及人力资源管理等咨询服务，解决在市场进入战略确定、营运模式的建立、合资企业重建与购并、全国销售网络控制及招聘与保留人才方面的问题。公司多元文化的咨询团队借助紧密联系的公司内部网络和全球知识库为客户提供国际水准的优质服务。

埃森哲咨询：专业化服务

作为《财富》全球500强企业之一的管理咨询、信息技术和外包服务公司，埃森哲是全球领先的绩效提升专家。凭借丰富的行业经验、广泛的全球资源和在本土市场的成功实践，埃森哲帮助客户明确战略，优化流程，集成系统，引进创新，提高整体竞争优势，成为绩效卓越的组织。埃森哲2003财政年度纯收入达118亿美元。它拥有83 000多名员工，在全球47个国家和地区设有110多家分支机构。同时，在公司战略目标的指导下，为了全方位地满足客户的需求，正在不断拓展业务服务网络，包括管理咨询、信息技术、经营外包、企业联盟和风险投资。

（资料来源：http://www.cehuajie.cn/a/cehua/chzs/20140803/495.html）

【策划实战】

营销策划误区及运作误区

（一）实战目标

从营销策划的认识误区和操作误区的角度分析案例失败的原因。

（二）实战要求

1. 要求学生收集近年来一些营销策划的失败案例。
2. 从营销策划的认识误区和操作误区的角度分析案例失败的原因。

（三）实战任务

1. 案例展示。
2. 从营销策划的认识误区和操作误区的角度分析案例失败的原因。
3. 教师激发学生上台陈述见解。

【本章小结】

中国营销策划业正在不断地走向成熟，一些策划人以及他们成功或失败的案例见证了中国营销策划业的发展足迹。纵观其发展历程，可以看出中国营销策划业从启蒙期、萌芽成长期逐步走向整合策划期，策划趋向规范化，并更加注重实用性。虽然在发展的过程中仍存在着一些问题，但其主流仍是注重整体战略和科学性。

营销策划业是管理咨询业的一个重要组成部分。管理咨询可分为综合性咨询和专项咨询两大类。营销策划涉及许多不同的学科领域。由于企业经营环境发生巨大变化以及世界著名咨询公司对中国市场的开拓，中国营销策划业在几十年中迅速发展起来。

中国的营销策划业在探索中有了长足的进步，但当前又隐藏着诸多问题与不足。中国营销策划业在未来的发展中，将面临从单目标向多目标的转型、从艺术向科学的转型以及从个人英雄式向团体智囊机构的转型等。

【思考分析】

1. 什么是营销策划？
2. 营销策划的目的是什么？
3. 营销策划有什么特征？
4. 营销策划的框架是什么？
5. 营销策划的内容是什么？
6. 从策划的发展阶段来看，中国营销策划业经历了哪几个阶段？

第 2 章

营销策划的内涵与流程

【学习目标】

- 了解策划及营销策划的定义、原则；
- 掌握营销策划的基本原理、技巧及组织管理与流程；
- 理解创意开发、创意技法并灵活应用。

【开篇案例】

TOMS 赤足日活动：只要赤足拍照，就捐赠一双鞋

相信你对 TOMS 鞋一定不陌生，它是"买一双鞋，就捐一双鞋"的美国制鞋公司。从 2008 年起，创始人 Blake Mycoskie 先生为了让更多人切身感受到没有鞋子穿的孩子所经历和感受的痛苦，就发起了 One Day Without Shoes（ODWS，赤足一天）的号召。2016 年该公司在社交媒体上又发起了一轮 One Day Without Shoes 2016 活动，而且还把活动从美国漂洋过海带到中国，从 4 月 28 日至 5 月 10 日，参加者只要在微博、微信、nice 三大平台晒出赤足照片，TOMS 就为有需要的中国孩童捐一双鞋！

为此，TOMS 在网上还推出了一个 H5 页面，让大家一起开启赤足晒照之旅：首先上传一张赤足照，然后选择合适的滤镜与贴纸，最后分享你的赤足照，并呼吁更多的小伙伴参与。TOMS 承诺只要集齐 10 000 张图，它就可以捐助 10 000 双鞋给中国的小朋友。同时，为了感谢各位赤足达人，TOMS 还将从官方微博、nice、微信分别抽取 1 名幸运"粉丝"送出"TOMS 十年有成"纪念版精美鞋履。

点评：

1986 年，Petty 和 Cacioppi 提出了"精心可能性模式"（Elaboration likelihood model）的用户认知模型。他们认为，接收者的态度改变仰赖于：①中心路径，可以认为是产品本身解决的问题，用户会理性地分析广告本身传达的信息；②边缘路径，即接收者被边缘的枝节信

息所左右，并且用户不会投入太多精力在分析信息上面。从这个意义上来说，所有不是基于产品本身的营销行为，更多的都是通过边缘路径来影响用户的选择。TOMS 的公益活动，就是这种边缘路径中最具代表性的一种，通过情感和责任的传达，让消费者产生品牌可信赖、有担当的情感性认知。同时，TOMS 很好地设计了整个信息的传达路径，从创意到活动表达，再到最终的消费者得利，整个过程犹如教科书一般精美，值得借鉴。

（案例来源：http://www.sohu.com/a/75354612_242009）

2.1 营销策划的内涵

2.1.1 营销策划的原理

一、人本原理

人本原理是指营销策划以人力资源为本，通过探究消费者的需求和发挥策划人的创造性来推动企业发展的理论。在拟定营销策划方案时，要调动和激发企业内部相关人员的积极性和创造性，以企业员工的智慧来充实和丰富营销策划方案；另一方面也要体现"以消费者为中心"的理念，把企业行为与销售对象紧密地联结在一起，使营销方案有利于目标顾客接受。因此，营销策划不能脱离企业内部人员和企业外部目标顾客而孤立地设计，否则就会导致策划活动劳而无功。另外，人本原理特别崇尚"天人合一"的理念，即营销策划要把企业发展、社会发展和自然生态发展统一起来，形成绿色营销策划的最高境界，以实现可持续发展，维护人类的根本利益。

二、差异原理

差异原理是指在不同时期、对不同主体、视不同环境而做出不同选择的理论体系。这追溯到哲学上就是唯物主义辩证法，唯物主义辩证法要求认识事物必须从实际出发，一切以条件、时间和空间为转移。营销策划不是空洞的玄学，在策划过程中必须审时度势，用动态的观念从客观存在的市场环境、策划对象、消费者等具体情况出发，因事制宜地进行营销方案的设计和制定。这就是说，营销策划没有固定的模式，营销策划工作不能刻舟求剑、生搬硬套。不同的策划主体和客体，以及不同的时间和环境都决定了营销策划文案的差异性。那种无视客观环境变化而盲目照抄照搬别人现成的"模式"的营销策划行为本身就违背营销策划的内涵，是不科学的行为。当然对于那些没有经验的初学者来说，一段模拟学习的过程是必要的，也是不可避免的，但真正的实战则不能停留在模仿的水平上，而必须有创意。在激烈的市场竞争中，只有有创意的营销策划方案才能出奇制胜。

三、整合原理

整合原理是指营销策划人员要把所策划的对象视为一个系统，用集合性、动态性、层次性和相关性的观点处理策划对象各个要素之间的关系，以正确的营销理念将各个要素整合统筹起来，从而形成完整的策划方案并达到优化的策划效果。整合原理要求营销策划要围绕策划的主题把策划所涉及的各方面及构成文案的各部分统一起来，形成一个有机整体。同时，整合原理还强调策划对象的优化组合，包括主附组合、同类组合、异类组合和信息组合等。营销策划在整合原理的指导下，就会产生产品功能组合、营销方式组合、企业资源组合、企业各种职能组合等策划思路。

四、效益原理

效益原理是指营销策划活动中，以成本控制为中心，以追求企业与策划行为本身双重的经济效益和社会效益为目的的理论体系。企业在进行各种活动中都要与其赢利性相一致，这种赢利既可能是短期的，也可能是长期的。同样，企业在进行营销策划时也要注重其投资回报率，不要为策划而策划，要抓住最根本的东西，即营销策划活动能为企业带来的利润是多少。所以，营销策划效益是策划主体和对象谋求的终极目标，企业之所以要进行营销策划，就在于谋求企业的经济效益和社会效益（好的社会效益能为企业带来长期的利润）。营销策划如果不能为企业带来利润，那么就丧失了它存在的意义，也就不会有公司愿意做营销策划。

2.1.2 营销策划的效应原理

一、聚众效应与分散效应原理

聚众效应原理：把同类商家或产品汇集在一起，这样更能吸引消费者。

分散效应原理：避免同类商家或产品汇集在一起，这样主要是为了减少竞争者。

二、点式效应与示范效应原理

点式效应原理：有意突出几点，然后用这些点来起带头作用。

示范效应原理：通过对某件事、某个人的重点影响，让它或他来起带动作用。

三、稀缺市场原理

物以稀为贵，只有稀缺市场才会有更大的利润，也才会降低竞争的激烈程度，做商业最好要做稀缺市场。

四、策划的效益原理

所谓效益原理就是要用最少的投入得到最大的收益。不是因为钱多而做广告，而是为了赚钱才做广告。产生最好的实际收益效果，才是策划活动、创意所追求的宗旨和最高目标。广告客户花钱去做广告是希望通过广告能达到经营或推销的目的，而不是希望做出让广告制作人成名得利的广告作品。

（一）知名度、策划活动效果、策划收益效果

（1）策划知名度，是指经过策划运作后，让多少人知道了策划所要传播的内容，如商品名称、公司名称等，简称知名度。

（2）策划活动效果，指的是策划活动本身产生的效应。

（3）策划收益效果，指的是整个策划活动过程中，做策划的单位所需要达到的最终目的，也就是单位付出了运作策划的各种费用后，希望通过这一策划活动能为单位带来的实际收益。

（二）三者的关系

知名度与策划活动效果是相等的；知名度很高、策划活动效果很好，策划收益效果不一

定就好。

五、价格尺码原理

一分钱一分货,价格越高,质量、品牌(信誉、服务、形象等)越好。对于消费者对价格不敏感的商品,特别是对于那些销售价格与成本价格相差很大的商品,品牌、质量、技术占很大比例,销售价格就有很大的灵活性,而一般消费者往往又是凭感觉购买商品,这样的商品用价格尺码原理定价尤其重要。

六、心理原理

(一)重复加深印象

在策划中,很多广告直截了当地宣传公司名或产品名,依靠多次不断的重复而加深人们的印象,影响人们的购买行为。利用多次不断的重复,也就是直接刊登和播出产品名、公司名,这种做法虽然形式简单、方法直接,甚至有些枯燥乏味,但经多次刊播,让消费者在有意无意中加深了对企业及产品的印象。

(二)潜移默化

很多策划并不追求立竿见影的效果,而是让消费者在潜意识里慢慢受到策划的影响。

比如某种商品在策划中使用了新闻、广告、现场活动等手段,也许这些信息对消费者当时没有产生很大的作用,但并不是说这些策划就没有作用,这些策划有可能对消费者心理产生一种潜移默化的影响,而让消费者在购买产品时,心理受到明显或微弱信号的影响,从而产生消费行为。

(三)疲劳反感心理

在策划中必须把握消费者的疲劳反感心理,比如在刊登、播放广告时要注意广告内容在一定时间段内的变换。如果同一内容、同一形式的广告刊登、播放时间过长,容易引起广告受众的心理疲劳,人们就会对该广告缺乏兴趣,甚至产生反感。

(四)品牌心理

消费者有时购买商品,并不是完全因为商品的特性、价格、质量等,而仅仅是因为对企业品牌的信任。消费者并不是专门的技术人员,有时无从辨别产品质量,只是因为知道该商家的名称与产品名称,在无意识中信赖该产品,进而激起购买动机。

(五)消费者的消费差异心理

针对不同消费层次的人的差异心理进行策划,必须掌握他们的心理状态。不同的目标顾客有他们特定的向往群体,舆论领袖只在特定的领域有影响。

七、美女效应原理

美女效应原理是指在策划中用美女来引起注意,以达到促销目的。使用美女效应原理必须遵循适当、需要和恰如其分原则,不能滥用。

八、策划的新颖性、连续性、间断性、变化性原理

(一)策划的新颖性原理

这一原理是指策划的创意要新颖,不要总是照搬或完全模仿别人已经用过的策划手法;策划的手法要新,要通过自己独特的手法来达到运行策划的目的。

(二) 策划的连续性原理

这一原理是指在运行策划中,在一定时期内要连续地用各种手段来影响受众。

(三) 策划的间断性原理

这一原理是指在运行策划中,因为存在疲劳反感心理,某种信息长期刊登、播放容易引起受众的疲劳,会引起受众的反感,所以在一定时期内,对某种信息要停播、停刊一段时间。

(四) 策划的变化性原理

这一原理是指在策划中使用某些传播手段时,如果在时间上连续刊登、播放,要对原来刊登、播放的内容进行一些调整。

九、习以为常原理

习以为常原理就是大众对一些策划见多了就习以为常了,这些策划就不能或很难吸引大众了。

2.1.3 营销策划的体系

一、营销策划理论体系

营销策划理论体系如图2-1所示。

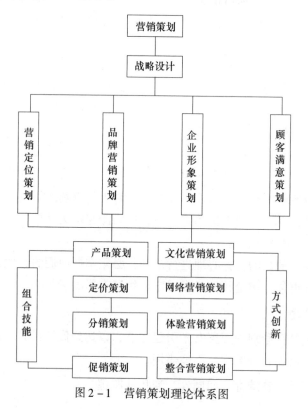

图2-1 营销策划理论体系图

二、营销策划的要点

(1) 营销策划必须有明确的目标。

(2) 营销策划必须有崭新的创意。
(3) 营销策划必须有现实的可能性。
(4) 营销策划必须有超前的决策。
(5) 营销策划是：杰出的创意×实现的可能性＝最大的预期效果。

2.1.4 营销策划的特点

一、营销策划是创新思维的学科

营销策划者要定位准确、审时度势、把握主观与客观，辩证地、客观地、发散地、动态地整合各种显性资源和隐性资源，使其在新的排列组合方法指导下，各种生产要素在生产经营的投入产出过程中形成最大的经济效益。

二、营销策划是市场营销系统工程的设计学科

营销策划实质上是运用企业市场营销过程中所拥有的资源和可利用的资源构造一个新的营销系统工程，并对这个系统中的各个方面，根据新的经营哲学和经营理念进行设计，进行轻、重、缓、急的排列组合。

在市场营销系统工程的设计中，经营理念的设计始终处于核心和首要地位。经营理念设计是统率、指导和规范其他市场营销系统工程设计的核心力量，并渗透于整个市场营销策划过程中。它不仅赋予策划对象丰富多彩的外部形象，更重要的是为其注入精髓和现代社会文化的灵魂。

三、营销策划是具有可操作性的实践学科

营销策划是在创新思维的指导下，为企业的市场营销拟定具有现实可操作性的营销策划方案，提出开拓市场和营造市场的时间、地点、步骤及系统性的策略和措施，而且还必须具有在特定资源约束条件下的高度可行性。营销策划不仅要提出开拓市场的思路，更重要的是在创新思维的基础上制定市场营销的行动方案。

2.1.5 营销策划人的基本技能

一、知识

营销策划人应具备一定的政策法规、社会生活知识和专业理论知识，如经济学、心理学、营销学、广告学、传播学、品牌学等方面的知识。

二、心理

营销策划人需要具备积极主动、存疑与挑战、独立与创造、科学与严谨、宽容与灵活等心理素质。

三、能力

（一）创意能力

创意是指具有独创性的思维。创意能力首先要求营销策划人必须运用形象思维描绘出营销策划全局的框架，然后再用简洁的语言描绘营销策划的概要，并能够充分把握人力资源、物力资源、财力资源、社会资源以及各种可动用资源的变动趋势和发展趋势。

（二）创新能力

创新就意味着突破，而营销策划就是通过对资料、信息的整理运用，谋求一种突破。

（三）调研能力

调研能力是指营销策划人对市场现状的分析进而预测未来趋势的能力。它要求营销策划人要有深谋远虑、未雨绸缪的战略眼光。

（四）洞察能力

洞察能力就是指营销策划人能够全面、正确、深入地分析认识客观现象的能力。

（五）整合能力

整合能力是指营销策划人在占有大量信息资源的基础上，所应具备的有效取舍信息元素、形成营销策划要素组合的合力效应的能力。

营销策划人的整合能力是有前提的，只有在他占有足够多的信息，并且具有理性分析之后的合理取舍，才能使营销策划活动具有创新性和创造性。

（六）执行能力

执行能力就是营销策划人将创意整理为可实行的方案，并指导操作者予以有效实施的能力。

2.2 营销策划的原则和方法

2.2.1 营销策划的基本原则

一、创新原则

第一，创新就是出奇。

第二，创新就是不雷同，就是创造自己独特的做法，打造营销策划的差异化。

第三，创新源于观察生活。

第四，"大胆设想，小心论证"是创新最好的方法。

二、整合原则

第一，整合就是将相关联或不相关联的事物联系起来，创造出新的事物。

第二，整合必须注重系统性。

第三，整合必须注意环境影响。所谓环境影响，就是整合方案实施时，这些因素将会影响实施的过程和效果，以及实施会对哪些因素产生影响。

第四，整合要符合时势。

三、信息原则

占有大量的市场信息是市场营销策划及实施成功的基础和保证。营销策划所要求的信息必须是准确、及时、适用的。

信息原则要求做到：

（1）提供尽可能详尽而有效的营销信息源。

（2）建立尽可能多的营销信息传递渠道。

（3）尽可能缩短信息传递渠道。
（4）保持信息传递的交互性。
（5）充分提高信息传递的有效性。

四、时机原则

时机原则要求在企业营销策划过程中，既要做到适时，也要做到"重机"。

五、制高点原则

在营销策划中占领制高点，有利于控制事物的全局，有利于掌握事物的发展和运行状态。

六、借势原则

所谓借势，就是借用别人的优势为自己所用。

（一）借大势

掌握大的形势，有利于在策划时保持主动。

（二）借优势

借优势一方面要了解掌握本企业的优势，另一方面要了解掌握竞争对手的优势，知己知彼，百战不殆。

（三）借形势

变化是事物发展的根本规律，世界每天都在发生变化，所以策划人要胸怀大局、随机应变，这种随机应变就是要掌握事物发展的规律，拿出主意、方法、措施。对消费者的真实心理需求把握得准确与否，决定着营销策划的成败。只有深入了解消费者的真实心理需求，才能策划到位，取得应有的市场效果。

2.2.2 营销策划的基本方法

一、创意的含义与作用

创意是在市场调研前提下，以市场策略为依据，经过独特的心智训练后，有意识地运用新的方法组合旧的要素的过程，是不断寻找各种事物与事物间存在的一般或不一般的关系（要素间的关系），然后把这些关系重新组合、搭配，使其产生奇妙变幻的新创意。

创意的作用：
（1）使企业形象独树一帜。
（2）使企业营销活动引人注目。
（3）企业借助新闻媒体提高自己的知名度、信任度和美誉度。

【经典案例】

一件货

对卖新产品的商家来说，最吸引顾客的无非是"新"，如何再在"新"上继续做文章呢？意大利有个莱尔市场，就是专售新产品的。有些新产品很畅销，许多顾客抢着购买，没抢到手的，要求市场再次进货，可得到的回答竟是：很抱歉，本市场只售首批，卖完为止，不再进货。对此，有些顾客很不理解，还向旁人诉说。但从此以后，来这里的顾客中意就买，决不犹豫。不难看出，莱尔市场的"割爱"是个绝妙的创意，它能给顾客留下强烈的印象——这里出售的商品都是最新的；要买最新的商品，就得光顾莱尔市场。这真是"新"上创新的创意！

（案例来源：http://www.sohu.com/a/116471914_460454）

二、创意的表现形式

（一）形象思维与抽象思维

（1）形象思维又称直觉思维，是创意者依据现实生活中的各种现象加以选择、分析、综合，然后进行艺术塑造的思维方式。

（2）抽象思维是用科学的抽象概念揭示事物的本质，表达认识事物的结果。它是人们在认识过程中，借助概念、判断、推理反映现实的过程。抽象思维要把具体问题抽象化后再去思考，以便突破具体问题的束缚，突破层层障碍，从多角度寻求启迪，从意想不到之处加以发掘。

（二）顺向思维与逆向思维

（1）顺向思维是指在生活中人们的大脑对外界事物所产生的思维方法。它具有常规性、传统性等特点，是触发创意的基础。顺向思维取决于人的观察力、记忆力和想象力。

（2）逆向思维是指人们的思维循着事物的结果而逆向追溯事物发生的本源的思维方式。它引导人们透过事物的现象探究其本质，然后根据事物本质发展的逻辑做出与原发展态势截然相反的判断，为创意者标新立异甚至反其道而行之开拓新的思路。

【经典案例】

限量刺激

日产汽车公司推出一种被称为"极具浪漫风采"的名为"费加洛"的中古型轿车。日产公司在新闻发布会上宣布：这种车只生产 20 000 辆，保证以后不再生产这一车型。将在一定时间内接受预订，然后抽签发售。

消息传出后，在全国引起轰动。前来抽签的人超过 30 万，能中签买到车的人当然欣喜万分，没有中签买到车的人千方百计去搜索二手车，令二手车的行情比原价高出 1 倍多。这种限量刺激的创意，无非就是使市场上出现一定的"不饱和状态"，利用消费者"物以稀为贵"的心理来刺激其购买欲。这是反向思维的创意。

（案例来源：http://www.linkshop.com.cn/CLUB/archives/2016/749788.shtml）

（三）垂直思维和水平思维

（1）垂直思维是指人们根据事物本身的发展过程来进行深入的分析和研究，即向上或向下进行垂直思考，依据经验和过去所掌握的知识，逐渐积累和产生想法。

在策划中，创意人员往往要依据自己的经验对有关商品的知识进行思考，这种思考方法产生的创意，改良、重版的成分较多。

（2）水平思维是指摆脱对某种事物的固有思维模式，从与某一事物相互关联的其他事物中分析比较，另辟蹊径，寻找突破口，善于捕捉偶然发生的构想，沿着偶发构想去思考，从而产生出人意料的创意。

（四）灵感思维和顿悟思维

（1）灵感思维具有一般思维活动不具有的特性，如突发性、跳跃性、创造性、瞬时性、兴奋性等。

在运用灵感思维进行创意时，还应注意把握以下几个基本的技巧：

①勤于思考，多问为什么。
②抓住瞬间"思维的火花"。
③暂时将问题搁置。
④尽量保持放松的状态。

（2）领悟思维是一种突发的特殊思维现象，属于直觉的范畴，它是创造者对客观事物的规律性获得直觉认识的一种外在表现，有更多的理性成分，是一种理性思维在经验积累的基础上，在一种适宜情境下受诱发而产生的结果。

（五）联系思维与倾向思维

（1）联系思维是指运用事物存在普遍联系的哲学观点，努力发现事物之间的联系，寻求新的发展机会的思维方式。

（2）倾向思维是指人们在思维活动中，常常依据一定的目标和倾向而进行的思维方式。

【经典案例】

妮维雅出了一款测体味App，解救男士们的窘境

根据神经系统的研究表明，人类的嗅觉是存在两性差异的，男性有大约920万个脑细胞（神经元和神经胶质细胞）控制嗅觉，而女性控制嗅觉的细胞约有1 620万个。但事实是男性在活动时的出汗量远远超过女性，所以很多时候男人们是压根意识不到自己身上汗味过重的。

护肤品牌妮维雅发现了男士们身处的窘境，为了解救大家，联合比利时创意机构Happiness FCB推出了一款能测试出体味的App。这个名为Nose的App甚至可以给出"没有什么问题""是处理一下的时候了""需要紧急处理"三种不同的意见，革命性地将传感技术和智能手机技术结合，帮助男人们控制身体的气味，给他们带来信心。

首先你需要下载这个App，并且为手机带上一个含有传感器的手机壳，通过蓝牙设备将传感器与手机连接。

接着你只需打开这个App，并将手机放置到腋下附近，那么这个叫Nose的App就会开始"闻"了。为了使气味的评估更加准确，妮维雅将4 000位男性的气味数据储存到后台，这样通过一套完整的算法，用户就能得知自己的体味处于什么等级了。更值得称赞的是，当用户测出体味十分严重时，App就会自动弹出购买妮维雅产品的链接，方便顾客应对窘境。

点评：

1992年的"美丽匹配假说"研究，对于生理吸引力和产品（品牌）定位的关系有如下结论："要传播产品的精确形象，应该在美丽中找到细小的差别，这对于产品（品牌）定位战略是至关重要的。"妮维雅的这次营销活动，借用App和手机配件这些科技元素，巧妙地

把妮维雅解决生理吸引力问题（体味）的差别，用一种特别的方式表达出来。不仅看上去很酷，而且因为手机的私密性，也并不会让人觉得尴尬。

（案例来源：http://www.sohu.com/a/75354612_242009）

三、基本的创意方法

（一）属性列举创意法

属性列举创意法就是将事物的属性分解为不同的部分或方面，并全部列举出来，然后以某一部分或某一方面的属性为置换内容，提出对该问题的创新构思。此法是美国内布拉斯加大学的克劳福德（Crawford）教授于1954年提出的，他认为不论是某种技术原理、设备、工艺、产品，还是某种组织管理形式都有其属性，而所谓创造，在一定意义上说，就是掌握呈现在自己眼前的事物属性，并将其放置到其他事物上或者用其他形式来置换，从而实现对该事物的创新。如图2-2所示。

图2-2 属性列举创意法程序

（1）确定对象。确定对象的原则具有任意性，但在营销策划中应该根据市场发展前景及与营销目标关联性来确定。

（2）列举属性。所谓属性，包括外部特征、内部结构、整体形态、功能、性能、运动方式、操作方式等方面。这些属性可以分成三大类，即名词属性、动词属性和形容词属性。根据具体状况，列举属性可以是列举出对象的全部属性，也可以只列举出关键属性。

（3）提出问题。将属性列举出来以后，借助缺点列举法或希望点列举法，针对某一属性或某些属性提出创新问题。例如，针对列举出的打火机属性，可以提出如下创新问题。

①针对打火机的置换用途，可以提出打火灯、打火炉、打火香烟的产品设计问题。

②针对现有打火机的有焰、无焰属性，可以提出"有焰无焰两用打火机"的产品设计问题。

③针对现有打火机的形体属性，可以提出设计多样仿生体打火机的产品创新问题。

④针对现有打火机的操作方式，可以提出触摸式、甩手式打火机新产品的设计问题。

（4）属性置换或移用。属性列举法解决问题的措施就是属性置换，因此对各属性所引发的问题或希望点进行分析后，就需要针对这些问题或希望点，按照属性置换或移用的原理提出解决的方案或措施。属性置换或移用，可以是把该对象的某些属性置换或移用于其他事物上面，也可以是将其他事物的某项属性置换或移用到该对象上。

（二）奥斯本设问创意法

奥斯本设问创意法也称检核表法，是美国"创造工程之父"奥斯本在总结自己和他人的创造活动，特别是新产品开发经验的基础上，概括出来的9种问题模式，并把这9种问题归纳成一张全方位检核表。

奥斯本检核表法就是通过专门列表提问的办法，强制性地对自己已经熟悉的事物设定问题,如果找到了有价值的问题,则意味着找到了一个策划的新起点。这种强制性的设定问题的思考方式,可以有效地突破人们"固有的已成熟的事物不可改变"这一习惯思维的束缚,所以很受策划人欢迎。在营销策划活动中,不论遇到什么项目,都可以依照这9种问题一一检核设问,提出创新问题或寻找创意思路。

奥斯本博士在《创造性想象》一书中提出下面9种技巧:有无别的用处、能否模仿、可否变动、扩大与增加、缩小与舍去、代用、重装与改装、颠倒、组合。考巴克认为以上技巧可通过附加以下技巧来扩大范围:增加、分割、排除、缓和、反转、切断、代换、一体化、扭曲、转动、平伸、补充、沉入、冻结、软化、膨胀、绕弯、附加、扣除、减轻、反复、加厚、展开、挤出、淘汰、防卫、拉开、合并、象征、抽象、切断……

(三)和田创意法

(1)加一加。可在这件东西上添加些什么吗?需要加上更多时间或次数吗?把它加高一些、加厚一些行不行?把这样的东西跟其他东西组合在一起会有什么结果?

(2)减一减。可在这件东西上减去些什么吗?可以减少些时间或次数吗?把它降低一点、减轻一点行不行?可省略、取消什么东西呢?

(3)扩一扩。把这件东西放大、扩展会怎样?加长一些、增强一些能不能提高速度?很多产品都是扩出来的。

(4)缩一缩。把这件东西压缩、缩小会怎样?拆下一些、做薄一些、降低一些、缩短一些、减轻一些、再分割得小一些行不行?

(5)变一变。改变一下形状、颜色、音响、味道、运动、气味、型号、姿态会怎样?改变一下次序会怎样?

(6)改一改。这件东西还存在什么缺点?还有什么不足之处需要加以改进?它在使用时是否给人带来不便?有解决这些问题的办法吗?可否挪作他用或保持现状做稍许改变?

(7)联一联。某个事物的结果与它的起因有什么联系?能从中找到解决问题的办法吗?把某些东西或事情联系起来,能帮助我们达到目的吗?

(8)学一学。有什么事物和情形可以让自己模仿、学习一下吗?模仿它的形状、结构、功能会有什么结果?学习它的原理、技术又会有什么结果?

(9)反一反。如果把一件东西、一个事物的正反、上下、左右、前后、横竖、里外颠倒一下,会有什么结果?世界上很多发明都是通过反向思维而获得的灵感。

(10)定一定。为了解决某个问题或改进某件东西,为了提高学习、工作效率和防止可能发生的事故或疏漏,需要规定些什么吗?

(四)脑力激荡法

脑力激荡法是最为人所熟悉的创意思维策略,该方法是由Osborn于1937年所首先倡导的,此法强调团体思考,着重互相激发思考,鼓励参加者于指定时间内构想出大量的意念,并从中引发新颖的构思。脑力激荡法虽然主要以团体方式进行,但也可于个人思考问题和探索解决方法时,运用此法激发思考。该法的基本原理是:只专心提出构想而不加以评价;不局限思考的空间,鼓励想出越多主意越好。

此后的改良式脑力激荡法是指运用脑力激荡法的精神或原则,在团体中激发参加者的创意。

(五) 运筹方法

古往今来，商战、兵战、政战中的策划，都有运筹学的应用。规划论（包括线性规划、非线性规划、整数规划和动态规划）、图论、决策论、对策论、排队论、存储论、可靠性理论是运筹学的具体内容。

"田忌赛马"是经典的运筹学方法的运用。出马是点子，助阵是谋略，概率与组合是战略方法，一不胜而再胜、三胜是关键。以少胜多、以弱胜强是运筹学发挥的效果。

2.3 营销策划的组织和流程

2.3.1 营销策划机构的建立

一、营销策划组织机构

所谓营销策划机构，是指企业内部为完成市场营销策划业务活动而设置的相应机构及其结构。

二、营销策划组织机构的类型

（一）家庭型策划机构

家庭型策划机构是以企业内部营销职能部门为策划主体单位，借助于企业原有的市场营销组织机构和人员来采集信息、制定营销方案并组织实施。

使用本企业的营销机构和营销人员做策划，有关人员对企业的具体情况比较熟悉，提出的策划方案可行性较高，而且能够杜绝企业商业秘密外泄，同时向有关人员支付的报酬较低。但是，企业内部人员容易受企业固有的经营思想和经营模式影响，设计策划方案时打不开思路，创新性不足。

（二）智囊团型策划机构

智囊团型策划机构是由企业抽调部分营销人员，并聘请组织外的有关专家或管理顾问公司组成专门的策划班子，进行企业的市场营销研究，对企业的营销战略和策略做出规划和策划，然后通过企业的营销职能部门来组织实施策划方案。

智囊团型策划机构的特点在于它的专业性、高效性和灵活性。专业性、高效性体现在企业凭借"外脑"来策划营销方案，专业水准大大提高。它的灵活性体现在企业可以根据需要随时成立这样的策划班子，待任务完成后随即解散。但由于聘请外部专家参与策划，企业往往需要支付较高的报酬，因而策划成本较高。

智囊团型策划机构，企业通常是在经营的特殊时期（如企业组织机构调整、业务经营范围发生重大变化、新产品上市、企业经营陷入困境等）和面临重大事件（如企业战略目标做出调整、行业内出现威胁性的竞争对手、竞争者采取了新的竞争策略等）时设立并运作，在完成特定任务后即可解散。

一般由家庭型策划机构承担企业营销活动过程中常规的策划任务，而以智囊团型策划机构承担特定的营销策划任务。

三、营销策划组织机构的构成

营销策划组织机构的构成如图2-3所示。

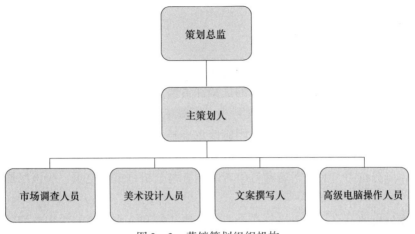

图 2-3 营销策划组织机构

（一）策划总监

策划总监全面负责监督和管理营销策划机构（如营销策划委员会或营销策划小组）的各项工作，其主要工作职责和任务是协调营销策划组织与企业各部门及各方人士的关系，安排、保证工作进度和效率等。一般应由企业的总经理、营销副总经理或策划部经理担任。

（二）主策划人

主策划人不仅指挥各类策划人员的调研活动，而且牵头组织策划人员的创意活动并最后负责策划文案的撰写。

主策划人不仅应具备较强的业务素质和各方面能力，同时也应富有企业营销策划的成功经验和高度的责任感。

（三）市场调查人员

对于调查人员来说，敏锐的观察力、准确的判断力和有效获取信息的能力都是应具备的最基本的能力。

（四）文案撰写人

通常情况下，策划文案的撰写应在主策划人的领导下由多个撰写人共同来完成，这样既能保证策划工作的效率，也有利于集思广益、提高策划工作的质量。

较强的文字表达能力、认识问题的深刻性和富于创新思维是衡量文案撰写人水平的主要标准。

（五）美术设计人员
（六）高级电脑操作人员

四、选取优秀的策划人才

一个优秀的营销策划人，首先应是一个既有广博理论知识，又有丰富实践经验的复合型人才；其次，要有敏锐的观察力、判断力和驾驭市场的能力；再次，要具备良好的社会公德和职业道德；最后，要具备深厚的文字功底和善于运用各种表达技巧。要有"最优秀的并不一定是最合适的，最合适的才是最好的"这样的科学用人观。

2.3.2 营销策划的流程

一、环境分析

环境分析是指企业营销策划者通过对企业的外部环境和内部条件进行调查和分析，进而确定外部市场机会和威胁以及企业自身的优势和劣势，从而明确企业目前所处位置。

外部环境分析在顺序上，应当从大到小，即先宏观环境，再行业环境，最后是经营环境，但从关注的程度和花费的精力上，则应该重小轻大，即最重要的是经营环境，其次是行业环境，最后是宏观环境。

在外部环境分析中，对消费者和竞争者的调查与分析是重中之重，应该尽量做得细致和深入。

内部环境分析的重点一般应当放在企业的总体战略和企业资源的优劣势等方面上，目的在于找到符合企业自身状况的营销策划方案。

二、营销目标设定

在完成了环境分析之后，下一步就是在环境分析的基础上，确定营销目标，而这也是营销策划整个流程的关键环节。目标就是你想完成什么。目标的设定应该遵循 SMART 原则，即具体（Specific）、可衡量（Measurable）、可操作（Available）、现实性（Realistic）和时限性（Timed）。因此，营销目标在设定时也要遵循 SMART 原则。

在设定营销目标时必须注意以下几点：

（1）营销策划目标要尽量量化，以便于测量。对于不易量化的目标，要尽量想出较为客观的评价标准。

（2）营销目标不要设定得太高，也不要设定得太低。如果存在多个营销目标，那么应该使营销目标相互协调一致。在目标之间有难以协调的矛盾时，要明确表述目标的优先顺序。

（3）营销目标的设定应当在一定假设的基础之上。所谓假设就是对企业未来所面临的环境的一种预定，营销策划的成功程度取决于这种假设与实际情况符合的程度。

三、营销战略策划

营销战略策划主要包括市场细分、目标市场选择、目标市场定位等，也就是营销中常提到的 STP 活动。

四、营销战术策划

营销战术策划是指企业根据营销战略策划而制定的一系列更为具体的营销手段，具体内容包括产品策划、价格策划、分销策划、促销策划、品牌策划等。

（1）营销战术策划中的可控因素。

①营销战术策划中的可控因素主要来源于市场营销组合三理论：4P—6P—11P。

市场营销组合指的是企业在选定的目标市场上，综合考虑环境、能力、竞争状况等对企业自身可以控制的因素，加以最佳组合和运用，以实现企业的目的与任务。

1960 年，麦卡锡提出了著名的 4P 组合：产品（Product）、渠道（Place）、价格（Price）、促销（Promotion）。

6P 是由美国著名市场营销学家菲利浦·科特勒提出的,它是在原 4P 的基础上再加政治权力(Political Power)和公共关系(Public Relations)。

1986 年 6 月,科特勒教授又提出了 11P 营销理念,即在大营销 6P 中加上探查(Probe)、分割(Partition)、优先(Priority)、定位(Position)和人(People),并将产品、定价、渠道、促销称为战术 4P,将探查、分割、优先、定位称为战略 4P。该理论认为,企业在战术 4P 和战略 4P 的支撑下,运用"政治权力"和"公共关系"这 2P,可以排除通往目标市场的各种障碍。

②营销战术策划的可控因素具体如下:

产品(Product):质量、功能、款式、品牌、包装。

价格(Price):合适的定价。在产品不同的生命周期内制定相应的价格。

促销(Promotion):尤其是好的广告。

渠道(Place):建立合适的销售渠道。

政治权力(Political Power):依靠两个国家政府之间的谈判,打开其中一个国家市场的大门,依靠政府人脉打通各方面的关系。

公共关系(Public Relations):利用新闻媒体的力量,进行对企业有利的报道,消除或减缓对企业不利的报道。

探查(Probe):即探索,就是市场调研,通过调研了解市场对某种产品的需求状况如何,有什么更具体的要求。

分割(Partition):即市场细分,按影响消费者需求的因素进行分割。

优先(Priority):即选出目标市场。

定位(Position):即为自己生产的产品赋予一定的特色,在消费者心中形成一定的印象,或者说就是确立产品竞争优势的过程。

人(People):"只有发现需求,才能满足需求",这个过程要靠员工实现。因此,企业要想方设法调动员工的积极性。这里的 People 除了指员工,还指顾客。顾客也是企业营销过程的一部分,要充分调动顾客主动参与企业营销的积极性。

(2)企业的营销战术策划可以是全面的,比如一个企业整体的营销策划;也可以是单项的,比如一个企业的品牌策划。

五、形成营销策划书

营销策划书是整个营销策划内容的书面载体,它一方面是营销策划活动的主要成果,另一方面也是企业进行营销活动的书面行动计划。其作用是:

(1)帮助营销策划人员整理信息,全面、系统地思考企业面临的营销问题。

(2)帮助营销策划人员与企业高层决策者进行沟通。

(3)帮助企业决策者判断营销方案的可行性。

(4)帮助企业营销策划管理者更有效地实施营销管理活动。

六、营销策划实施

营销策划实施,指的是营销策划方案实施过程中的组织、指挥、控制和协调活动,是把营销策划方案转化为具体行动的过程。

企业必须根据营销策划方案的要求，分配企业的各种资源，处理好企业内外的各种关系，加强领导，提高执行力，把营销策划方案的内容落到实处。

七、营销策划的评估与修正

营销策划的评估是将营销策划方案的预期目标与现实中得到的实际目标加以比较，通过比较对营销策划实施的效果进行评价。

营销策划的修正则是当发现营销策划的实际实施效果不理想时，对造成不利影响的因素加以修正，以便使营销策划能够达到策划者所希望的目标。

营销策划评估与修正的内容：

（1）项目考核。项目考核是指当每一个项目完成以后对项目完成的情况所进行的一个评估，以便及时发现和解决存在的问题。

（2）阶段考核。阶段考核是指当营销策划一个标志性的阶段进行完毕时，对其实施效果进行的评估。

（3）最终考评。最终考评就是对营销策划实施的结果进行分析，以便观察营销策划的期望值与实际结果是否有差异。若发现有较大的差异，就必须找出原因并提出相应的解决办法。

（4）反馈改进。对营销策划实施过程中出现的问题，必须加以总结并反馈到下一次的营销策划中，只有这样企业营销策划的水平才会不断提高。

【策划实战】

拼车服务推广策划案

（一）实战目标

设计服务推广策划方案。

（二）实战要求

某公司是全球最大的移动出行平台，准备在圣诞节期间推出拼车业务，请你根据本章所讲授的营销策划创意的相关内容，为该公司设计一个在圣诞节期间推出的拼车服务推广策划案。

（三）实战任务

请搜集相关资料，将同学们设计的推广方案与企业现实中的推广方案进行对比，分析推广创意的优缺点。

【本章小结】

1. 营销策划的效应原理。包括：聚众效应与分散效应原理；点式效应与示范效应原理；稀缺市场原理；策划的效益原理；价格尺码原理；心理原理；美女效应原理；策划的新颖性、连续性、间断性、变化性原则；习以为常原理。

2. 营销策划组织机构。指企业内部为完成市场营销策划业务活动而设置的相应机构。

3. 营销策划的特点。包括：营销策划是创新思维的学科；营销策划是市场营销系统工程的设计学科；营销策划是具有可操作性的实践学科。

【思考分析】

1. 根据你的理解阐述营销策划的基本原理,并逐一举例说明。
2. 什么是创意?创意的基本原理有哪些?
3. 常见的营销策划创意步骤有哪些?
4. 如何评价创意策划的效果?
5. 如何开发营销策划主题?

第3章

营销策划书写作

【学习目标】
- 了解营销策划书的框架；
- 掌握营销策划书的结构和内容、营销策划书的撰写技巧；
- 理解营销策划书的重要性和写作原则。

【开篇案例】

营销策划书到底要解决哪些核心问题
——一位资深策划人的经验之谈

1. 我们要做什么

接到一个客户的要求一定要注意不要被客户的要求所"迷惑"，大部分客户对我们提出的问题都不外乎"我的销量怎样才能大幅度增长，我的销量为什么在下降"。其实如果我们盲目地去做一定无所适从，这个时候就需要我们去帮客户分析，销量上不去，是我们的产品竞争力不够，渠道设计不合理，还是我们的广告策略有误。等我们分析完了就会发现，原来销量上不去的原因是我们的竞争对手突然提高了对渠道的投入力度，导致我们的产品被经销商冷淡，于是我们要做的就是从怎么提高销量变成怎么制定合理的渠道政策。策划书第一个要解决的就是我们要做什么，如果我们的策划书连这个问题都不能回答，那说明我们的策划书的可执行度值得怀疑。

2. 我们在哪里

知道了我们要做什么后，就要明白我们在什么样的位置，处于什么样的环境，有什么样的威胁。古人云：知己知彼，百战不殆。首先要分析大环境，包括国家的一些政策法规、整个市场的趋势、市场的现状、目标消费者的总数、目标消费者的消费特征、目标消费者对市场现状的心理状况；其次对竞争对手进行分析，包括竞争对手的产品策略、促销策略、媒体策略、销售状况等；最后对我们企业做一个整个的SWOT分析，弄清楚在目前环境下，我们和竞争对手相比，有什么样的优势和劣势，有什么样的机会和威胁。

3. 我们怎么做

根据我们对环境、市场、竞争者和对自己的分析，就可以制定我们的4P策略。首先是产品：相对于竞争者来说，我们的产品有什么样的优势？是不是需要开发新产品？我们可以对我们的产品定位：是做低档市场，还是做中档市场？还是做高档市场？根据企业的资源我们不难下这样的结论：如果做中档市场，那么产品的核心卖点是什么？和竞争对手有什么样的差异？我们必须给我们的产品寻找一个区别于市场上其他产品的核心卖点。其次是价格：我们的价格是跟随竞争对手，还是要低于或高于竞争对手？我们的目的是快速占领市场，还是要实现利润最大化？再次是渠道：产品从我们的手里到消费者眼前需要怎样的渠道？是做直销还是寻找代理商？寻找代理商需要什么样条件的代理商？对经销商应该实行什么样的政策才能最大限度地调动他们的积极性？最后是促销：我们的促销以什么为主？目标消费者是不是有明显的媒体特征？怎样将我们的产品信息通过最简单最有效的办法传递给消费者？是做电视广告，还是报纸广告或者网络广告，还是媒体组合一起做？各类广告所占的比重又是多少？促销活动该怎么做？公关活动怎么做？这都是我们要考虑的问题。

4. 做什么样的标准

所有的问题我们都给出了答案后，就该把我们的目标量化和细化，如可以将产品分为4个阶段：上市期、培育期、上量期、巩固期。那么每个阶段的工作重点是什么？做到什么样的程度算是合格？这就需要将目标分解和量化，如培育期的市场占有率应该是多少？销售额该是多少？上量期占有率该是多少？销售额该是多少？所有的东西尽量数据化，让每个人都非常清楚什么样的标准是合格的，同时也便于我们及时在实施中总结：为什么这个月销售额没有完成？为什么别的地区销售额都完成得比你好？不全面的问题可以给予及时准确的补充。

（案例来源：http://www.globrand.com/2007/67957.shtml）

市场营销随着市场经济的发展不断扩展、延伸，在营销发展的新思路、新趋势中出现了营销策划。它是在一般市场营销基础上的一门更高层次的艺术，其实际操作性更强。随着市场竞争日益激烈，好的营销策划更成为企业创名牌、迎战市场的决胜利器。营销策划书是营销策划的反映。看一个策划人或一个策划公司的能力水平如何，首先看什么呢？首先看的是你这个策划人或策划公司提交的文案。姑且不说你的方案成效如何，凭文案的质量高低，就可对策划人或策划公司的能力做一个基本的定位。正是因此，就连许多策划专家都非常重视自己向客户提交的文本，文案的语言、包装都非常讲究。因此，认真学习和掌握策划文案的写作，提升自己的创文案力，是任何一个成功的策划人都不可或缺的。

3.1 构建营销策划书的框架

在书写营销策划书之前，先用因果关系图（也称树状图）将有关概念和框架汇集于一张纸上，以描述策划整体构想，其目的在于将核心问题、内外环境因素，以及解决问题的思路清晰地展示出来。

营销策划书必须具备鲜明的目的性、明显的综合性、强烈的针对性、突出的操作性、确切的明了性等特点，即体现"围绕主题、目的明确，深入细致、周到具体，一事一策、简洁明了"的要求。

3.1.1 框架设计的准备

一、营销策划书设计的对象

营销策划书设计给谁看？营销策划书的制定，第一步须弄清营销策划书的接受对象是谁，不同的接受者所要求的标准是不相同的。

二、营销策划书的作用

营销策划书的作用是什么？需要说服别人开展营销策划，但仅凭嘴说又无法说清楚，这时就需要设计营销策划书，通过营销策划书将策划人的意图传达给不同的审议者。

三、营销策划书的目的

营销策划书的最终设计目的是什么？从根本上说，营销策划书的设计目的就是要使决策者接受策划的内容，并确保策划能按策划书顺利实施。

四、营销策划书的意义

为什么要设计营销策划书？营销策划书可使策划操作更具有科学性、系统性和实战性。简言之，设计好的营销策划书就是为了使策划得以理解、操作和实施。

3.1.2 框架设计的要素

任何一种营销策划书，其基本框架均应包括下列要素，可以概括为"5W2H1E"：

What（什么）——策划目标：将策划目标进一步具体化、指标化，并说明实现目标的基本要求和标准。

Who（谁）——策划人员：确定策划中承担各项任务的主要人员及责权利。

Where（何处）——策划实施：确定策划中承担各项任务的部门及场所。

When（何时）——策划日程：列出实现各个目标的时间进度表。

Why（为什么）——策划原因：主要是向策划实施人员说明策划目标、用途、策划的必要性、可行性等，以便实施人员理解和执行。

How（怎样）——策划手段：确定各部门、人员实现目标及行为的顺序、时间、资金、其他资源等的管理控制方式。

How（多少）——策划预算：按策划确定的目标（总目标或若干分目标）列出细目，计算所需经费，以控制策划活动严格按预算进行。

Evaluation（估测）——策划评估：确定实施项目策划的标准，以及由谁检查评价工作和出现偏差如何处理等。

3.1.3 框架设计的纲要

第一部分为策划基础部分，主要是对宏观环境、微观环境、企业概况、调查情况的分析。

第二部分为行动方案部分,主要是对企业营销活动的范围、目标、战略、策略、步骤、实施程序和安排等的设计。

营销策划书框架的这两个部分是相辅相成、前因后果的关系。基础部分为行动方案部分做铺垫,行动方案的内容不能脱离基础部分提供的前提。

3.1.4　整理资料与写作技巧

在汇集资料时,应先对资料加以整理、分类,再按照营销策划书的框架顺序一一列入,绝对不允许将无关紧要的资料硬塞进策划书中。在进行资料整理前要进行充分的市场调研,把握好市场最新消息,并保证资料的真实性。

营销策划书和一般的报告有所不同,它对可信性、可操作性以及说服力的要求特别高,因此,要运用撰写技巧提高可信性、可操作性以及说服力。这也是策划书撰写追求的目标。

一、寻找一定的理论依据

欲提高策划内容的可信性并使阅读者接受,就要为策划者的观点寻找理论依据。事实证明,这是一个事半功倍的有效办法。但是,理论依据要有对应关系,纯粹的理论堆砌不仅不能提高可信性,反而会给人脱离实际的感觉。

二、适当举例

这里的举例是指通过正反两方面的例子来证明自己的观点。在营销策划书中,适当地加入成功与失败的例子既能起调节结构的作用,又能增强说服力,可谓一举两得。这里要指出的是,举例以多举成功的例子为宜,选择一些国外先进的经验与做法,来印证自己的观点是非常有效的。

三、利用数字说明问题

营销策划书是一份指导企业实践的文件,其可靠程度如何是决策者首先要考虑的。营销策划书的内容不能有查无实据之嫌,任何一个论点均要有根据,而数字就是最好的根据。在营销策划书中利用各种绝对数和相对数来进行比照是绝对不可少的。要注意的是,数字需有出处,以证明其可靠性。

四、运用图表帮助理解

运用图表有助于阅读者理解策划的内容,同时,图表还能提高页面的美观性。图表的主要优点在于有强烈的直观效果,因此,用其进行比较分析、概括归纳、辅助说明等非常有效。图表的另一优点是能调节阅读者的情绪,从而有利于对营销策划书的深刻理解。

五、合理利用版面安排

营销策划书的视觉效果的优劣在一定程度上影响策划效果。有效利用版面安排也是营销策划书撰写的技巧之一。版面安排包括字体、字号、字距、行距以及插图和颜色等等。如果整篇营销策划书的字体、字号完全一样,没有层次、主次,那么这份营销策划书就会显得呆板,缺少生气。总之,良好的版面可以使营销策划书重点突出、层次分明。

应该说，随着文字处理的电脑化，这些工作是不难完成的。策划者可以先设计几种版面安排，通过比较分析，确定一种效果最好的设计，然后再正式打印。

六、注意细节，消灭差错

细节往往会被人忽视，但是对于营销策划书来说却是十分重要的。可以想象，一份营销策划书中错字连篇，读者怎么可能会对策划者产生好印象呢？因此，对打印好的营销策划书要反复仔细地检查，特别是对于企业的名称、专业术语等更应仔细检查。另外，纸张的好坏、打印的质量等都会对营销策划书本身产生影响，所以也绝不能掉以轻心。

3.2 营销策划书的写作原则与格式要求

3.2.1 营销策划书的写作原则

（1）逻辑思维原则。策划的目的在于解决企业营销中的问题，要按照逻辑性思维的构思来编制策划书。首先是设定情况，交代策划背景，分析产品市场现状，再把策划的中心目的和盘托出；其次进行具体策划内容的详细阐述；最后明确提出解决问题的对策。

（2）简洁朴实原则。要注意突出重点，抓住企业营销中所要解决的核心问题，深入分析，提出可行的相应对策，针对性要强，要具有实际操作指导意义。

（3）可操作原则。编制的策划书是要用于指导营销活动的，其指导性涉及营销活动中的每个人的工作及各环节关系的处理。因此其可操作性非常重要，不易于操作的方案创意再好也无任何价值，不易于操作也必然耗费大量人、财、物，管理复杂、效果不好。

（4）要求策划的点子（创意）新、内容新，表现手法也要新，给人以全新的感觉。新颖的创意是策划书的核心内容。

3.2.2 营销策划书的格式要求

营销策划书是创意和策划的物质载体，是策划的文字或图表的表现形式，它使得策划人的策划方案能够被他人所知道和接受。营销策划书没有固定的内容与标准的格式，策划对象和策划要求不同，营销策划书的内容和格式也是不一样的。一般而言，一份规范的营销策划书的基本结构框架应包括封面、主体、封底、附录。

一、封面

封面是营销策划书的脸面，会给读者留下第一印象，不能草率从事。封面设计的基本原则是醒目、整洁，字体、字号、颜色都要根据视觉效果具体制定，要有艺术性。营销策划书的封面要注明下列内容：

（1）营销策划书的名称。

（2）营销策划委托机构。

（3）营销策划机构。

（4）营销策划人姓名。

（5）营销策划完稿日期。

(6) 营销策划执行时间。
(7) 营销策划书的保密级别。
(8) 营销策划书的编号。

公司文件分为绝密、机密、秘密三个等级。绝密级：其查阅人仅限于公司总经理、高层管理人员及事件相关负责人；机密级：其查阅人仅限于公司总经理，高层管理人员，部门经理、副经理及事件相关负责人；秘密级：其查阅人为公司内部所有员工。文件密级标注在文件首页右侧上方空白处，字体为宋体三号，加粗，例"保密级别：机密级"。

二、摘要

摘要是对营销策划项目内容所做的概要说明，说明营销策划书的各个章节重点与结论，使读者大致了解营销策划书的主要内容。摘要的写作要简明扼要，篇幅不宜过长，字数在三四百字为宜。

三、目录

营销策划书的目录与一般书籍的目录起相同作用，实际上就是营销策划书的简要提纲，具有与标题相同的作用，策划人应认真编写。

四、前言

前言是营销策划书正式内容前的情况说明部分，交代营销策划的来龙去脉，主要内容包括：

(1) 营销策划的背景。
(2) 社会大环境发展趋势。
(3) 委托单位的情况。
(4) 接受委托的情况。
(5) 营销策划的重要性和必要性。
(6) 本次策划要达到的目的及策划的主要过程。字数要控制在 1 000 字以内。前言的内容应简明扼要，不宜过长。

五、策划目标

策划目标具有导向作用。在确定目标之前必须进行问题界定，通过各种界定问题的方法发掘企业存在的问题及其原因，在此基础上确定企业的营销目标。

六、环境分析

环境分析是营销策划的依据与基础，所以营销策划都是以环境分析为出发点的。环境分析包括企业营销的外部环境与内部环境。营销策划中常见的分析工具有：PEST 分析、SWOT 分析、波特五力分析和对消费者行为的 5W2H 分析等。环境分析要求具有简洁性和准确性。

七、营销战略

营销策划书中要清楚地表述企业所要实行的具体战略，包括市场细分（Segment）、目标市场（Target）和市场定位（Position）三方面的内容，也称为 STP 策略。

(1) 市场细分：其目的在于帮助企业发现市场机会，以正确选择目标市场。

（2）目标市场：根据企业资源状况和实力，找准目标市场。

（3）市场定位：指企业为在目标顾客心目中寻求和确定最佳位置而设计产品和经营特色的活动。

八、营销组合策略

确定营销目标、目标市场和市场定位之后，就必须在各个细分市场制定营销组合策略。营销组合策略就目前而言还是以4P策略为基本框架，但应该吸收6P理论、4C理论、7P理论的合理成分。

九、行动方案

行动方案可以划分为两类：组织机构、行动程序。在行动方案中，需要确定以下内容：

（1）要做什么活动？

（2）何时开始？何时完成？其中的各项活动分别需要多少天？各项活动的关联性怎样？

（3）在何地？需要何种方式协助？需要什么样的布置？

（4）要建立什么样的组织机构？由谁来负责？

（5）实施怎样的奖酬制度？

十、费用预算

预算包括营销过程中的总费用、阶段费用、项目费用，使各种花费控制在最小，以获得理想的经济效益。营销预算最常用的是"活动项目估计"，即按照策划所确定的活动项目列出细目，计算出所需经费。

十一、实施进度计划

把策划活动全部过程拟成时间表，具体何日何时要做什么都标注清楚，以便于策划过程的控制与检查，同时使行动方案更具可操作性。

十二、策划控制方案

策划控制方案可分为一般控制方案和应急方案：

（1）一般控制方案：①每月或每季详细检查目标的达到程度。②高层管理者要对目标进行重新分析，找出未达到目标的项目及原因。③实施营销效果的具体评价方案包括经营理念、整体组织、信息流通渠道的畅通情况、战略导向和工作效率。

（2）应急方案：主要考虑市场信息的不确定性，需要制定多套应急方案。

十三、结束语

主要是再重复一下主要观点并突出要点。结束语并不是非要不可，主要起到与前言呼应的作用，使营销策划书有一个圆满的结尾，不致使人感觉到太突然。

十四、封底

封底与封面相对应，它保证了策划书的完整性和美观。

十五、附录

附录的内容对策划书起着补充说明的作用，可增强阅读者对营销策划的信任。附录的内容有报刊、政府机构或企业内部的统计资料，调查数据等，营销策划的备用方案一般也置于这里。作为附录也要标明顺序，以便查找。

3.3 营销策划书的写作模板与案例

3.3.1 营销策划书的写作模板

一、项目背景介绍

（1）公司介绍。

（2）产品介绍。

二、市场环境分析

（1）宏观环境：国内外经济环境；涉及的法律法规；企业主营产品的成本；关键核心技术水平；其他相关社会因素。

（2）微观环境：企业内部优势；企业内部劣势；预期变化。

三、行业状况

（1）主要竞争对手及竞争程度。

（2）主要竞争者及其优劣势。

四、本企业状况

（1）历史。

（2）规模。

（3）产品。

（4）技术等。

五、SWOT 分析

（1）优势（S）：销售、经济、技术、管理、政策等方面的优势。

（2）劣势（W）：销售、经济、技术、管理、政策（如行业管制等政策限制）等方面的劣势。

（3）机会（O）：市场机会与把握情况。

（4）威胁（T）：市场竞争的最大威胁与风险因素。

六、战略分析

（1）市场细分。

（2）目标市场选择。

（3）市场定位。

七、市场营销策略

（1）产品策略：产品功能、系列、品牌、包装、服务等。

（2）定价策略：定价目标、定价方法等。

（3）渠道策略：渠道模式、渠道长度、渠道宽度等。

(4) 促销策略：广告、人员推销、销售促进、公关关系、直复营销等。

八、营销目标

(1) 财务目标：未来 3 年或 5 年的销售收入预测：年产量、年产值、年利润。
(2) 营销目标：销售成本毛利率、市场份额。

九、行动方案

(1) 营销团队的建设：团队建设的原因；人员配置结构。
(2) 广告宣传。
(3) 促销活动。
(4) 公共关系。

十、效益分析

(1) 预计策划未来 1~3 年的销售收入。
(2) 未来的利润和资产回报率等。

十一、风险控制

十二、附录

调查问卷，注释，参考文献。
(1) 项目实施可能出现的风险。
(2) 拟采取的控制措施。

3.3.2 营销策划书的模式

营销策划书的模式并不是很固定，策划人员可以灵活地根据实际表达需要加以调整，但也存在一些通用的模式。

这种模式的营销策划书严格按照规范的营销策划流程来呈现，中规中矩，因为符合大部分人的逻辑思维方式，所以比较常见。其基本的逻辑结构如下。

一、第一部分：营销环境分析

(一) 宏观的制约因素

(1) 目标市场所处区域的宏观经济形势。包含总体的经济形势、总体的消费态势、产业的发展政策。
(2) 市场的政治、法律背景。包含可能影响产品市场的政治因素、可能影响产品销售和推广的法律因素。
(3) 市场的文化背景。包含产品与目标市场的文化背景、目标客户的文化背景。

(二) 微观的制约因素

(1) 原料供应商与企业的关系。
(2) 营销中间商与企业的关系。

(三) 市场概况

(1) 市场的规模。包含整个市场的销售额、市场可能容纳的最大销售额、客户总量、客户总的购买量，以上几个要素在过去一个时期中的变化，未来市场规模的变化趋势。

(2) 市场的构成。包含构成这一市场的主要产品的品牌、各品牌占据市场的份额、市场上居于主要地位的品牌、与本品牌构成竞争的品牌、未来市场构成的变化趋势。

(3) 市场的特性。包含季节性、暂时性、其他突出的特点。

(四) 营销环境分析总结

(1) 机会与威胁。

(2) 优势与劣势。

二、第二部分：客户分析

(一) 客户的总体消费态势

(1) 现有的消费时尚。

(2) 各类客户消费本类产品的特性。

(二) 现有客户分析

(1) 现有客户群体的构成。包含现有客户的总量、现有客户的行业分类、现有客户的企业规模、现有客户的经营模式、现有客户的管理模式、现有客户的收入状况、现有客户的地域分布。

(2) 现有客户的消费行为。包含购买动机、购买时间、购买频率、购买数量、购买地点。

(3) 现有客户的态度。包含对产品的喜爱程度、对本品牌的偏好程度、对本品牌的认知程度，对本品牌的指名购买程度、使用后的满足程度、未满足的需求。

(三) 潜在客户分析

(1) 潜在客户的特性。包含总量、行业、规模、经营模式、管理模式、收入状况、地域分布。

(2) 潜在客户现在的购买行为。包含现在购买哪些品牌的产品、对这些产品的态度、有无新的购买计划、有无可能改变计划购买的品牌。

(四) 客户分析总结

(1) 机会与威胁。包含现有客户、潜在客户等。

(2) 优势与劣势。包含现有客户、潜在客户等。

(3) 目标客户定位。包含目标客户群体的特性、目标客户群体的共同需求、如何满足他们的需求。

三、第三部分：产品分析

(一) 产品特征分析

(1) 产品的性能。包含最突出的性能、最适合客户需求的性能、还不能满足客户需求的性能。

(2) 产品的质量。包含质量的等级、客户对产品质量的满意程度、能否继续保持、继续提高的可能。

(3) 产品的价格。包含在同类产品中的档次、与产品质量的配合程度、客户对产品价格的认知程度。

(4) 产品的材质和工艺。包含产品主要原料、在材质上的特别之处、客户对产品材质的认识程度、现有的生产工艺、生产工艺上的特别之处、客户对生产工艺的认知程度。

(5) 产品的外观与包装。包含与产品的质量、价格和形象的融合程度，外观和包装上的欠缺之处，在货架上的同类产品中是否醒目，对客户的吸引力，客户对产品外观和包装的评价。

(二) 产品的品牌形象分析

(1) 企业赋予产品的形象。包含企业对产品形象的考虑、企业为产品设计的形象、品牌形象设计中的不合理之处、对客户进行的产品形象宣传。

(2) 客户对产品形象的认知。包含客户对产品形象的反馈、客户认知的形象与企业设定的形象间的差距、客户对产品形象的预期、产品形象在客户认知方面的问题。

(三) 产品定位分析

(1) 产品的预期定位。包含企业对产品定位的设想、企业对产品定位的不合理之处、对客户进行的产品定位宣传。

(2) 客户对产品定位的认识。包含客户对产品定位的反馈、客户认知的定位与企业设定的定位间的差距、客户对产品定位的预期、产品定位在客户认知方面的问题。

(四) 产品分析总结

(1) 机会与威胁。

(2) 优势与劣势。

四、第四部分：竞争状况分析

(一) 竞争地位分析

(1) 市场占有率。

(2) 对需求的认识。

(3) 自身的资源和目标。

(二) 竞争对手分析

(1) 谁是竞争对手。

(2) 竞争对手的基本情况。

(3) 竞争对手的优势与劣势。

(4) 竞争对手的策略。

(三) 竞争分析总结

(1) 机会与威胁。

(2) 优势与劣势。

五、第五部分：策略策划

(一) 总体目标

(1) 企业提出的目标。

(2) 根据市场情况可以达到的目标。

(二) 目标市场

(1) 原有目标市场分析。包含市场的特性、市场的规模、机会与威胁、优势与劣势、问题的重要点、重新进行目标市场决策的必要性。

(2) 市场细分。包含市场细分的标准、各个细分市场的特性、各个细分市场的评估、最有价值的细分市场的描述。

(3) 企业的目标市场策略。包含目标市场选择的依据、目标市场选择的策略。

(三) 推广策略

(1) 产品创意。包含产品概念塑造、包装塑造、品牌塑造、形象塑造、价格塑造。

(2) 渠道策略。包含渠道设计、渠道管理、渠道组建。

(3) 促销策略。含广告管理、推广管理、公共策略。

六、第六部分：策划计划

(一) 时间安排

(1) 在各目标市场活动开始时间。

(2) 活动结束时间。

(3) 活动持续时间。

(4) 进程安排。

(二) 费用安排

(1) 策划创意费用。

(2) 策划设计费用。

(3) 策划制作费用。

(4) 广告媒体费用。

(5) 其他活动所需要的费用。

(6) 机动费用。

(7) 费用总额。

(三) 效果预测和控制

(1) 策划效果的预测。包含策划主题测试、策划创意测试、策划文案测试、策划作品测试。

(2) 策划效果的监控。包含媒体发布的监控，策划效果的测定。

3.3.3 营销策划书的范例

范例一

空调营销策划书

一、计划概要

(1) 年度销售目标 600 万元。

(2) 经销商网点 50 个。

(3) 公司在自控产品市场有一定知名度。

二、营销状况

空调自控产品属于中央空调等行业的配套产品，受上游产品消费市场牵制，但需求总量还是比较可观。城市建设和人民生活水平的不断提高以及产品更新换代时期的到来带动了市场的持续增长，从而带动了整体市场容量的扩张。湖南地处中部，由于以下原因空调自控产品需求量比较大：①夏秋炎热，春冬寒冷；②近两年湖南房地产业发展迅速，特别是中高档商居楼、别墅群大量兴建；③湖南纳入西部开发，将增加各种基础工程的建设；④长株潭的融城一体化；⑤郴州、岳阳、常德等地大量兴建工业园和开发区；⑥人们对自身生活的要求提高。综上所述，空调自控产品特别是高档空调自控产品在湖南的发展潜力很大。

总体来说，空调自控产品销售的方式不外三种：工程招标、房产团购和私人项目。工程招标渠道占据的份额很大，但是房产团购和私人项目两种渠道发展迅速，已经呈现出多元发展局面。

从各企业的销售渠道来看，大部分公司采取办事处加经销商的模式，国内空调自控产品企业2007年都加大力度进行全国营销网络的部署和传统渠道的巩固，加强与设计院以及管理部门的公关合作。对于进入时间相对较晚的空调自控产品企业来说，由于市场积累时间相对较短，而又急于快速打开市场，因此基本上都采用了办事处加经销商的渠道模式。为了快速对市场进行反应，凡进入湖南市场的空调自控产品在湖南都有库存。湖南空调自控产品市场容量比较大，而且还有很大的潜力，发展趋势普遍看好，因此还未进入湖南市场的品牌存在很大的市场机会，只要采取比较得当的市场策略，就可以挤进湖南市场。目前上海在湖南空调自控产品市场上基础比较薄弱，团队比较年轻，品牌影响力还需要巩固与拓展。在销售过程中要非常清楚我公司的优势，并加以发挥使之达到极致；要找出我公司的弱项加以克服，以实现最大的价值；提高服务水平和质量，将服务意识渗透到与客户交流的每个环节中，注重售前、售中、售后回访等各项服务。

三、营销目标

（1）空调自控产品应以长远发展为目的，力求扎根于湖南。2008年以建立完善的销售网络和样板工程为主，销售目标为600万元。

（2）跻身一流的空调自控产品供应商，成为快速成长的成功品牌。

（3）以空调自控产品带动整个空调产品的销售和发展。

（4）市场销售近期目标：在很短的时间内使营销业绩快速成长，到年底使自身产品成为行业内知名品牌，取代省内同水平产品的一部分市场。

（5）致力于发展分销市场，到2008年年底发展到50家分销业务合作伙伴。

（6）要全力投入工作，使工作向高效率、高收益、高薪资发展。

四、营销策略

空调自控产品要快速增长，且还要取得竞争优势，最佳的选择必然是"目标集中"的总体竞争战略。随着湖南经济的不断快速发展、城市规模不断扩大，空调自控产品市场的消费潜力很大，"目标集中"战略对我们来说是明智的竞争策略选择。围绕"目标集中"总体竞争战略我们可以采取的具体战术策略包括：市场集中策略、产品带集中策略、经销商集中策略及其他为目标集中而配套的策略。为此，我们需要将湖南市场划分为以下四种：

一是战略核心型市场——长沙、株洲、湘潭、岳阳。

二是重点发展型市场——郴州、常德、张家界、怀化。

三是培育型市场——娄底、衡阳、邵阳。

四是等待开发型市场——吉首、永州、益阳。

总的营销策略：全员营销与采用直销和渠道营销相结合。

1. 目标市场

遍地开花，中心城市和中小城市同时突破，重点发展行业样板工程，大力发展重点区域和重点代理商，迅速促进产品的销量及销售额的提高。

2. 产品策略

用整体的解决方案带动整体的销售：要求我们的产品能形成完整的解决方案并有成功的案例，由此带动全线产品的销售。大小互动：以空调自控产品的销售带动阀门及其他产品的销售，以阀门及其他产品的项目促进空调自控产品的销售。

3. 价格策略

以高品质、高价格、高利润空间为原则。制定较现实的价格表，价格表分为两层：媒体公开报价，市场销售的底价。制定较高的月返点和季返点政策，以控制营销体系。严格控制价格体系，确保一级分销商、二级分销商、项目工程商、最终用户之间的价格距离级利润空间。为了适应市场，价格政策还要有一定的灵活性。

4. 渠道策略

(1) 分销合作伙伴分为两类：一类是分销客户，是我们的重点合作伙伴；一类是工程商客户，是我们的基础客户。

(2) 渠道的建立模式：①采取逐步深入的方式，先草签协议，再做销售预测表，然后正式签订协议，订购第一批货，如不进货则不能签订代理协议。②采取寻找重要客户的办法，通过谈判将货压到分销商手中，然后我们的销售和市场支持跟上。③在代理商之间挑起竞争，在谈判中因有当地的一个潜在客户而使我们掌握主动和高姿态，不能以低姿态进入市场。④草签协议后，在我们的广告中就可以出现草签代理商的名字，挑起分销商和原厂商的矛盾，我们乘机进入市场。⑤在当地的区域市场上，随时保证有一个当地的可以成为一级代理商的二级代理商，以对一级代理商构成威胁和起到促进作用。

(3) 市场上有推、拉的力量。要快速增长，就要采用推动力量。"拉"则需要长时间培养。为此，我们将主要精力放在开拓渠道分销上；另外，负责大客户的人员和工程商的人员主攻行业市场和工程市场，力争在三个月内完成4～5项样板工程，给内部人员和分销商树立信心，到年底完成自己的营销定额。

5. 人员策略

营销团队的基本理念：开放心胸；战胜自我；专业精神。

(1) 加强业务团队的垂直联系，保持高效沟通，才能做出快速反应。团队建设扁平化。

(2) 内部人员的报告制度和销售奖励制度。

(3) 以专业的精神来销售产品。价值＝价格＋技术支持＋服务＋品牌。实际销售的是一个解决方案。

(4) 编制销售手册。其中包括代理的游戏规则、技术支持、市场部的工作范围和职能、所能解决的问题和提供的支持等说明。

五、营销方案

(1) 公司应好好利用上海品牌，走品牌发展战略。

(2) 整合湖南本地各种资源，建立完善的销售网络。

(3) 培养一批好客户，建立良好的社会关系网。

(4) 建设一支好的营销团队。

(5) 选择一套适合公司的市场运作模式。

(6) 抓住公司产品的特点，寻找公司的卖点。

(7) 公司在湖南宜采用直销和经销相结合的市场运作模式。直销做样板工程并带动经销网络的发展，经销做销量并作为公司利润增长点。

(8) 直销采用人员推广和部分媒体宣传相结合的方式拓展市场，针对空调自控产品，我们可以采用小区推广法和重点工程项目样板工程说服法。

(9) 为了尽快进入市场和有利于公司的长期发展，应以长沙为中心，向省内各大城市进军，其中以长沙为核心，以地级市为利润增长点。

(10) 湖南的渠道宜采用扁平化模式并做好渠道建设和管理，在渠道建设方面可以不设省级总经销商，而是以地级市为基本单位划分，每个地级市设两个一级经销商，并把营销触角一直延伸到具有市场价值的县级市场，改变目前湖南其他空调自控产品品牌在地级市场长期以来的"游击战"方式，采用"阵地战"，建立与经销商长期利益关系的品牌化运作模式，对每个地级市场都精耕细作、稳扎稳打。

(11) 为了确保上述战术的实现，特别是为了加强渠道建设和管理，必须组建一支能征善战的营销队伍；确保营销队伍的相对稳定性和合理流动性，全年合格的营销人员不少于3人；务必做好招聘、培训工作；将试用表现良好的营销员分派到各区担任地区主管。

(12) 加强销售队伍的管理：实行三A管理制度；采用竞争和激励因子；定期召开销售会议；树立长期发展思想，使用和培养相结合。

(13) 销售业绩：公司下达的年销任务，根据市场具体情况进行分解。主要手段是：提高团队素质，加强团队管理，开展各种促销活动，制定奖罚制度及激励方案。

(14) 工程商、代理商管理及关系维护：对现有的工程商、代理商或将拓展的工程商及代理商进行有效管理及关系维护，对各个工程商及代理商建立客户档案，了解前期销售情况及实力情况，进行公司的企业文化传播和公司2008年度的新产品传播。此项工作在6月末完成。在旺季结束后和旺季来临前不定时地进行传播。了解各工程商及代理商负责人的基本情况，进行定期拜访，进行有效沟通。

(15) 品牌及产品推广：品牌及产品推广在2008年执行公司的定期品牌宣传及产品推广活动，并策划一些投入成本较低的公共关系宣传活动，提升品牌形象。在可能的情况下与各个工程商及代理商联合进行推广，不但可以扩大影响力，还可以建立良好的客户关系。产品推广主要进行一些路演或户外静态展示，进行一些产品推广和正常营业推广。

(16) 终端布置、渠道拓展：根据公司上一年度的销售目标，渠道网点会大量增加，根据此种情况随时随地积极配合业务部门的工作，积极配合经销商的形象建设。

(17) 促销活动的策划与执行：根据市场情况和竞争对手的销售促进活动，灵活策划一些销售促进活动。主题思路要避其优势、攻其劣势，根据公司的产品优势及资源优势，突出重点进行策划与执行。

（18）团队建设、团队管理、团队培训。

六、配备和预算

（1）营销队伍：全年合格的营销人员不少于3人。

（2）所有工作重心都向增加销售倾斜，要建立长期用人制度，并确保营销人员的各项后勤工作按时按量到位。

（3）为适应市场，公司在湖南必须有一定量的库存，保证货源充足及时、比例协调，达到库存最优化，尽量避免断货或缺货现象。

（4）时时进行市场调研、市场动态分析及信息反馈，当好企业与市场的传递员，全力打造一个快速反应的机制。

（5）协调好代理商及经销商等各环节的关系。根据技术与人员支持，全力以赴完成终端任务。

（6）拓宽公司产品带，增加利润点。

（7）必须确立营业预算与经费预算，经费预算的决定通常随营业实绩做上下调整。

（8）为加强机构的敏捷、迅速化，本公司将大幅度委让权限，使人员得以果断速决，但不得对任何外来人员泄露公司产品价格等机密，在与客户交流中，如遇价格难以决定时，须请示公司领导。

（9）为达到责任目的及确定责任体制，公司可以贯彻落实重奖重罚政策。

范例二

新产品营销策划书

封面（略）

策划书的名称：××绿茶营销策划书

策划完成日期及本策划适用时间段：因为营销策划具有一定时间性，不同时间段市场的状况不同，营销执行效果也不一样。企业开张伊始，尚无一套系统营销方略，因而需要根据市场特点制订一套营销策划计划。本营销策划计划为期三个月。

策划投资金额：500万元。

1. 目录（略）
2. 正文
3. 新产品营销简介
4. 品牌名：××绿茶
5. 广告语：给力健康，快乐就喝！

（一）产品介绍

××绿茶是××饮料公司旗下新开发的绿茶饮料品牌。××绿茶以健康为理念，把满足消费者的需求作为自己最重要的使命，对市场格局的发展、变化有着高度的掌控和关注。××绿茶也针对市场和消费者的需求，做与时俱进的改变，从呵护消费者的心理需求入手，倡导积极向上的生活概念和生活态度。

该产品把 16~25 岁的学生和年轻上班族作为自己的目标消费群。因为这类人群普遍都是具备活力与进取心的青年，有健康意识，追求成就感和自我认同，他们注重生活质量，懂得享受生活、追求时尚，但从不盲目跟随潮流。××绿茶追求的健康理念是：讲求健康自然、乐观进取、自在不做作、亲和自信、具感染力。

作为一个新推出的绿茶饮料品牌，承诺把最好的品质带给消费者。每一瓶绿茶之中都包含蜂蜜，自然健康，润口解渴，清新爽口的口感让你感觉不仅是在品味绿茶饮品，更能感受到绿茶带来的心情舒放、轻松自在。××绿茶以"给力健康"作为品牌核心价值，用绿茶饮料的自然、健康、活力和生命力，向消费者传递自在轻松的感觉和健康的生活方式。喝绿茶，让人感受绿色健康向上的生活品质。

（二）产品功效与作用

绿茶，又称不发酵茶，是以茶树新芽为原料，经杀青、揉捻、干燥等典型工艺过程制成的茶叶，其干茶色泽和冲泡后的茶汤、叶底以绿色为主调，故名。

绿茶的特性是较多地保留了鲜叶内的天然物质。其中茶多酚、咖啡碱保留鲜叶的 85% 以上，叶绿素保留 50% 左右，维生素损失也较少，从而形成了绿茶"清汤绿叶，滋味收敛性强"的特点。最新科学研究结果表明，绿茶含有机化合物 450 多种、无机矿物质 15 种以上，这些成分大部分都具有保健、防病的功效。绿茶中保留的天然物质成分，对防衰老、防癌抗癌、杀菌消炎等均有特殊效果，为其他茶类所不及。

绿茶的这些功效与作用就是××绿茶推进市场的切合点。

计划提要：

本营销策划的主要目的：把本企业的主打产品——新开发的绿茶饮料品牌打入市场。第一阶段，要在广大的消费群体中推广良好健康的企业文化，让大家感受我们带来的新享受，把最好的品质带给消费者。

（三）营销现状分析

1. 市场形势

康师傅绿茶饮料现在主要针对 15~34 岁年龄段的消费者进行营销，对不同消费者的需求是不加区分的，包括不同年龄段的消费者、不同收入的消费者。

从目前的市场占有率来看，它已达到 50.5%，占据了本行业的霸主地位，但就今年的市场竞争情况来看，康师傅绿茶饮料若想保住其霸主地位，它的市场规模则显得很有限。

根据调查，康师傅瓶装绿茶饮料在同行的瓶装绿茶饮料市场中、在消费者心目中占了主导地位，所以，我们的竞争对手是康师傅绿茶饮料。调查结果显示：消费者在选购绿茶饮料的时候，不但注重它的解渴、健康等功效，更注重它的口味。而康师傅绿茶饮料的口味相对单一，消费者没有更多的选择，不能够满足消费者的多种口味的选择。

因此，新产品在推进市场的时候，首先在口味上要有所突破。

2. 产品形势

康师傅盈利情况：康师傅 2010 年盈利同比增长 21%，至 4.62 亿美元，营业收入上升 31%，至 66 亿美元。饮料业务仍是推动营收增长的主要动力。此外，投入成本上升应是导致盈利增长比较慢的主要原因。预测 2010 年毛利率下降 3.2 个百分点。原材料价格上升将推动新一轮行业整合，促使优质企业进一步壮大。康师傅2011年营业收入将继续保持强劲增长势头，但原材料价格仍然是公司面临的主要不确定因素。

3. 分销情况

本瓶装绿茶饮料是面向大众消费市场的，为了大量销售，打响品牌的知名度，获取相对丰厚的利润，尽量以低价位、高质量的销售方针打进市场。

在选择销售据点时，以中大型的超市、便利店和其他销售店为目标。小规模的店面行销方式，除特殊情况外，原则上不予采用。

根据问卷调查的结果显示，97.8%的目标消费者是中青年人，所以主要的消费据点主要是定在目标消费者集中的地点。

进行多渠道销售，包括直接渠道和间接渠道。

4. 宏观环境趋势

充分利用时间的优势，在五一黄金周开始推出我们企业的绿茶，天气刚刚转入夏季，而且大家都会利用这个难得的空闲时间去购物或者出行，这个时候我们在各大超市的促销会更有机会接触更多的消费者。夏季天气热，我们要充分利用这个时间段，把我们的产品展示给消费者，争取更大的潜在消费者。

（四）目标

1. 财务目标

产品在打入市场初期，投入的广告促销费用为150万元，新产品的研发费用为100万元。剩下的资金作为周转资金和用于促销产品的其他方面。预计在两个月后，促销会取得很好的效果，同时实现利润的回升，在消费者心目中建立起好的品牌形象，获得一定的消费者群。

2. 营销目标

让销售的相关机构及制度趋向合理化，并得以提高受理订货、交货及收款等事务的效率。

销售人员在接受订货和收款工作时，必须和与此相关的附带性事务处理工作分开，这样销售人员才能专心做销售。因此，在销售方面应另订计划及设置专科处理该事务。

改善处理手续（步骤），设法增强与销售店之间的联系及内部的联络，提高业务的整体管理及相关事务的效率，尤其须巧妙地运用各种账表（传单、日报）来提高效率。

计划期的总销售规模为10 000瓶绿茶，市场占有率实现5%，产品市场价格目标为2.4元/瓶。

（五）营销策略

1. 目标市场

根据产品本身天然、健康、解渴的特性，和我们对市场做出的细分，要以不同的产品吸引更多不同的消费者，形成差异化市场，同时利用品牌优势和消费者忠诚度使产品继续保持良好的发展势头。

2. 产品计划

采取产品品种和产品创新战略。

我们提供多种口味的产品,吸引消费者的目光,满足消费者的口味多样化。

(1) 菊花绿茶:绿茶抗辐射、防衰老,菊花清热败火。

(2) 柠檬绿茶:富含维生素C,既能美肌,又有减肥功效。

(3) 青梅绿茶:解渴。

(4) 茉莉绿茶:淡淡的茉莉芬芳。

(5) 玫瑰绿茶:美白功效——玫瑰有净化功效,绿茶能促进代谢、净化肠道和抗氧化。

在采取产品品种和产品创新战略的同时,改进服务战略和密集广告战略也不可缺少。

新产品的推出阶段,我们以电视广告的方式吸引消费者的目光,以讲求健康的宗旨引起消费者的注意。同时结合大型超市的促销活动,开展买一送一的开盖抽奖活动、有奖问答送绿茶活动,向购买量大的客户赠送"健康之苗"——一个绿色小盆景,充分体现我们品牌的健康理念。

3. 定价计划

产品市场价格目标为2.4元/瓶。

4. 分销计划

对于间接销售渠道,与批发商、代理商和零售商等的交易要做到:

(1) 提供免费送货上门等服务。

(2) 进货尽可能集中在某一季节,有计划地做订货活动。交易契约的订立除了设法使自己有利外,也要让对方有安全感。

(3) 为使进货业务能合理运作,公司每月召集由各进货厂商、外包商及相关人员参加的会议,进行磋商、联络、协议。

5. 促销计划

品牌、渠道两手抓:一方面,在多种知名产品的包装物上为绿茶饮料做广告,以极低的成本为产品做宣传,扩大渠道;另一方面,也可以在产品包装上搭载其他知名公司的广告,这样不仅可以获得广告费用,与强者为伍,也更凸显本企业实力,打响知名度,建立品牌。

(1) 4亿瓶大赠饮:在卖场促销,在大中型销售店开展揭盖有奖活动,虽然这种类型的促销活动在饮料促销中屡见不鲜,但是可以在奖励方式和中奖率等方面改进,详细如下:

①活动的主要内容:揭开本活动中促销装(550毫升)绿茶饮料瓶盖,若有"健绿绿茶"字样,即可凭该瓶盖在现场免费换取400毫升的罐装绿茶饮料;若有"矿泉水"字样,即可凭该瓶盖在现场免费换取500毫升的矿泉水一瓶;若有"谢谢惠顾"字样,则没有中奖。

②活动细则:

消费者必须在活动现场及时揭盖兑奖;

活动的产品为××系列绿茶;

活动的中奖率为25%;

活动的截止时间为2011年8月1日。

(2) 选取靠近公司的高等院校进行促销活动,引发更多潜在消费者的需求。

①在学校饭堂附近,搭建绿茶饮料试喝大本营;

②利用海报等向消费者介绍绿茶饮料的优势；

③派发宣传单等。

（六）行动方案

市场部在营销中占主要地位，同时配合客户部、销售部各个部门实现企业的目标。

企业员工为200人，市场部员工为50人，客户部员工为15人，销售部员工为20人，预计费用为350万元。本营销策划计划为期三个月，在服务战略上，可以培训有经验、受过良好训练的营销和销售人员，提供优质的服务和高质量的产品，以满足客户需求为服务宗旨。

（七）控制

制定该方案的预计损益表。收入方列出预计销售数量和平均实现价格；支出方列出设计、研究成本、分销成本和营销费用、收支差（预计利润）上报管理部门审核，批准后可作为制订计划和进行生产、营销等活动安排的基础。所有计划和方案要根据市场的变动进行必要的调整。

【策划实战】

××产品的校园推广策划书

（一）实战目标

通过实训让学生掌握如何编制营销策划书。

（二）实战要求

1. 营销策划书内容结构要完整。

2. 学生以小组为单位进行讨论和研究，并最终形成一份营销策划书。

（三）实战任务

根据前三章所学内容，自选商品在校园中进行推广，拟写营销策划书，并推选代表在班级进行推介。

【本章小结】

1. 营销策划书的基本结构和内容：封面；摘要；目录；前言；策划目标；环境分析；营销战略；营销组合策略；行动方案；费用预算；实施进度计划；策划控制方案；结束语；封底；附录。

2. 营销策划书的编写技巧：恰当使用文字；正确运用各类图表；合理使用理论依据、数据和实践例证；巧妙设计版面。

【思考分析】

1. 营销策划书的特点是什么？

2. 怎样才能使营销策划书增强可信度？

3. 如何理解"营销策划书要注意重点突出"？

第4章

营销调研策划

【学习目标】

- ■ 了解营销调研策划的含义；
- ■ 熟悉营销调研策划的方法；
- ■ 掌握营销调研策划的基本技术。

【开篇案例】

江崎糖业公司泡泡糖的市场营销

日本泡泡糖市场年销售额约为740亿日元，其中大部分为"劳特"所垄断。真可谓江山唯"劳特"独坐，其他企业再想挤进泡泡糖市场谈何容易。

但是江崎糖业公司对此并不畏惧，成立了市场部，专门研究霸主"劳特"产品的不足，寻找市场缝隙。经过周密调查，终于发现"劳特"的四点不足：

第一，以成年人为对象的泡泡糖市场正在扩大，而"劳特"却仍旧把重点放在儿童泡泡糖市场上；

第二，"劳特"的产品主要是果味型泡泡糖，而消费者需求呈现多样化；

第三，"劳特"多年来一直生产单调的条状泡泡糖，缺乏新型式样；

第四，"劳特"产品价格是110日元，顾客购买时需多掏10日元的硬币，往往感到不便。

通过营销调研分析，江崎糖业公司决定以成人泡泡糖市场为目标市场，并制定了相应的市场营销策略，不久便推出功能型泡泡糖四大产品：司机用泡泡糖，使用了高浓度薄荷和天然牛黄，以强烈的刺激消除司机的困倦；交际用泡泡糖，可清洁口腔，去除口臭；体育用泡泡糖，内含多种维生素，有益于消除疲劳；轻松型泡泡糖，通过添加叶绿素，可以改变人的不良情绪。并精心设计了产品的包装和造型，价格定为50日元和100日元两种，避免了找零钱的麻烦。

功能型泡泡糖问世后，像飓风一样席卷全日本，占领了一定的市场份额，从零猛升至25%，当年销售额达175亿日元。同时，企业成立了客服部，完善客户关系管理，在客户心中树立了良好的口碑。

(案例来源：http://blog.sina.com.cn/s/blog_3be4a6c40102x3fr.html)

4.1 营销调研策划概述

科技的日新月异和经济的全球化趋势，使得今天的市场瞬息万变、竞争激烈。企业要更好地生存和发展，必须培育自己的竞争优势。企业只有了解了自己的顾客和竞争对手，才能有针对性地为顾客提供他们所需要的产品和服务，采取有效的营销策略，从而在残酷的市场竞争中稳操胜券。有道是"没有调查就没有发言权"，营销调研正是从企业市场营销的问题与需求出发，通过系统、客观的信息收集和分析工作，得出所调研问题的结论，进而为提高企业市场营销水平提供帮助的全过程。科学的营销调研工作有助于企业正确识别和把握机会，有助于企业抉择和优化自己的营销策略。

营销调研是指以科学的方法收集市场资料，并运用统计分析的方法对所收集的资料进行分析研究，发现市场机会，为企业管理者提供科学决策所必需的信息依据的一系列过程。其内涵有：

（1）营销调研是企业的一种有目的的活动。
（2）营销调研是一项市场信息搜集和处理的工作。
（3）营销调研是一个系统的过程。

【经典案例】

营销调研一定要很正式才有用吗？

营销调研并不是要很正式才有用，同顾客的临时会谈也是获得信息的很好途径。韩国最大的公司——三星集团总裁李健熙在拜访美国三星家用电器的零售商时，得到了一些信息。他听到零售商"对其产品以次充好，不吸引人的产品设计及差劲的售后服务的强烈抱怨"后，立即命令三星电子集团的高级执行官等人飞往美国，拜访洛杉矶地区的零售商。当他们听到了同样的抱怨后，李先生警告他们："如果我们不改正这些错误，我们就没有资格经营街角的商店。"三星随后把改进质量作为最优先目标，结果是令人满意的。公司的产品在消费杂志上受到了好评并且销售额稳步提高。

(案例来源：http://www.samsung.com/cn)

4.2 营销调研策划启动

4.2.1 搜集调研的问题

现代企业面临复杂多变的市场环境，为了做出正确的决策或减少错误决策的风险，决策前的营销调研至关重要。而营销调研前必须明确营销调研的问题，只有了解并掌握了问题所在，才能对症下药、有的放矢，成功抓住市场机会，以免劳民伤财、事倍功半。营销调研的第一步就要知道：我们将如何使用信息；我们需要搜集什么信息，即哪些是需要进行营销调研的问题。

营销调研的问题是指营销调查研究解决什么样的管理决策的信息需求问题，即搜集什么样的主题信息，达到什么目的。问题的定义包括对整个问题的叙述以及确定研究问题的具体组成部分，主要是将企业经营管理中出现的问题转化为营销调研的问题。这里的"问题"主要是指管理方面的问题以及解决这些问题所需要的相关资料。通常只有当管理人员发现某些营销问题或机会并需要某些数据资料来辨明问题或机会时，调研人员才会参与进来。

4.2.2 定义调研问题

一、定义调研问题的重要性

（1）在营销调查研究方案策划中，没有什么比准确、充分地确定调查研究的主题更为重要。

（2）调查研究的主题的正确界定为整个调查研究过程提供了保证和方向，相当于整个调查研究成功了一半。

二、调研问题的两个层面

决策者所面临的问题与定义调研问题是一样的吗？

（1）管理决策问题是决策者需要做什么的问题，它关心决策者可以采取什么行动，以行动为导向。

（2）营销研究问题是为了回答管理决策问题，是企业需要什么信息以及如何获得有效信息的问题，它关心回答管理决策问题的信息依据以及获取途径，以信息为导向。

所以，决策者一般给我们的问题属于管理决策问题，而对于营销调研人员来说，则需要将管理决策问题转化为营销调研问题。

【经典案例】

某百货商场顾客流量研究

管理决策问题：如何增加到该商场购物的人数？

营销研究问题：找出本店与主要竞争者相比，在影响顾客惠顾的主要因素方面的优势与差距。

组成部分：

（1）顾客选择百货商场的主要标准是什么？

（2）根据这些标准，顾客对本店及主要竞争者的相对评价如何？

（3）本店顾客的人口学和心理学特征是什么？是否与主要竞争者的顾客有显著差别？

（4）能否根据对商店的评估结果和顾客特征预测商店的客流量和偏好？

（5）增加商场客流量的有效措施是什么？

（案例来源：https://wenku.baidu.com/view/6c17ff296edb6f1aff001f65.html）

确定的营销调研问题既能提供足够信息帮助解决管理决策问题，又能够为下一步的调研活动指明方向。通常在确认营销调研问题时会出现两种错误：

（1）研究问题定得过宽，难为下一步指明方向。

（2）研究问题定得过窄，会限制今后要采取的决策行动，太窄可能使信息获取不完全，甚至忽略了管理决策信息需求的重要部分。

【经典案例】

可口可乐的营销调研

20世纪80年代早期，尽管可口可乐仍然是饮料市场的领导者，但是其市场份额正被"百事"慢慢占领。多年来，"百事"成功地发起了"百事挑战"。到1985年，虽然可口可乐仍在整体市场中领先，但是在超市中"百事"领先2%。可口可乐为了保住市场份额不得不采取行动，而解决之道就是改变可口可乐的味道。

可口可乐公司开始了其历史上最大的新产品调研活动。它花了2年的时间和400万美元来进行调研，以确定新配方。它进行了大约200 000次口感测试，而最终配方进行了30 000次测试。在无商标测试中，60%的消费者认为新配方比原来的好，52%的人认为新可口可乐比"百事"好。调研表明新可口可乐一定会赢，所以公司自信地推出了这一产品。结果发生了什么？

起初，由于铺天盖地的广告以及促销，新可口可乐销路不错。但销量很快下降，公众的反应令人吃惊。每天可口可乐公司都会收到愤怒的消费者的成袋信件和1 500多个电话。一个叫作"旧可乐饮用者"的组织发起各种抗议活动，分发T恤衫，并威胁要集体起诉，除非可口可乐公司恢复旧配方。仅三个月后之后，可口可乐公司重新提供"旧可乐"，并将"旧可乐"称为"经典可乐"，与"新可乐"一起在货架上销售。到了1985年年底，"经典可乐"的销量大大超过了"新可乐"。在1990年，公司重新包装了"新可乐"，并将其作为一个延伸品牌，以"可乐Ⅱ"的新名称重新推向市场，现在，"经典可乐"占据了美国软饮料市场的20%以上，而"可乐Ⅱ"只占据了微不足道的0.1%。

分析：

可口可乐公司将其营销调研问题限定得太窄了。调研只限于口味问题，而没有考虑用"新可乐"取代"旧可乐"时消费者的感觉如何。它没有考虑无形的资产——可口可乐的名称、历史、包装、文化遗产及产品形象。然而对于许多人来说，可口可乐与棒球、热狗、苹果一起成为美国的习俗，它代表了美国社会中最根本的东西。对许多消费者来说，可口可乐的象征性意义比它的口味更重要。

（案例来源：https://wenku.baidu.com/view/a608633bb7360b4c2f3f6427.html）

三、定义营销调研问题的程序

确认调研问题的过程是从分析问题背景入手，经过探索性研究确认决策者所面临的经营决策问题，然后明确相应的营销调研问题。其流程如图4-1所示。

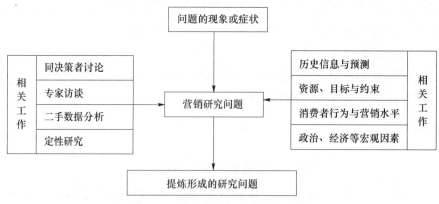

图 4-1 定义营销调研问题的程序

（一）了解调研背景

了解调研背景，就是要清楚地指出本次调研任务处于一个什么样的环境中，即要充分考虑调研问题所处的环境。对市场环境进行简要的描述，主要包括企业目标市场所处区域的人口环境、政治法律环境、经济环境、自然环境、科技环境及社会文化环境等宏观环境和与企业营销活动直接发生关系的企业性因素，如市场、营销渠道、供应商、消费者、竞争者和营销中介等微观环境。

（二）了解企业概况

了解与企业销售、市场份额、盈利、技术、生产方式有关的历史资料，了解企业可利用资源和调查面临的限制条件，了解企业的营销手段（4P）等，能够帮助调研人员理解潜在的营销调研问题。

（三）与决策者讨论

与决策者讨论的根本任务是深化调研人员对营销调研问题根源的了解和认识。必须深入了解以下几方面的情况：

(1) 问题的起因。
(2) 决策者的目的。
(3) 决策者的处境。
(4) 可供选择的行动方案及其后果。
(5) 正确决策所需的信息及其成本。
(6) 技术上的可行性。

（四）向专家咨询

通过对行业专家、专门问题的研究者进行访谈，可以使调研人员对营销调研问题有完全不同的新视角，专家访谈也可能修正决策者或研究人员的某些观点。在进行专家咨询时，应注意以下问题：

(1) 选择合适的人选。
(2) 寻找有效的接触渠道。

(3) 提供必要的背景资料。

(4) 合理的报酬与要求。

(五) 二手数据分析与定性研究

收集分析二手数据是定义调研问题的一个前提性步骤，只有二手数据无法解决手头的问题，或获取二手数据的成本高于收集原始数据时，才考虑收集一手资料。在某些营销调研问题上，影响调研问题的因素较为隐蔽，调研人员可能还需要使用定性研究方法。

经过多方获取信息后，就可以提炼出精确的营销调研问题。正如爱因斯坦所说，"提出一个问题要往往比解决一个问题更重要"。清楚、明确地界定问题是策划成功的一半。

4.2.3 调研项目的确定

所谓调研项目是指调研单位所要调研的核心内容。在确定调研项目时，除考虑市场调研的目的和调研对象的特点外，还要注意以下几个问题：

(1) 项目既要反映调研任务所需，又要满足调研目的，否则开展调研只会浪费企业的相关资源。

(2) 调研项目的表达必须明确、清楚，结果具有确定的表现形式且切实可行。

(3) 调研项目之间具有一定的相关性。把取得的资料相互对照，以便了解这些现象发生变化的原因、条件和后果，便于检验答案的准确性。

(4) 项目的含义要明确肯定，必要时可附之以调研项目解释。

【经典案例】

某企业的调研项目确定

A商场是一个具有30年历史的国有商业企业，在其多年的经营过程中，在该地区商誉较好，知名度较高，尤其是中老年人对其有深厚的感情。但自从在商场的斜对面建了一家与其规模相当的商场后，尽管同类商品的价格低于竞争者，但是客流量还是不断下降，效益明显下滑，为此商场管理层决定开展一次调研活动。

请你帮其确定调研的项目。

调研问题分析：

1. 为什么要调研？——客流量不断下降，效益明显下滑。

2. 调研中想了解什么？——顾客为何不爱来了？对该商场有何看法？顾客期望的商场是什么样？

3. 调研结果有什么用处？——找出企业经营中的问题，找出潜在客户，规划企业的发展战略。

4. 谁想知道调研的结果？——商场的高层主管。

调研项目确定为：消费者对该商场的看法和购物态度。

(案例来源：https://wenku.baidu.com/view/c380396d58fafab069dc02a4.html)

4.3 调研方案的设计

4.3.1 营销调研方案的概念

营销调研方案又叫营销调研计划书或营销调研策划书,即根据调研的目的和调研对象的性质,在进行实际调研之前,对调研工作总任务的各个方面和各个阶段进行通盘考虑和安排,提出相应的调研实施方案,制定出合理的工作程序,是整个调研项目的一个构架和蓝图。调研方案是调研活动的指导文件,是对整个调研项目进行统一考虑和安排,保证营销调查有目的、有计划、有组织地顺利进行所必需的。

4.3.2 营销调研方案设计流程

营销调研方案的设计流程,如图 4-2 所示。

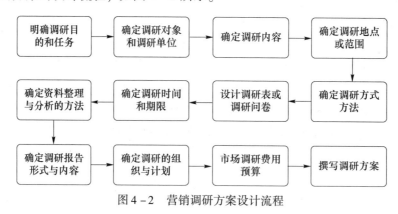

图 4-2 营销调研方案设计流程

4.3.3 明确营销调研的目的

明确营销调研的目的是调研方案的首要问题,能为营销调研活动的开展指明方向。明确调研目的也是调研设计的龙头,只有确定了调研目的,才能确定调研的范围、内容和方法,否则就会列入一些无关紧要的调研项目,而漏掉一些重要的调研项目,无法满足调研的要求。例如,1990 年我国第四次人口普查的目的就规定得十分明确,即"准确地查清第三次人口普查以来我国人口在数量、地区分布、结构和素质方面的变化,为科学地制定国民经济和社会发展战略与规划,统筹安排人民的物质和文化生活,检查人口政策执行情况提供可靠的依据"。可见,确定调研目的,就是明确在调研中要解决哪些问题,通过调研要取得什么样的资料,取得这些资料有什么用途等。衡量一个调研设计是否科学的标准,主要就是看方案的设计是否体现了调研目的,是否符合客观实际。营销调研目的的确定直接影响营销调研的范围、内容、对象和方法。只有目的清楚、任务明确,才能有的放矢,从而有效地实施营销调研。在确定营销调研目的这个阶段,需要占用一定数量的相关资料。这一过程主要是通过调研团队与关联部门借助于资料搜集和分析及小范围的定性研究来完成。此外,还可以与企业经营决策者讨论、向有关专家请教等,从而使得营销调研的目的得到准确而合理的定位。

4.3.4 确定调研对象和调研单位

明确了调研目的之后,就要确定调研对象和调研单位,这主要是为了解决向谁调研和由谁来具体提供资料的问题。调研对象就是根据调研目的、任务确定调研的范围以及所要调研的总体框架,它是由某些性质相同的调研单位所组成。调研单位就是所要调研的社会经济现象总体中的个体,即调研对象中的一个个具体单位,它是各个调研项目的承担者。例如,为了研究某市各广告公司的经营情况及存在的问题,需要对全市广告公司进行全面调研,那么,该市所有广告公司就是调研对象,每一个广告公司就是调研单位。又如,在某市职工家庭基本情况的调研中,该市所有职工家庭就是调研对象,每一户职工家庭就是调研单位。在确定调研对象和调研单位时,应该注意以下三个问题。

第一,由于市场现象具有复杂多变的特点,因此,在许多情况下,调研对象也是比较复杂的,必须用科学的理论为指导,严格规定调研对象的含义,并指出它与其他有关现象的界限,以免造成由于界限不清而发生的差错。如以城市职工为调研对象,就应明确职工的含义,划清城市职工与非城市职工、职工与居民等概念的界限。

第二,调研单位的确定取决于调研目的和对象,调研目的和对象变化了,调研单位也要随之改变。例如,要调研城市职工本人基本情况,这时的调研单位就不再是每一户城市职工家庭,而是每一个城市职工了。

第三,不同的调研方式会产生不同的调研单位。如采取普查方式,调研总体内所包括的全部单位都是调研单位;如采取重点调查方式,只有选定的少数重点单位为调研单位;如果采取典型调查方式,只有选出的有代表性的单位为调研单位;如果采取抽样调查方式,则用各种抽样方法抽出的样本单位为调研单位。

4.3.5 设计调研内容

通过了解并确定营销调研问题,经过调研团队对所需资料的大量搜集和内部讨论,明确了调研目的后,调研团队对要调研问题的调研方向就有了初步的认识。但是在正式的营销调研开始之前,需要对调研目的进行再次确认和细化,这也就构成了营销调研的内容。

营销调研的内容是依据调研目的来确定的。这里要求尽量细化,将每一个问题分拆成一个个单一的问题,直到不可再分。如果是面对不同的调研对象,则应该在每一类调研对象下面列出涉及这一类调研对象的所有细项,即使有重复的内容也不能减少,必须要重复列出。

【经典案例】

调研项目如何细化成调研内容

某调研目的:全面摸清手机品牌在消费者中的知名度、渗透率、美誉度和忠诚度。则细化的调研内容可能有:

(1) 消费者对手机的购买形态(购买过什么品牌、购买地点、选购标准等)与消费心理(必需品、偏爱、经济、便利、时尚等)。

(2) 消费者对手机各品牌的了解程度(包括功能、特点、价格、包装等)。

(3) 消费者对品牌的意识、对本品牌及竞争品牌的观念及品牌忠诚度。

(4) 消费者平均月开支及消费比例的统计。

(5) 消费者理想的手机的需求描述。

（案例来源：http://www.topys.com）

4.3.6 确定调研地点或范围

无论是进行网上调研还是传统方式调研，关于调研地点的选择是非常重要的，尤其是采用传统方式调研当中的外出调研，选对调研地点能够促进调研更快成功。因为不同的地点汇聚的是不同的人群，每个调研的主题不同，选取的对象也是不同的，如果把同一个调研主题放在不同的调研对象上进行调研，实际产生的差异是非常大的。即使同一份调查问卷，如果投放在不同的地方，结果也会截然不同。只有选择最好的调研地点，才会让营销调研发挥出最大的功效；如果选错了地点，那么调研就会功亏一篑。因此关于调研地点的选择要慎重考虑。

4.3.7 选择适合的调研方式

营销调研方式是营销调研活动的组织方式，一般可以选择普查、重点调查、抽样调查等。在调研时，由于每种调研方式都有各自的优缺点，因此，采用何种调研方式并不是固定和统一的，应根据调研对象和调研任务合理地选择适合的一种或多种调研方式。

一、普查

普查是对确定的调研对象（总体）的各个组成部分（个体）毫无遗漏地进行调查。对于比较大型的对象，由于成本太大，可靠性并不高，一般都不宜采用普查。

二、重点调查

重点调查是一种非全面调查，它是在全部单位中选择一部分重点单位进行调查，以取得统计数据的一种非全面调查方法。重点调查的重点单位，通常是指在调研总体中具有举足轻重的能够代表总体的情况、特征和主要发展变化趋势的那些样本单位。这些单位虽然数目不多，但就调研的标志值来说，它们在总体中却占了绝大部分比重。通过对这些单位的调查，能够反映出整个调研对象的基本情况。因此，当调研任务只要求对总体的基本情况进行了解，而部分重点单位又能集中反映所调研的问题时，便可采用重点调查的方式。

三、抽样调查

抽样调查是对调研对象的各个组成部分不一一进行调查，而只是抽查其中的一部分。抽样调查是在全部调研对象中抽取一部分进行观察，并由此对所调研的全部对象的数量特征和规律性进行估计和推断。采用抽样调查，先确定调研对象的总体和抽样单位，再选编并确定抽样框，计算出样本容量后可以选择随机抽样或非随机抽样方式。

（一）随机抽样

在随机抽样调查中，需要根据不同的调研目标、范围、内容、时间等条件选取各种不同的样本类型。常见的随机抽样方式：简单随机抽样、分层抽样、整群抽样、等距抽样、多阶抽样等。

（1）简单随机抽样：这是对全体调研对象的任何一部分不做任何有目的的选择，用纯粹偶然的方法抽取个体。通常只是在总体单位之间差异程度较小和数目较少时，才采用这种方法。

（2）分层抽样：根据调研目的及一定的分类特征，把全体成员划分为数目较多并各具不同特征的群体或类别，然后在各种类别中独立进行简单随机抽样或其他抽样。分层抽样的效果与设计者的经验和判断能力关系很大。

（3）整群抽样：就是从总体中成群成组地抽取调研单位，而不是一个一个地抽取样本。在群间差异性不大或者不适合单个抽选样本的情况下，可采用这种方式。

（4）等距抽样：是将总体各单位按一定标志或次序排列成图形或一览表（也就是通常所说的排队），然后按相等的间隔抽取样本单位。

（5）多阶抽样：又称多级抽样，就是将调查分成两个或两个以上阶段进行抽样。第一阶段先将总体按照一定的规范分成若干抽样单位，称为一级抽样单位，或称初级抽样单位，再把抽中的一级抽样单位分成若干更小的二级抽样单位，把抽中的二级抽样单位再分三级抽样单位，等等，这样就形成一个多阶段抽样过程。其特点是，在对超大而又复杂的总体调查的抽样中实施和管理更加方便，且不需要对每级抽样单位编制完全的抽样框。

（二）非随机抽样

非随机抽样，又称为非概率抽样，是调研者根据自己的方便或主观判断抽取样本的方法。常见的有偶遇抽样、主观抽样、滚雪球抽样、配额抽样等。

（1）偶遇抽样：也称就近抽样、方便抽样或自然抽样。它是指调研者根据现实情况，以自己方便的形式择取遇到的人作为调研对象，或者仅仅选择那些离得最近的、最容易找到的人作为调研对象。其优点是方便省力，其缺点是样本的代表性差。

（2）主观抽样：也称目标式抽样、判断式抽样或立意抽样，它是调研者根据自己的主观分析，来选择和确定调研对象的方法。主观抽样取得的样本，其代表性取决于调研者对总体的了解程度和判断能力。主观抽样的优点是，可以充分发挥调研人员的主观能动性；其缺点是，样本的代表性难以判断，不能推论。

（3）滚雪球抽样：当我们无法了解总体情况时，可以从总体中的少数成员入手，对他们进行调查，向他们询问还知道哪些符合条件的人，再去找那些人调查并询问他们知道的人，如同滚雪球一样，我们可以找到越来越多具有相同性质的群体成员。

（4）配额抽样：也称定额抽样，是非随机抽样中最流行的一种。配额抽样首先将总体中的所有单位按一定的标志分为若干类（组），然后在每一类（组）中用偶遇抽样或主观抽样方法选取样本单位。所不同的是，配额抽样不遵循随机原则，而是主观地确定对象分配比例或数量。

4.3.8 选择适当的调研方法

常见的调研方法有文案调研法、访问调研法、观察调研法和实验调研法等。在调研时，采用何种调研方法不是固定和统一的，而是取决于调研对象和调研任务。在市场经济条件下，为准确、及时、全面地取得市场信息，尤其应注意多种调研方法的综合运用。在调研方案中,调研团队应事先确定采用何种调研方法取得调研资料。常见营销调研方法如图4-3所示。

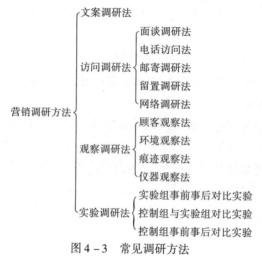

图4-3 常见调研方法

一、文案调研法

文案调研法又称二手资料调研法,是指通过查阅、阅读、收集历史和现实的各种资料,经过甄别、统计分析得到调研者想要的各类资料的一种调研方法。

二、访问调研法

访问调研法是指调研人员根据事先撰写的调研项目以某种方式向调研对象提问,要求给予回答,由此获得信息资料的方法。访问调研法又可分为面谈调研(包括入户访问和拦截访问)、电话访问、邮寄调研、问卷调研、网络调研等方法。

面谈调研法:是调研人员与调研对象面谈,向调研对象询问有关问题,以获取信息资料的一种方法。其调研形式既可以是采用提前设计好的问卷或提纲,按顺序提问的"标准式访谈",也可以是采用围绕主题进行的"自由交谈"。

电话访问法:是调研人员通过电话向调研对象询问有关问题,以获取信息资料的一种方法。

邮寄调研法:是将问卷寄给调研对象,调研对象将问卷填好后寄回的一种调研方法。

留置调研法:由调研人员将调研表或问卷当面交给调研对象,并说明填写要求,留给调研对象自行填写,然后由调研人员按约定日期收回的一种调研方法。

网络调研法:指在因特网上针对特定营销环境进行简单调研设计、收集资料和初步分析的活动。通常有电子邮件调研、网页调研、可下载调研、BBS讨论区调研等。

三、观察调研法

观察调研法是调研者根据研究目的,有组织有计划地运用自身的感觉器官或借助科学的观察工具,直接搜集正在发生的、处于自然状态下的市场现象的有关资料的方法。通常有顾客观察法、环境观察法、痕迹观察法、仪器观察法等。

四、实验调研法

实验调研法是指在既定条件下,通过实验对比,对市场现象中某些变量之间的因果关系及其发展变化过程加以分析的一种调研方法。通常有实验组事前事后对比实验（实验前后无控制对比实验）、控制组与实验组对比实验（事后有控制对比实验）、控制组事前事后对比实验（实验前后有控制对比实验）等。

【经典案例】

咖啡杯的市场调查

某公司准备改进咖啡杯的设计，为此进行了市场调查。首先，该公司进行咖啡杯造型调查，设计了多种咖啡杯，先让500个家庭主妇进行观摩评选，研究主妇们用干手拿杯子时，哪个形状好；用湿手拿杯子时，哪一种不易滑落。调查结果，选择了四方长腰果形的杯子。然后对产品名称、图案等也同样进行造型调查。接着利用不同颜色会使人产生不同感觉的特点，通过调查实验，选择了颜色最适合的咖啡杯。其方法是，首先请了30多人，让他们每人各喝4杯相同浓度的咖啡，但是咖啡杯的颜色则分别为咖啡色、青色、黄色和红色。试饮的结果，使用咖啡色杯子的人认为"太浓了"的占2/3，使用青色杯子的人都异口同声地说"太淡了"，使用黄色杯子的人都说"不浓，正好"，而使用红色杯子的10人中竟有9人说"太浓了"。根据这一调查，公司咖啡店的杯子后来一律改用红色杯子。该店借助于颜色，既可以节约咖啡原料，又能使绝大多数顾客感到满意。结果这种咖啡杯投入市场后，与市场上的通用公司的产品展开激烈竞争，以销售量比对方多两倍的优势取得了胜利。

（资料来源：http://www.zqnf.com/2379774.html）

4.3.9 设计调查问卷

问卷调查是一项有目的的调研实践活动，无论一份问卷设计的水平高低，其背后必然存在着特定的调研目的。因此设计问卷就是为特定调研目的服务的。

调查问卷也叫调查表，是调研人员依据调研目的和要求，以一定的理论假设为基础，以书面的形式向调研对象征询意见而收集必要数据的载体。

问卷设计是依据调研目的，开列所需了解的项目，并以一定的格式将其有序地排列，组合成调查表的活动过程。

一、调查问卷的设计

调查问卷的结构一般包括标题、卷首语、正文和结束语。

（一）问卷的标题

问卷的标题要说明调查的主题，标题要醒目、清晰，能让填写者很快明白调查的意图，例如"大学生消费状况调查""京东客户的满意度调查"等，不要简单采用"问卷调查"这样的标题。

（二）卷首语

首先是问候语，导语部分的撰写非常关键，它关系到填写者的第一印象。其内容撰写顺序为：①介绍调研者的身份；②此次问卷调查的目的；③调查结果是用于学术研究还是商业；④感谢语；⑤问卷填写说明。

【范例】

亲爱的同学：

您好！我们是东门格子铺的访问员，我们正在进行一项有关大学生消费行为特征的调查，此次调查将耽误您几分钟的时间，向您了解一些问题。我们保证得到的信息将全部用于项目研究并对您提供的信息严格保密。希望您配合，谢谢！

填写说明：（凡符合您的情况和想法的项目，请在相应的括号内填写对应的"A、B、C、D"选项；凡其他需要具体说明的项目，请在横线上填写文字。）

（三）正文

该部分是问卷的主体部分，主要包括：填写者信息、调查项目、调研人员信息三个部分。

填写者信息：主要是了解填写者的相关资料，以便对填写者进行分类。一般来说可能有：性别、年龄/年级、职业/专业、受教育程度等。在实际调查中，列入哪些项目，列入多少项目，应根据调查目的、调查要求而定，并非多多益善。例如：在消费者调查中，需要知道消费者的性别、年龄、民族、家庭人口、婚姻状况、文化程度、职业、所在地区等。

调查项目：调查的主题是调研人员所要了解的基本内容，也是问卷中最重要的部分，主要是以提问的形式提供给填写者。这部分内容设计得好坏直接影响整个调查的价值。

调研人员信息：一般包括调研人员姓名、电话，调查时间、地点等。

（四）结束语

一般来说，出于礼貌，要对填写者表示感谢，如：感谢您的配合和支持，谢谢！

二、问卷设计的原则

（一）目的性原则

问卷调查是通过向填写者提问来进行调查的，所以，提出的问题必须与调查主题密切关联。这就要求在设计问卷时，重点突出，避免可有可无的问题，并把主题分解为具体的细目。

（二）可接受性原则

问卷的设计要比较容易让填写者接受。由于填写者对是否接受调查有着绝对的自由，调查对他们来说是一种额外负担，他们既可以采取合作的态度，也可以拒绝。因此，如何获得填写者的合作就成为问卷设计中一个十分重要的问题。应在问卷说明中，将调查目的明确告诉填写者，让对方知道该项调查的意义和其回答对整个调查结果的重要性。问卷说明用词要亲切、温和，提问部分要自然、有礼貌，必要时可采取一些物质鼓励的办法，要为填写者保密，以消除其心理压力，使填写者能自愿参与、认真填写。此外，还应使用适合填写者身份、文化水平的用语，尽量避免提出令其难堪或反感的问题。

（三）顺序性原则

顺序性原则是指在设计问卷时，要讲究问题的排列顺序，使问卷条理清楚，以提高回答问题的效果。问卷中的问题一般可按下列顺序排列：

（1）容易回答的问答（如行为性问题）放在前面；较难回答的问题（如态度性问题）放在中间；敏感性问题（如动机性、涉及隐私的问题）放在后面；关于个人情况的事实性问题放在末尾。

(2) 封闭性问题放在前面；开放性问题放在后面。这是由于封闭性问题已由设计者列出备选的全部答案，较易回答，而开放性问题需填写者花费一些时间考虑，放在前面易使其产生畏难情绪。

(3) 要注意问题的逻辑顺序，如可按时间顺序、类别顺序等合理排列。

(四) 简明性原则

简明性原则主要体现在三个方面：

(1) 调查内容要简明。没有价值或无关紧要的问题不要列入，同时要避免出现重复，力求以最少的问题获取最多的信息资料。

(2) 调查时间要短，每个问题和整个问卷都不宜过长。设计问卷时，不能单纯从调研人员角度出发，而要为填写者着想。调查内容过多、时间过长，都会招致填写者反感。有些问卷多达几十页，让填写者望而生畏，一时勉强作答也只能草率应付。根据经验，一般问卷填写时间应控制在30分钟左右。

(3) 问卷设计的形式要简明易懂。

(五) 匹配性原则

匹配性原则是指要使填写者的回答便于进行检查、数据处理和分析。所提问题都应事先考虑到能对回答做适当分类和解释，使所得资料便于做交叉分析。

三、问卷设计的程序

问卷设计是由一系列相关工作过程构成的，为使问卷具有科学性和可行性，需要按照一定的程序进行设计，如图4-4所示。

准备阶段 → 初步设计 → 评估与编排 → 试答与修改 → 印刷

图4-4 问卷设计的程序

(一) 准备阶段

准备阶段是根据调查问题、调查项目和调查内容，将所需问卷资料一一列出，分析哪些是主要资料，哪些是次要资料，哪些是必要资料，哪些是可要可不要的资料，哪些资料需要通过问卷来取得，需要向谁调查等。同时要分析拟接受调查者的各种特征，即所属社会阶层、行为规范等社会特征，文化程度、知识水平、理解能力等文化特征，需求动机、行为等心理特征，以此作为拟定问卷的基础。在此阶段，应充分征求有关人员的意见，了解问卷中可能出现的问题，力求使问卷切合实际，能够充分满足各方面分析研究的需要。可以说，问卷设计的准备阶段是整个问卷设计的基础，是问卷调查能否成功的前提。

(二) 初步设计

在准备工作的基础上，设计者可以根据收集到的资料，按照设计原则设计问卷初稿。主要是确定问卷结构，拟定并编排问题。在初步设计中，首先要标明每项拟获取资料需要采用何种方式提问，并尽量详尽地列出各种问题，然后对问题进行检查、筛选、编排，设计每个项目。对每个问题都要充分考虑是否有必要，能否得到回答。同时，要考虑问卷是否需要编码，或需要向填写者说明调查目的、要求、基本注意事项等。这些都是设计调查问卷十分重要的工作，必须精心研究、反复推敲。

（三）评价问卷和编排

问卷草稿设计好后，问卷设计人员应再做一些批评性评估。考虑到问卷所起的关键作用，这一步是必不可少的。在问卷评估过程中，下面一些原则应当考虑：

（1）问题是否必要。

（2）问卷是否太长。

（3）问卷是否涵盖了调研目标所需的信息。

（4）邮寄及自填问卷的外观设计是否适当。

（5）开放性问题是否留足了空间。

（6）问卷说明是否使用了明显字体。

（四）试答和修改

一般来说，初步设计出来的问卷都存在一些问题，因此，需要将初步设计的问卷在小范围内进行试验性调查，以便弄清问卷初稿中存在的问题，了解填写者是否乐意回答和能否回答所有的问题，哪些问题语句不清、多余或有遗漏，问题的顺序是否符合逻辑，回答的时间是否过长等。如果发现问题，应做必要的修改，使问卷更加完善。试验性调查与正式调查的目的是不一样的，试验性调查并非要获得完整的答卷，而是要求填写者对问卷各方面提出意见，以便于之后的修改。

（五）印刷

将最后定稿的问卷打印或印刷，制成正式问卷。

四、问卷设计应注意的几个问题

对问卷设计总的要求是：问句的表达要简明生动，概念要准确，避免提似是而非的问题。具体应注意以下几点：

（一）问题要具体化

一般性问题对实际调查工作并无指导意义。

例如："您对某百货商场的印象如何？"这样的问题过于笼统，很难达到预期效果，可具体提问："您认为某百货商场商品品种是否齐全？营业时间是否恰当？服务态度怎样？"

（二）避免用不确切的词

避免使用"普通""经常""一些"等不确切的词，以及一些形容词，如"美丽""系统"等。这些词各人理解往往不同，在问卷设计中应避免或减少使用。

例如："你是否经常看电影？"填写者不知"经常"是指一周、一个月还是一年。

可以改为："你上月共看了几场电影？"

（三）避免使用含糊不清的句子

例如："你最近是出门旅游，还是休息？"出门旅游也是休息的一种形式，它和休息并不存在选择关系，正确的问法是："你最近是出门旅游，还是在家休息？"

（四）避免倾向性、引导性提问

如果提出的问题不是"执中"的，而是暗示出调研人员的观点和见解，企图使填写者跟着这种倾向回答，这种提问就是"引导性提问"。

例如："消费者普遍认为××牌子的冰箱好，你的印象如何？"

倾向性提问或引导性提问会导致两个不良后果：一是填写者不加思考就同意问题中暗示的结论；二是由于引导性提问大多是引用权威的或大多数人的看法，填写者考虑到这个结论既然已经是普遍的结论，就会产生心理上的顺向反应。此外，对于一些敏感性问题，在引导性提问下，填写者不敢表达其他想法。因此，这种提问是调查的大忌，常常会引出和事实相反的结论。

（五）避免提断定性的问题

例如："你一天抽多少支烟？"这种问题即为断定性问题，填写者如果根本不抽烟，就会造成无法回答。正确的处理办法是在此问题前加一个"过滤性问题"，即："你抽烟吗？"如果填写者回答"是"，可继续提问，否则就可终止提问。

（六）避免提令人难堪的问题

避免提出令填写者难堪的问题，如果有些问题非问不可，也不能只顾自己的需要穷追不舍，应考虑填写者的自尊心，对于一些令人难堪的问题应采用第三人称询问。

例如："您是否离过婚？离过几次？"就不妥。

又如直接询问女士年龄也是不礼貌的，可列出年龄段：20岁以下，20～30岁，30～40岁，40岁以上，由填写者选择。

（七）问句要考虑到时间性

时间过久的问题易使人遗忘，甚至有些问题填写者无法回忆起来。

例如："您去年家庭的生活费支出是多少？用于食品、衣服分别为多少？"除非填写者连续记账，否则很难回答出来。

一般可问："您家上月生活费支出是多少？"显然，这样缩小时间范围可使填写者回忆起来较容易，答案也会比较准确。

（八）拟定问句要有明确的界限

对于年龄、家庭人口、经济收入等调查项目，如果不界定清楚通常会产生歧义。

如年龄有虚岁、实岁，家庭人口有常住人口和生活费开支在一起的人口，收入是仅指工资，还是包括奖金、补贴、其他收入、实物发放折款收入在内，如果调研人员对此没有很明确的界定，调查结果也很难达到预期目的。

（九）一个问句中只能有一个问题点

一个问句中如果包含过多询问内容，会使填写者无从回答，给统计处理也带来困难。

例如："您喜欢该餐厅的美食和服务吗？"到底是喜欢其美食还是服务呢？

可以改为两个问题："您喜欢该餐厅的美食吗？""您喜欢该餐厅的服务吗？"

（十）要避免问题与答案不一致

所提问题与所设答案应做到一致，如果不一致会令填写者难以回答。

例如："您经常看哪个栏目的电视？"

①经济生活；②电视红娘；③电视商场；④经常看；⑤偶尔看；⑥根本不看。

这样的答案设计明显不合适。

4.3.10 确定调研时间、调研期限

调研时间是指调研资料所属的时间。如果所要调研的是时期现象，就要明确规定资料所

反映的是调研对象从何时起到何时止的资料。如果所要调研的是时点现象，就要明确规定统一的标准调研时点。调研人员应该制订一份调研计划实施的时间进程表，这对于提高调研的工作效率、节约经费开支大有裨益。时间表的制订要遵循两个原则：考虑全面、留有余地。

调研期限是规定调研工作的开始时间和结束时间，包括从调研方案设计到提交调研报告的整个工作时间，也包括各个阶段的起止时间。为了提高信息资料的时效性，在可能的情况下，调研期限应适当缩短。调研期限的确定一般需要考虑整个调研活动中不同工作的特点、难易度、重要性、逻辑顺序，以及调研人员的能力等一系列的主客观因素。此外，还要考虑意外情况发生的可能性，使工作安排具有一定的灵活性。调研时间和期限的确定可以参考表4-1。

表4-1 采用甘特图编制的调研时间和调研期限表

工作与活动内容	调研时间分配（周数）						
	5~7	8~9	9~10	11	12~16	17	18~19
调研方案设计	A						
问卷初稿设计		ABC					
问卷测试		CD					
问卷修正和印刷			D				
调研人员的挑选和培训				E			
调研实施					A~H		
资料的整理					FG		
统计分析					EGH		
报告的撰写						H	
报告的制作						E	G
调研结果汇报							F

注：表中的英文字母为本次调研团队中各个成员的代码。

4.3.11 确定调研资料整理和分析方法

确定整理方法，应对资料的审核、订正、编码、分类、汇总、陈示等做出具体安排。确定分析方法，应对分析的原则、内容、方法、要求、调研报告的撰写、成果的发布等做出安排。采用实地调查方法搜集的原始资料大多是零散的、不系统的，只能反映事物的表象，无法深入研究事物的本质和规律性，这就要求对大量原始资料进行加工汇总，使之系统化、条理化。目前这种资料处理工作一般已由计算机来做，这在设计中也应予以考虑，包括采用何种操作程序以保证必要的运算速度、计算精度及满足特殊目的。随着经济理论的发展和计算机的运用，越来越多的现代统计分析手段可供我们在分析时选择。如归纳分析法、演绎分析法、比较分析法和结构分析法是定性资料的主要分析方法；描述性统计分析法（如平均数分析、方差分析等）和解释性统计分析法（如回归分析、相关分析、聚类分析等）则是定量资料的主要分析方法。每种分析技术都有其自身的特点和适用范围，因此，应根据调研的要求，选择最佳的分析方法并在方案中加以规定。

4.3.12 确定调研报告的形式和内容

一般情况下，调研活动结束后都要提交调研报告，以反映调研的成果。在营销调研方案中涉及的调研报告的内容主要有：调研报告的形式、份数、基本内容和图表量的多少等。

4.3.13 制订调研的组织计划

调研的组织计划，是指为确保调研实施的具体工作计划。主要是指调研的组织领导、调研机构的设置、人员的选择和培训、工作步骤及其善后处理等。

4.3.14 确定营销调研预算

营销调研的费用因项目的不同而不同，调研费用的预算也是调研方案的内容之一。通常调研的费用预算如下：

前期计划准备阶段：费用安排占总预算的20%。

调研费用预算：调研工作需要花费一定的时间和资金，因此必须做出预算，进行成本效益分析。费用预算分两部分：一部分是项目本身的费用，称为项目费用。这应根据调研方式、样本量、后期数据整理、统计分析等各个环节需要的人力、物力和时间，结合行业价格来计算。另一部分是根据调研项目的区域多少和大小来确定，主要是一些差旅费、样本费等，一定要详细计算。此外，这一过程中还会出现其他杂费，如税费、不可预知的项目费用等，都要做适当的估算。

调研实施费用：包括调查费用、访问员劳务费、受访对象礼品费、督导员劳务费、异地实施差旅费、交通费及其他杂费等。

【策划实战】

校园创业项目选定前的营销调研

(一) 实战目标

1. 要求学生把营销调研的基本技术运用于营销实践，先瞄准一定的目标消费群体，如大学女生，为对应的目标消费群体设计一份调研方案，并对此设计进行分析。

2. 要求每个学生根据调研方案的要求，从消费者认知心理和消费模式角度出发，设计一份调查问卷。

3. 要求对调研方案和调查问卷进行实践操作，更好地了解市场对企业的重要性，掌握调研方案编写、调查问卷编写和抽样技术等的基本技能。

(二) 实战要求

1. 要求教师对各个团队的项目方向的初步确定、调研方案的设计做好有针对性的指导，调动学生课业操作的积极性。

2. 要求学生根据调研策划要求，完成调研方案、调查问卷和抽样方案的设计任务。

3. 要求教师对调研策划的要求、设计思路、设计方法进行具体指导。

4. 要求教师提供调研策划中调研方案、调查问卷和抽样方案的范例，供学生操作参考。

（三）实战任务

1. 调研方案的设计。

2. 调查问卷的设计。

3. 教师激发学生上台陈述个人的方案和理念。

【本章小结】

1. 熟悉调研策划中调研方案的设计流程。

2. 掌握调查问卷的设计及其注意事项。

3. 常见的调研方法有文案调研法、访问调研法、观察调研法和实验调研法等；常见的调研方式有普查、重点调查、抽样调查；常见的随机抽样方式有简单随机抽样、分层抽样、整群抽样、等距抽样、多阶抽样等；常见的非随机抽样方式有偶遇抽样、主观抽样、滚雪球抽样、配额抽样等。掌握调研方法和抽样技术的应用。

【思考分析】

1. 下面提供一些管理层的决策问题，请你作为营销人员给出营销调研的问题。

（1）是否应引入新产品？

（2）是否为新产品设计包装？

（3）是否改变现有广告宣传？

（4）能否通过开设新店进行市场渗透？

（5）是否提高某一品牌的价格？

2. 调研项目：对某高校大学生对本校第二食堂的满意度调研，请选择调研开展的最佳地点。

3. 针对某高校大一至大四的女生进行消费行为的调研，采用哪种抽样调查技术最佳？

4. "入职前，你有没有进行过系统的培训？"这个问题正确吗？如何修改更好？

第 5 章

产 品 策 划

【学习目标】

- 了解产品策划的定义与内容;
- 理解产品不同生命周期的策略以及新产品开发的策划;
- 掌握产品组合策划的分析方法以及新产品开发的策略。

【开篇案例】

美国摩托车市场的产品之争

20 世纪 60 年代初期,一个看上去并不太起眼的公司的侵入,使一个本来稳定而平静的市场发生了翻天覆地的变化。这个侵入者是一家从"二战"的废墟中成长起来的规模不大的日本公司,它企图侵占美国一家大公司的市场领地,而那家美国公司曾击败了美国的所有竞争者,从而占据领先地位达 60 年之久,在摩托车市场上占据了 70% 的份额。

然而,令人难以想象的是,在 5 年内这家美国公司的市场份额降到 5%,而整个美国摩托车市场却比 5 年前扩大了好几倍。在这个神话般不可思议的现实故事中,两位主角分别是哈雷·戴维森公司和本田公司。

哈雷·戴维森公司成立于 1903 年,是一家摩托车公司,主要产品是大型摩托车。20 世纪 50 年代美国每年的摩托车销量大约为 5 万辆,其中哈雷·戴维森、英国的诺顿·特姆夫和德国的宝马(BMW)几乎占领了整个市场。进入 60 年代后,日本本田公司的产品开始进入美国市场。1960 年美国注册登记了近 40 万辆摩托车,这比 15 年前的"二战"末增加了近 20 万辆,这个增长率远远低于其他机动车辆的增长率。但到了 4 年后的 1964 年,这个数字上升到了 96 万辆,到了 1966 年则上升到 140 万辆,到 1971 年则为 4 013 万辆。

美国摩托车市场的新繁荣,实际上是日本本田公司一手造成的。本田公司实行了一套独特的战略来提高人们对摩托车的需求,这套战略的一个核心组成部分就是推广轻便摩托车及针对新顾客群大做广告。几乎没有一个公司经历过20世纪60年代哈雷·戴维森公司的市场份额骤减的局面（尽管该公司的市场份额剧烈下降，但其总销售量却基本保持不变）。

面对日本人的冲击，哈雷·戴维森是如何采取行动的呢？它根本就没有采取任何行动！至少是行动得太晚了。哈雷·戴维森认为自己是摩托车的领导者，不认为轻便摩托车有多大市场，认为摩托车是一种运动型车辆，而不是交通型车辆，轻便摩托车仅仅是一种补充。20世纪60年代末本田以及其他一些日本制造商继续垄断着日益增大的美国摩托车市场。

本田公司的轻便摩托车是1959年进入美国市场的，最初并不顺利，第一年只卖出了167辆。摩托车专家们嘲笑这些小型的日本产品是玩具，但这些嘲笑和怀疑很快就被改变了。1960年本田摩托车销售量为2.2万辆。在随后的5年，本田摩托车销量猛增了10倍，1965年到达27万辆。到1965年本田公司已占领了美国摩托车市场80%的份额，此时哈雷·戴维森每年仍然只卖出3.5万辆。

本田用一种小型轻便（50CC）的摩托车来打入美国市场，这种摩托车能在使用少量汽油的情况下行驶数十英里①，而且只需花不到300美元就可买到，其他大多数摩托车都卖到1 500美元左右，甚至更高。本田摩托车有6种活泼的颜色让顾客选择，而其他公司的摩托车一般只有两三种颜色，小型本田摩托车时速能达55英里，其产品质量无可挑剔。英国一家摩托车厂的首席执行官在1961年检查了一辆本田的样车后，说了一番广为流传的话："老实说，当我们拆开机器时，我们发现它的质量是如此之好，这令我们大吃一惊。它制作得像一只手表一样精细，它是任何其他物品所不能相比的。"当本田刚开始占领美国市场时，它就着手扩充了产品种类，力争为每一位潜在顾客制作出适合他的一款。1965年本田公司已拥有14种型号的摩托车，从小型的50CC型到高速的305CC型一应俱全。1966年为了对付哈雷·戴维森公司，本田公司推出了一种450CC的龙型摩托。

本田公司在1965年之后的业务稳步增长，但增长幅度不如1963年到1965年那么迅猛。1974年销售量达到65万辆，而市场占有率却从1965年的80%降到1977年的45.6%。这主要是由于其他日本摩托车企业也杀入了美国市场。1997年各主要摩托车制造商在美国的市场份额如下：本田45.6%，雅马哈18.9%，铃木10.7%，川崎14.4%，哈雷·戴维森5.7%。

（案例来源：https://wenku.baidu.com/view/5acdbbc45fbfc77da269b123.html）

5.1 产品策划概述

5.1.1 产品的相关概念

一、产品

人们通常理解的产品是指具有某种特定物质形状和用途的物品，是看得见、摸得着的实物，这是一种狭义的定义。现代营销理论认为，产品是指人们通过购买而获得的能够满足某种需求和欲望的物品的总和，它既可以是有形的实物载体，又可以是无形的载体。而本教材

---

① 1 英里 = 1.609 千米。

中对产品的定义为：向市场提供的，引起注意、获取、使用或者消费，以满足欲望或需要的任何东西。

二、产品的整体概念

现代市场营销理论认为，产品的整体概念包括核心产品、有形产品、附加产品、期望产品和潜在产品五个层次，如图 5-1 所示。每个层次都增加了顾客更多的价值，构成顾客价值层次。

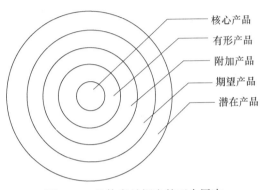

图 5-1 整体产品概念的五个层次

（一）核心产品

核心产品是指顾客购买某种产品时所追求的利益，是顾客真正要买的东西，因而在产品整体概念中也是最基本、最主要的部分。顾客购买某种产品，并不是为了占有或获得产品本身，而是为了获得能满足某种需要的效用或利益。

（二）有形产品

有形产品是核心产品借以实现的形式，即向市场提供的实体和服务的形象。如果有形产品是实体品，则它在市场上通常表现为产品质量水平、外观特色、式样、品牌名称和包装等，产品的基本效用必须通过某些具体的形式才得以实现。市场营销者应首先着眼于顾客购买产品时所追求的利益，以求更完美地满足顾客需要，从这一点出发，再去寻求利益得以实现的形式，进行产品设计。

（三）期望产品

期望产品是指顾客购买某种产品通常所希望和默认的一组产品属性和条件。一般情况下，顾客在购买某种产品时，往往会根据以往的消费经验和企业的营销宣传，对所欲购买的产品形成一种期望，如旅店的客人期望的是干净的床单、香皂、毛巾、热水、电话和相对安静的环境等。顾客所得到的是购买产品所应该得到的，也是企业在提供产品时应该提供给顾客的，顾客在得到这些产品基本属性时，并没有得到太多的信息和形成偏好，但是如果顾客没有得到这些，就会非常不满意，因为顾客没有得到他应该得到的东西，即顾客所期望的一整套产品属性和条件。

（四）附加产品

附加产品是顾客购买有形产品时所获得的全部附加服务和利益，包括提供信贷、免费送货、质量保证、安装、售后服务等。附加产品的概念来源于对市场需要的深入认识。因为购买者的目的是满足某种需要,因而他们希望得到与满足该项需要有关的一切。美国学者西奥多·莱维特曾经指出:"新的竞争不是发生在各个公司的工厂生产什么产品,而是发生在其产品能提供何种附加利益(如包装、服务、广告、顾客咨询、融资、送货、仓储及具有其他价值的形式)。"

(五)潜在产品

潜在产品是指一个产品最终可能实现的全部附加部分和新增加的功能。许多企业通过对现有产品的附加与扩展,不断提供潜在产品,所给予顾客的就不仅仅是满意,还包括顾客在获得这些新功能的时候感到喜悦。所以潜在产品指出了产品可能的演变,也使顾客对于产品的期望越来越高。潜在产品要求企业不断寻求满足顾客的新方法,不断将潜在产品变成现实产品,这样才能使顾客得到更多的意外惊喜,更好地满足顾客的需要。

5.1.2 产品策划

广义上的产品策划应是围绕着产品这个核心对其价格、产品等方面进行策划,即应包含产品策划、价格策划、渠道策划和促销策划。狭义的产品策划则是对产品的组合、生命周期策略和品牌策略进行策划。我们在本章中只对狭义的产品策划进行探讨和研究,其中产品品牌策略策划将在第8章详细阐述,因此本章将重点阐述产品的组合策划、生命周期策略策划和新产品开发策划。

5.2 产品组合的策划

5.2.1 产品组合的相关概念

一、产品组合

产品组合是指一个企业生产或经营的全部产品线、产品项目的组合方式,它包括四个变数:产品组合的宽度、产品组合的长度、产品组合的深度和产品组合的一致性。

二、产品项目

产品项目是指每个产品系列(产品线)中,不同品种、规格、质量、价格的特定产品,即产品目录上列出的每一种产品。

三、产品线

产品线指一组密切相关的产品项目,它可从多方面加以理解,包括:满足同类需求的产品项目,如不同型号的电视机;互补产品项目,如手机的硬件、软件。

四、产品组合的宽度

产品组合的宽度是指一个企业中产品线的数量。

五、产品组合的深度

产品组合的深度是指每条产品线中产品项目的数量。

六、产品组合的长度

产品组合的长度是指产品组合中的产品项目的总数量。

如5-1表所示，A服装公司的产品组合中的服装、皮鞋、帽子和针织品分别代表一条产品线，因此其有4条产品线，即其产品组合的宽度为4；其中服装产品线下有西装、童装等5个产品项目，因此其产品线的深度为5；而该公司的产品组合长度为11，即表示其有11个产品项目。

表5-1 A服装公司产品组合

项目	产品组合的宽度			
	服装	皮鞋	帽子	针织品
产品组合长度	西装	女皮鞋	童帽	棉毛衫
	童装	男皮鞋	女帽	背心
	中山装			
	休闲服			
	情侣装			

5.2.2 产品组合策划的分析方法

每个企业的产品组合不是一成不变的，通常情况下，企业会根据其内外部环境的变化而不断对其产品组合进行调整，调整的主要内容则是对产品组合的产品线和产品项目的数量进行增减，以求企业的产品组合处于最优的状态。在实践中，企业通常借助波士顿矩阵和GE矩阵两种分析工具对企业的产品组合进行分析和调整。

一、波士顿矩阵

波士顿矩阵是由波士顿咨询集团（Boston Consulting Group，BCG）在20世纪70年代初开发的。波士顿矩阵将组织的每一个战略事业单位（SBUs）标在一种二维的矩阵图上，从而显示出哪个战略事业单位提供高额的潜在收益，哪个战略事业单位是组织资源的漏斗。波士顿矩阵的发明者、波士顿公司的创立者布鲁斯认为，"公司若要取得成功，就必须拥有增长率和市场份额各不相同的产品组合。组合的构成取决于现金流量的平衡"。

波士顿矩阵通过市场增长率和市场占有率两个维度对业务单位进行分析，其具体模型如图5-2所示：

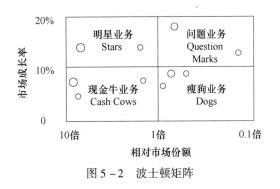

图5-2 波士顿矩阵

横坐标表示相对市场份额，表示各项业务或产品的市场占有率与该市场最大竞争者的市场占有率之比。

纵坐标为市场成长率，表明各项业务的年销售增长率。具体坐标值可以根据行业的整体增长而定。

图中圆圈表示企业现有的各项不同的业务或产品，圆圈的大小表示它们销售额的大小，圆圈的位置表示它们的成长率和相对市场份额所处的地位。

通过分析不同的业务单位在矩阵中的不同位置可以将业务单位分解出4种业务组合。

（一）问题业务（Question Marks，指高增长、低市场份额）

处在这个位置的是一些投机性产品，带有较大的风险。这些产品可能利润率很高，但占有的市场份额很小。这通常是一个公司的新业务，为发展问题业务，公司必须建立工厂，增加设备和人员，以便跟上迅速发展的市场，并超过竞争对手，这些意味着大量的资金投入。"问题"非常贴切地描述了公司对待这类业务的态度，因为这时公司必须慎重回答"是否继续投资发展该业务"这个问题。只有那些符合企业发展长远目标、企业具有资源优势、能够增强企业核心竞争力的业务才能得到肯定的回答。得到肯定回答的问题业务适合采用战略框架中提到的增长战略，目的是扩大SBUs的市场份额，甚至不惜放弃近期收入来达到这一目的，因为要使问题业务发展成为明星业务，其市场份额必须有较大的增长。得到否定回答的问题业务则适合采用收缩战略。

（二）明星业务（Stars，指高增长、高市场份额）

这个领域中的产品处于快速增长的市场中并且占有支配地位的市场份额，但也许会或也许不会产生正现金流量，这取决于新工厂、设备和产品开发对投资的需要量。明星业务是由问题业务继续投资发展起来的，可以视为高速成长的市场中的领导者，它将成为公司未来的现金牛业务。但这并不意味着明星业务一定可以给企业带来源源不断的现金流，因为市场还在高速成长，企业必须继续投资，以保持与市场同步增长，并击退竞争对手。企业如果没有明星业务，就失去了希望，但群星闪烁也可能会闪花企业高层管理者的眼睛，导致做出错误的决策。这时必须具备识别"行星"和"恒星"的能力，将企业有限的资源投在能够发展成为"现金牛"的"恒星"上。同样，明星业务要发展成为现金牛业务适合采用增长战略。

（三）现金牛业务（Cash Cows，指低增长、高市场份额）

处在这个领域的产品产生大量的现金，但未来的增长前景是有限的。这是成熟市场中的领导者，它是企业现金的来源。由于市场已经成熟，企业不必大量投资来扩展市场规模，同时作为市场中的领导者，该业务享有规模经济和高边际利润的优势，因而给企业带来大量现金流。企业往往用现金牛业务来支付账款并支持其他三种需要大量现金的业务。现金牛业务适合采用战略框架中提到的稳定战略，目的是保持SBUs的市场份额。

（四）瘦狗业务（Dogs，指低增长、低市场份额）

这个剩下的领域中的产品既不能产生大量的现金，也不需要投入大量现金，这些产品没有希望改进其绩效。一般情况下，这类业务常常是微利甚至是亏损的，瘦狗业务存在的原因更多的是由于感情上的因素，虽然一直微利经营，但像人养了多年的狗一样恋恋不舍而不忍放弃。其实，瘦狗业务通常要占用很多资源，如资金、管理部门的时间等，多数时候是得不偿失的。瘦狗业务适合采用战略框架中提到的收缩战略，目的在于出售或清算业务，以便把资源转移到更有利的领域。

二、GE 矩阵

GE 矩阵又称通用电器公司法、麦肯锡矩阵、九盒矩阵、行业吸引力矩阵，是美国通用电气公司（GE）于 20 世纪 70 年代开发的新的投资组合分析方法，对企业进行业务选择和定位具有重要的价值和意义。GE 矩阵可以用来根据事业单位在市场上的实力和所在市场的吸引力对这些事业单位进行评估，也可以表述一个公司的事业单位组合判断其强项和弱点。在需要对产业吸引力和业务实力做广义而灵活的定义时，可以以 GE 矩阵为基础进行战略规划。GE 矩阵按市场吸引力和业务自身实力两个维度评估现有业务（或事业单位），每个维度分三个等级，分成九个格，以表示两个维度上不同级别的组合，两个维度上可以根据不同情况确定评价指标。其模型如图 5-3 所示。

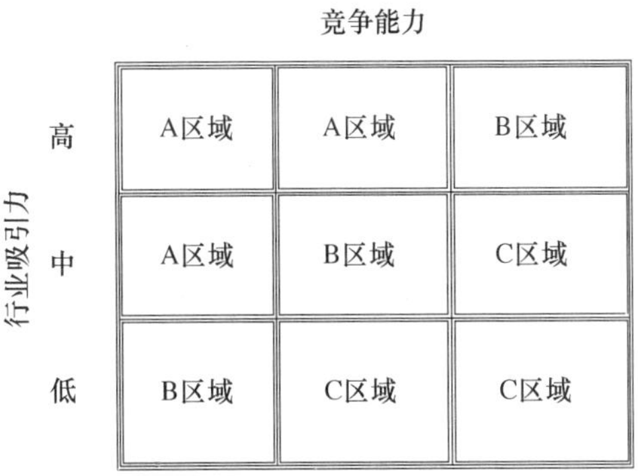

	竞争能力		
高	A区域	A区域	B区域
中	A区域	B区域	C区域
低	B区域	C区域	C区域

图 5-3　GE 矩阵

如 5-3 图所示，根据两大维度对企业的业务进行分析定位，然后通过对事业单位在矩阵上的位置分析，公司就可以选择相应的战略措施。通常情况下，对不同的业务有不同的战略措施，具体如下：

（1）A 区域：采取增长与发展战略，应优先分配资源。
（2）B 区域：采取维持或有选择发展战略，保护规模，调整发展方向。
（3）C 区域：采取停止、转移、撤退战略。

5.3　产品组合策略

由于企业所处市场的需求和竞争形势是在不断变化的，因此也会引起产品组合的变动，从而使得企业的产品组合和市场需求之间保持一种动态的平衡。产品组合动态平衡的形成需要综合研究企业的资源和市场环境可能发生的变化，各产品项目或产品线的成长率、利润率、市场占有率将会发生的变化，以及这些变化对企业总利润所引起的影响。在实际应用中，通常采用系统分析方法和电子计算机技术来优化复杂的产品组合问题。

为了能积极响应市场的需求以及更好地应对竞争，企业通常会采用四种策略对其产品组合进行调整以适应环境的变化。这四种策略分别是：扩大产品组合策略、缩减产品组合策略、向上延伸策略、向下延伸策略。扩大产品组合策略的本质就是增加企业产品线和产品项目的数量,即拓展产品组合的宽度和加大产品线的深度;缩减产品组合策略则是削减产品组合中的产品线或者产品项目,主要是削减那些赢利能力低的产品线或者产品项目,以便将资源集中在赢利能力强的产品线或者产品项目上;向上延伸策略就是在原有的产品线内增加高档次、高价格的产品项目;向下延伸策略则是在企业现有的产品线中增加低档次、低价格的产品项目。四种策略的优缺点,如表 5-2 所示。

表 5-2 产品组合策略分析表

产品组合策略	策略的优点	策略的缺点
扩大产品组合策略	满足不同需求,提高市场占有率 完善产品系列,提升市场竞争力 分散经营风险	不利于专业化的形成 需要较高的投资成本
缩减产品组合策略	有利于企业资源的最优化配置 容易形成产品的专业化 有利于提升产品生产效率和质量	只能满足部分市场的需求 选择难度大
向上延伸策略	能获得更高利润 有利于提升企业的整体形象 促进企业改进管理和技术水平	企业的固有形象不易改变 较高的投资水平
向下延伸策略	完善产品系列 可获得较大的市场规模 可以利用原有的品牌形象	容易影响原有品牌形象

5.4 不同生命周期阶段的产品策略策划

5.4.1 产品生命周期

一、定义

产品生命周期(Product Life Cycle,PLC),指产品的市场寿命。一种产品进入市场后,它的销售量和利润都会随时间推移而改变,呈现一个由少到多、由多到少的过程,就如同人的生命一样,由诞生、成长到成熟,最终走向衰亡,这就是产品的生命周期现象。所谓产品生命周期,是指产品从进入市场开始,直到最终退出市场为止所经历的市场生命循环过程。

二、理论背景

产品生命周期理论是美国哈佛大学教授费农于 1966 年在其《产品周期中的国际投资与国际贸易》一文中首次提出的。费农认为:产品生命是指市场上的营销生命,产品和人的生命一样,要经历形成、成长、成熟、衰退这样的周期,而这个周期在不同技术水平的国家里,发生的时间和过程是不一样的,其间存在一个较大的差距和时差。正是这一时差,表现为不同国家在技术上的差距,它反映了同一产品在不同国家市场上的竞争地位的差异,从而决定了国际贸易和国际投资的变化。为了便于区分,费农把这些国家分成创新国家(一般为最发达国家)、一般发达国家、发展中国家。

三、生命周期的阶段

典型的产品生命周期一般可分为四个阶段,即投入期、成长期、饱和期和衰退期。

(一)投入期

新产品投入市场,便进入投入期。此时,顾客对产品还不了解,只有少数追求新奇的顾客可能购买,销售量很低。为了扩大销路,需要大量的促销费用,对产品进行宣传。在这一阶段,由于技术方面的原因,产品不能大批量生产,因而成本高,销售额增长缓慢,企业不但得不到利润,反而可能亏损,产品也有待进一步完善。

(二)成长期

这时顾客对产品已经熟悉,大量的新顾客开始购买,市场逐步扩大,产品大批量生产,生产成本相对降低,企业的销售额迅速上升,利润也迅速增长。竞争者看到有利可图,纷纷进入市场参与竞争,使同类产品供给量增加,价格随之下降,企业利润增长速度逐步减缓,最后达到生命周期利润的最高点。

(三)成熟期

市场需求趋向饱和,潜在顾客已经很少,销售额增长缓慢直至转而下降,标志着产品进入了成熟期。在这一阶段,竞争逐渐加剧,产品售价降低,促销费用增加,企业利润下降。

(四)衰退期

随着科学技术的发展,新产品或新的代用品出现,使顾客的消费习惯发生改变,转向其他产品,从而使原来产品的销售额和利润额迅速下降。于是,产品进入了衰退期。

5.4.2 不同生命周期阶段的产品策略

典型的产品生命周期的四个阶段呈现出不同的市场特征,企业的营销策略也就以各阶段的特征为基点来制定和实施。

一、投入期的营销策略

投入期的特征是产品销量少,促销费用高,制造成本高,销售利润很低,甚至为负值。根据这一阶段的特点,企业应努力做到:投入市场的产品要有针对性;进入市场的时机要合适;设法把销售力量直接投向最有可能的购买者,使市场尽快接受该产品,以缩短投入期,更快地进入成长期。

在产品的投入期,一般可以由产品、分销、价格、促销四个基本要素组合成各种不同的市场营销策略。仅将价格高低与促销费用高低结合起来考虑,就有下面四种策略。

(一)快速撇脂策略

即以高价格、高促销费用推出新产品。实行高价策略可在每单位销售额中获取最大利润,尽快收回投资;高促销费用能够快速建立知名度,占领市场。实施这一策略须具备以下条件:产品有较大的需求潜力;目标顾客求新心理强,急于购买新产品;企业面临潜在竞争者的威胁,需要及早树立品牌形象。一般而言,在产品投入期,只要新产品比替代的产品有明显的优势,市场对其价格就不会么计较。

（二）缓慢撇脂策略

以高价格、低促销费用推出新产品，目的是以尽可能低的费用开支求得更多的利润。实施这一策略的条件是：市场规模较小；产品已有一定的知名度；目标顾客愿意支付高价；潜在竞争者的威胁不大。

（三）快速渗透策略

以低价格、高促销费用推出新产品，目的在于先发制人，以最快的速度打入市场，取得尽可能大的市场占有率。然后再随着销量和产量的扩大，使单位成本降低，取得规模效益。实施这一策略的条件是：该产品市场容量相当大；潜在消费者对产品不了解，且对价格十分敏感；竞争较为激烈；产品的单位制造成本可随生产规模和销售量的扩大迅速降低。

（四）缓慢渗透策略

以低价格、低促销费用推出新产品，低价格可扩大销售，低促销费用可降低营销成本、增加利润。这种策略的适用条件是：市场容量很大；市场上该产品的知名度较高；市场对价格十分敏感；存在某些潜在的竞争者，但威胁不大。

二、成长期市场营销策略

新产品经过市场投入期以后，消费者对该产品已经熟悉，消费习惯也已形成，销售量迅速增长，这种新产品就进入了成长期。进入成长期以后，老顾客重复购买，并且带来了新的顾客，销售量激增，企业利润迅速增长，在这一阶段利润达到高峰。随着销售量的增长，企业生产规模也逐步扩大，产品成本逐步降低，新的竞争者会加入竞争。随着竞争的加剧，新的产品特性开始出现，产品市场开始细分，分销渠道增加。企业为维持市场的继续成长，需要保持或稍微增加促销费用，但由于销量增加，平均促销费用有所下降。针对成长期的特点，企业为维持其市场增长率，延长获取最大利润的时间，可以采取下面几种策略。

（一）改善产品品质

如增加新的功能，改变产品款式，发展新的型号，开发新的用途等。对产品进行改进，可以提高产品的竞争能力，满足顾客更广泛的需求，吸引更多的顾客。

（二）寻找新的细分市场

通过市场细分，找到新的尚未满足的细分市场，根据其需要组织生产，迅速进入这一新的市场。

（三）改变广告宣传的重点

把广告宣传的重点从推广产品转到树立产品形象上来，建立产品名牌，维系老顾客，吸引新顾客。

（四）适时降价

在适当的时机，可以采取降价策略，以激发那些对价格比较敏感的消费者产生购买动机和采取购买行动。

三、成熟期市场营销策略

进入成熟期以后，产品的销售量增长缓慢，逐步达到最高峰，然后缓慢下降；产品的销售利润也从成长期的最高点开始下降；市场竞争非常激烈，各种品牌、各种款式的同类产品不断出现。

对成熟期的产品，宜采取主动出击的策略，使成熟期延长，或使产品生命周期出现再循环。为此，可以采取以下三种策略。

（一）市场调整

这种策略不是要调整产品本身，而是发现产品的新用途、寻求新的用户或改变推销方式等，以使产品销售量得以扩大。

（二）产品调整

这种策略是通过产品自身的调整来满足顾客的不同需要，吸引有不同需求的顾客。整体产品概念的任何一层次的调整都可视为产品再推出。

（三）市场营销组合调整

即通过对产品、定价、渠道、促销四个市场营销组合因素加以综合调整，刺激销售量的回升。常用的方法包括降价、提高促销水平、扩展分销渠道和提高服务质量等。

四、衰退期市场营销策略

衰退期的主要特点是：产品销售量急剧下降；企业从这种产品中获得的利润很低，甚至为零；大量的竞争者退出市场；消费者的消费习惯已发生改变等。面对处于衰退期的产品，企业需要进行认真的研究分析，决定采取什么策略，在什么时间退出市场。通常有以下几种策略可供选择。

（一）继续策略

继续沿用过去的策略，仍然在原来的细分市场，使用相同的分销渠道、定价及促销方式，直到这种产品完全退出市场为止。

（二）集中策略

把企业能力和资源集中在最有利的细分市场和分销渠道上，从中获取利润。这样有利于缩短产品退出市场的时间，同时又能为企业创造更多的利润。

（三）收缩策略

抛弃无希望的顾客群体，大幅度降低促销水平，尽量减少促销费用，以增加利润。这样可能导致产品在市场上的衰退加速，但也能从忠实于这种产品的顾客中得到利润。

（四）放弃策略

对于衰退比较迅速的产品，应该当机立断，放弃经营。可以采取完全放弃的方式，如把产品完全转移出去或立即停止生产；也可采取逐步放弃的方式，使其所占用的资源逐步转向其他的产品。

5.5 新产品开发策划

5.5.1 新产品的概述

一、定义

对新产品的定义可以从企业、市场和技术三个角度进行。对企业而言，第一次生产销售的产品都叫新产品；对市场来讲则不然，只有第一次出现的产品才叫新产品；从技术方面看，在产品的原理、结构、功能和形式上发生了改变的产品叫新产品。营销学的新产品概念包括了前面三者的成分，但更注重消费者的感受与认同，它是从产品整体概念的角度来定义的。本书对新产品的定义为：凡是产品整体概念中任何一部分的创新、改进，能给消费者带来某种新的感受、满足和利益的相对新的或绝对新的产品都叫新产品。

二、新产品的类型

按产品研究开发过程，新产品可分为全新产品、改进型新产品、模仿型新产品、形成系列型新产品、降低成本型新产品和重新定位型新产品。

（1）全新产品是指应用新原理、新技术、新材料，具有新结构、新功能的产品。该新产品在世界上首先开发，能开创全新的市场。它占新产品的比例为10%左右。

（2）改进型新产品是指在原有老产品的基础上进行改进，使产品在结构、功能、品质、花色、款式及包装上具有新的特点和新的突破。改进后的新产品，其结构更加合理，功能更加齐全，品质更加优良，能更多地满足消费者不断变化的需要。它占全部新产品的26%左右。

（3）模仿型新产品是企业对国内外市场上已有的产品进行模仿生产，称为本企业的新产品。模仿型新产品占全部新产品的20%左右。

（4）形成系列型新产品是指在原有的产品大类中开发出新的品种、花色、规格等，从而与企业原有产品形成系列，扩大产品的目标市场。该类型新产品占全部新产品的26%左右。

（5）降低成本型新产品是以较低的成本提供同样性能的新产品，主要是指企业利用新技术，改进生产工艺或提高生产效率，削减原产品的成本，但保持原有功能不变的新产品。这类新产品占全部新产品的11%左右。

（6）重新定位型新产品是指企业的老产品进入新的市场而被称为该市场的新产品。这类新产品占全部新产品的7%左右。

5.5.2 新产品开发的程序

一般而言，开发新产品要经历以下程序。

一、调查研究阶段

要根据企业的经营目标、产品开发策略和资源条件确定新产品的开发目标，就必须做好调查研究工作，了解消费者需求的发展变化动向，以及影响市场需求变化的因素等。

二、开发新产品创新阶段

根据调查研究的情况以及企业本身的条件，充分了解用户使用要求和竞争对手的动向，在一定范围内提出开发新产品的初步设想和构思创意。构思创意主要来自用户的要求、本企业员工以及厂外技术人员运用专家、学者的科研成果。

三、新产品开发创意的筛选阶段

这一阶段是从征集到的许多方案中选择出具有开发条件的构思创意。筛选时一要坚持新产品开发的正确方向；二要兼顾企业长远发展和当前市场需要；三要有一定的技术储备。

四、确定决策方案和编制设计任务书阶段

根据新产品开发目标的需求，对未来产品的基本特征和开发条件进行概括的描述，包括主要性能、目标成本、销售预计、开发投资、企业现有条件利用程度等，然后对不同方案进行技术经济论证比较，决定取舍。

设计任务书包括新产品的结构、特征、技术规格、用途、使用范围、与国内外同类产品的分析比较，以及开发这一新产品的理由和根据等。

五、新产品设计与试制阶段

新产品设计一般分为初步设计、技术设计和工作图设计三个阶段。新产品试制一般包括样品试制和小批试制两个阶段。样品试制是校核设计的质量、产品的结构和性能等；小批试制是校核工艺，检查图纸的工艺性等。对决定试制的产品，还要进行商标、装潢设计。最后还要进行成本财务分析和初步定价。

六、新产品试用与试销阶段

多数新产品需要通过试用或试销检验。试用是指用户直接使用样品，企业跟踪观察，及时收集试用实况、改进意见、用户的使用习惯，以及对包装、装潢、商标设计的要求等。试销是指将产品及其商标、装潢与广告、销售服务的组织工作置于一个小型市场环境中，实地检验用户反应。

七、新产品正式生产和销售阶段

产品正式生产之前，要进行大量的生产技术准备工作，包括设备、工艺、工装、工具、动力、材料、人员培训等，它涉及企业的每个员工。

产品投放市场必须以试用试销过程中取得的信息为依据，制定出有效的营销组合策略，以便最快地进入和占领市场，进入产品生命周期的成长期，迅速达到一定的市场占有率。

产品投放市场之后，还要进行一次全面系统的分析，包括对市场销售状况、产品前景、竞争形势和产品收益率的分析，并与原计划目标进行比较，寻求进一步改进产品设计和营销策略的措施，以达到新产品开发的最佳收益。

5.5.3 新产品开发的策略

新产品开发一般有五种常见的策略。

一、改进现有产品策略

改进现有产品策略，即依据现有的设备和技术能力，改进现有产品。其优点是开发费用较低，成功的概率较高，但是只适合较小的改革。例如，海尔洗衣机在原有的基础上生产出适合夏季使用的"小小神童"洗衣机。

二、仿制策略

仿制策略就是仿制竞争者的新产品，在原有的基础上创新和改进。这类产品只要市场需要，一般容易立即生产，不需要太多的资金和尖端技术，但公司应注意对原有产品的某些不足和缺陷进行改进，切忌全盘照抄。

三、差异化策略

所谓的差异化策略就是指企业在研制新产品的时候，充分考虑到现有同类产品的特性，研发出与其他产品具有差异的产品，其目的是向消费者提供具有明显特征的产品，给消费者一种标新立异的印象，以此提升产品的市场竞争力。

四、借脑生财策略

借脑生财策略是指企业可以与高等院校、科研单位合作，借助这些机构的科研实力和科研成果进行新产品的开发和生产，这样既可以加快企业新产品的研发速度，也有助于高校和科研机构进行科研创新。

五、补缺策略

补缺策略是指企业针对市场当前急需的或者国家经济建设急需的产品进行研发，这种策略有利于企业快速占有市场，增强企业在市场的核心竞争力。

5.5.4 新产品开发的方式

新产品开发的方式很多，企业可根据内外部条件适当选择。

一、独自研制

独自研制又分为三种情况：一种是从基础理论研究到应用技术研究，再到产品开发研究的全部过程都靠自己的力量进行；另一种是利用社会上基础理论研究的成果，自己只进行应用技术研究和产品开发研究；还有一种就是利用社会上应用技术的研究成果，自己只进行产品开发研究。很显然第一种（或包括第二种）如果研制成功，可使企业居于独占新产品的地位，但是需从探讨产品的原理与结构、新材料、新技术开始，这样一是需要很雄厚的力量，二是风险较大。所以企业如以产品更新换代乃至开发全新产品为目标，采用独自研制的方式，一般需要强有力的赢利产品作为财力后盾，即适合大型企业。最后一种方式较适合中小企业采用。总的来讲，独自研制方式是一种独创型的发展新产品策略，目的是发展有本企业特色的新产品，从而在市场上占据有利地位。

二、联合开发，技术协作

这种方式是将企业内外技术力量结合起来开发新产品。如从社会上请专家、教授、研究员、工程师等来企业进行技术指导、审查设计方案；或与科研单位、高等院校组成联合设计小组，共同攻关；还可组成各种形式的科研—生产联合体，共同开发新产品等。多年来的实践证明，这种联合开发、技术协作的形式，是我国开发新产品的一种有效形式。

三、技术引进

这是指通过与外商进行技术合作、补偿贸易，向外国购买专利技术、关键设备等，引进比较先进和成熟的新技术。其优点是能够利用有限的资金和技术力量，较快地掌握先进的生产技术，缩短与外国产品的技术差距，提高企业的竞争能力，也有利于进入国际市场。但是，由于这种产品的市场往往已被别人占领，技术引进的代价也较高，只能有选择地重点引进，引进以后，要在一定时间、一定范围内造成产品市场优势才是可取的。所以应用这种方式时要注意引进的技术应该是较为先进的，对本企业生产技术水平的提高具有推动和启发作用的。采用技术引进方式开发新产品往往是与独自研制相结合的。为尽快吸收国际上的新技术，又发挥企业的独创精神，以技术引进为起点，与本国、本企业的科研成果相结合，创造出技术先进的新产品，可收到花钱少、见效快的效果，有利于对引进技术的消化和进一步研究，更好地发挥引进技术的作用。

四、仿制方式

按照样品仿制国内外的新产品，是迅速赶上竞争者的一种有效的开发新产品的形式。其优点是仿制费用低、成功率高；其缺点是上市落后一步，市场占有率较领先发展新产品的企业要低，但是，如果能在仿制时有所创新，则可收到后发制人的效果。此种方式的运用要注意不能违反有关新产品专利权和其他知识产权的法规。

对于以上四种方式，企业可单独应用也可并行采用，以利于产品的不断推陈出新。

【策划实战】

A 速冻食品公司的新产品开发

（一）实战目标

让学生在理解产品整体概念，以及在新产品概念的基础上，掌握新产品开发的方式和策略，并通过实训让学生掌握新产品开发的策略和创意创造。

（二）实战要求

1. 要求教师对"新产品开发"的实践应用价值给予说明，调动学生课业操作的积极性。
2. 要求学生根据新产品开发的程序和要求，完成新产品开发的任务。
3. 要求教师对新产品开发的要求、设计思路、设计方法进行具体指导。
4. 要求教师提供"新产品开发"课业范例，供学生操作参考。

（三）实战任务

经过多年的发展，A 速冻食品公司已经成为速冻水饺市场的领导者。然而，面对激烈的竞争和消费者需求日益多样化，开发新的速冻水饺品种、推出新的速冻食品品类成为该公司的紧迫任务。

目前速冻食品分为五大品类，即水饺、汤圆、粽子、馄饨、面点，这些细分品类市场成熟度较高。消费者在品类产品上已初步形成一定的品牌认同，大部分的受访者在食用每一类产品时会比较固定地选择一两个品牌的产品。如某消费者说：买水饺我买"思念"的，买汤圆就买"三全"的，买鱼丸就要"海霸王"的，买粽子就买"五芳斋"的，行业初步形成了"思念"＝水饺、"三全"＝汤圆、"五芳斋"＝粽子、"苏阿姨"＝馄饨的顾客认同。

要求学生以小组为单位通过市场调查和小组讨论等方式，为情境案例中 A 速冻食品公司提供新产品开发的方案和思路，最后将讨论的结果汇总成一份新产品研发方案。

【本章小结】

1. 理解产品的整体概念，包括五个层次：核心产品、有形产品、期望产品、附加产品和潜在产品。
2. 掌握产品组合策划的内容，主要是针对产品组合的深度和宽度进行策划。

3. 产品生命周期策划，主要包括产品导入期、成长期、成熟期和衰退期的策略策划。
4. 新产品开发策划，理解新产品的定义以及新产品开发的方式和策略。

【思考分析】

1. 什么是产品策划？在进行产品策划时应该从哪些方面进行？
2. 新产品开发的方式有哪些？
3. 在产品不同生命周期阶段的策划中，投入期的产品常用的策划策略有哪些？
4. 什么是产品组合的宽度和深度？
5. 在进行产品组合策划时应注意什么问题？
6. 简述不同生命周期阶段的产品策划的主要策略。

第6章

分销渠道策划

【学习目标】

- 了解分销渠道的概念及其类型；
- 理解分销渠道的管理及评估；
- 掌握分销渠道策划的设计与选择。

【开篇案例】

空调分销渠道模式策划

一、美的模式——批发商带动零售商

美的公司几乎在国内每个省份都设立了自己的分公司，在地级城市建立了办事处。在一个区域市场内，美的公司的分公司和办事处一般通过当地的几个批发商来管理为数众多的零售商。批发商可以自由地向区域内的零售商供货。利用这种模式从渠道融资，吸引经销商的淡季预付款，缓解资金压力。

二、海尔模式——零售商为主导的渠道销售系统

海尔渠道模式的特点：在全国每个省份都建立了自己的销售分公司——海尔工贸公司。海尔工贸公司直接向零售商供货并提供相应支持，并且将很多零售商改造成了海尔专卖店。当然海尔也有一些批发商，但海尔分销网络的重点并不是批发商，而是更希望和零售商直接做生意，构建一个属于自己的零售分销体系。

三、格力模式——厂商股份合作制

格力渠道模式最大的特点就是格力公司在每个省份和当地经销商合资建立了销售公司，即所谓的使经营商之间化敌为友，"以控价为主线，坚持区域自治，确保各级经销商的合理利润"。各地级市的经销商也成立了合资销售分公司，由这些合资企业负责格力空调的销售工作。厂家以统一价格对各区域销售公司发货，当地所有一级经销商必须从销售公司进货，严禁跨省份窜货。格力总部给产品价格画定了一条标准线，各销售公司在批发给下一级经销商时结合当地实际情况"有节制地上下浮动"。

四、志高模式——区域总代理制

广东志高空调股份有限公司前身是一家空调维修商，从1998年开始生产空调，虽然不过短短几年，但销售增长迅速，2001年达到30万台，远远超过行业平均发展水平，所以其分销渠道模式也被越来越多地关注，尤其对一些中小制造商来说，志高模式是其效仿的主要对象。志高模式的特点在于对经销商的倚重。志高公司在建立全国营销网络时，一般是在各省份寻找一个非常有实力经销商作为总代理，把全部销售工作交给总代理商。这个总代理商可能是一家公司，也可能由2~3家经销商联合组成。和格力模式不同，志高公司在其中没有利益，双方只是客户关系，总代理商可发展多家批发商或直接向零售商供货。

五、苏宁模式——前店后厂

南京苏宁电器集团原本是南京市的一家空调经销商，自1990年到2001年，苏宁公司以超常规的速度迅速发展。从2000年起，苏宁公司开始走连锁经营道路，在国内各地建立连锁经营企业，并在2001年参股上游企业，出资控股合肥飞歌空调公司，在其分销网络内销售由合肥飞歌空调公司为其定牌生产的苏宁牌空调。

六、各种模式的综合比较

名称	渠道融资能力	管理难度	赢利水平	品牌价值	长期发展能力
美的模式	较高	中等	一般	较高	较强
海尔模式	低	很大	高	高	强
格力模式	较高	较小	一般	较高	存在问题
志高模式	很高	小	低	低	较弱
苏宁模式	最高	很小	很低	无	很弱

七、对不同渠道模式的适应性分析

产品要经过一定的方式、方法和路线，才能进入消费者手中。分销便是企业使其产品由生产地点向销售地点运动的过程。在这过程中，企业要进行一系列策划。分销渠道策划的主要内容是怎样合理选择、设计和管理分销渠道，即怎样合理选择、设计和管理产品从生产者转移到消费者所经过的路线和通道（简称"通路"）。

名称	资本	管理能力	企业目标	品牌地位	渠道企业	市场阶段
美的模式	无影响	较强	专业化	均可	较强	成长期
海尔模式	雄厚	强	多元化	强大	稳定	成熟期
格力模式	无影响	一般	专业化	均可	较强	整顿期
志高模式	缺乏	弱	初创期	弱小	强大	成长期
苏宁模式	少	无	较短	弱小	非常强大	成熟期

（案例来源：王清，李进武. 空调营销渠道模式研究 [J]. 销售与市场，2002（3）.）

6.1 分销渠道策划概述

6.1.1 分销渠道概念

分销渠道是指某种货物或劳务从生产者向消费者移动时,取得这种货物或劳务的所有权,或帮助转移其所有权的所有企业和个人。它主要包括经销商、代理中间商,以及处于渠道起点和终点的生产者与消费者。在商品经济条件下,产品必须通过交换,发生价值形式的运动,从一个所有者转移到另一个所有者,直至消费者手中,这称为商流;同时,伴随着商流,还有产品实体的空间移动,称为物流。商流与物流相结合,使产品从生产者到达消费者手中,便是分销渠道。

分销渠道与营销渠道不是一个概念,它们之间的区别如图6-1所示。

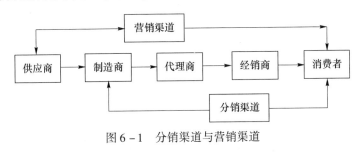

图6-1 分销渠道与营销渠道

企业在进行分销渠道设计时,会出现代理商和经销商两个具有代表性的中间商,它们之间的区别,如表6-1所示。

表6-1 经销商和代理商的区别

类别	经销商	代理商
机构	独立的经营机构	不一定是独立机构
物权	拥有商品的所有权	不拥有商品的所有权
赢利模式	从商品差价获取经营利润	赚取佣金(商品提成)
经营类型	可多品种、多品牌经营	可多品种、多品牌经营
双方关系	经营活动过程不受或很少受供货商限制	经营活动受供货商指导和限制
权责	与供货商权责对等	供货商权力较大

6.1.2 分销渠道的五种流程

分销渠道由五种流程构成,即实体流程、所有权流程、付款流程、信息流程及促销流程。

一、实体流程

实体流程是指实体原料及成品从制造商转移到最终用户的过程。

二、所有权流程

所有权流程是指物品的所有权从制造商转移到最终用户的过程。

三、付款流程

付款流程是指货款在各市场营销中间机构之间流动的过程。

四、信息流程

信息流程是指在市场营销渠道中,各市场营销中间机构相互传递信息的过程。

五、促销流程

促销流程是指由一单位运用广告、人员推销、公共关系、促销等活动对另一单位施加影响的过程。

6.1.3 分销渠道类型

按商品流通环节的多少,可将分销渠道划分为直接渠道与间接渠道。直接渠道与间接渠道的区别在于有无中间商。

一、直接渠道

直接渠道指生产企业不通过中间商环节,直接将产品销售给消费者。直接渠道是工业品分销的主要类型。例如大型设备、专用工具及技术复杂需要提供专门服务的产品等都采用直接渠道;消费品中有部分也采用直接渠道分销,诸如鲜活商品等,以及业界称为"直销模式"的安利、雅芳等产品。

二、间接渠道

间接渠道指生产企业通过中间商环节把产品传送到消费者手中。间接渠道是消费品分销的主要类型,工业品中有许多产品,如化妆品等也采用间接渠道分销。

6.2 影响分销渠道设计的因素

6.2.1 产品因素

产品的特性不同,对分销渠道的要求也不同。

一、价值大小

一般而言,商品单价越小,分销渠道一般既宽又长,以追求规模效益。反之,单价越高,路线越短,渠道越窄。

二、体积与重量

体积庞大、重量较大的产品,如建材、大型机器设备等,要求采取运输路线最短、搬运次数最少的渠道,这样可以节省物流费用。

三、变异性

易腐烂、保质期短的产品,如新鲜蔬菜、水果、肉类等,一般要求较直接的分销方式,因为时间拖延和重复搬运会造成巨大损失。同样，对式样、款式变化快的时尚商品，也应采取短而宽的渠道，以避免不必要的损失。

四、标准化程度

产品的标准化程度越高，采用中间商的可能性越大。例如，毛巾、洗衣粉等日用品，以及标准工具等，单价低、毛利低，往往通过批发商转手。而对于一些技术性较强或是一些定制产品，企业要根据顾客要求进行生产，一般由生产者派员直接销售。

五、技术性

产品的技术含量越高，渠道就越短。技术性产品常常是直接向工业用户销售，因为技术性产品一般需要提供各种售前售后服务。在消费品市场上，技术性产品的分销是一个难题，因为生产者不可能直接面对众多的消费者，生产者通常直接向零售商推销，通过零售商提供各种技术服务。

6.2.2 市场因素

市场是分销渠道设计时最重要的影响因素之一，影响渠道的市场特征主要包括以下诸方面。

一、市场类型

不同类型的市场，要求不同的渠道与之相适应。例如，消费品的最终消费者购买行为与生产资料用户的购买行为不同，所以就需要有不同的分销渠道。

二、市场规模

一个产品的潜在用户比较少，企业可以自己派销售人员进行推销；如果市场面大，分销渠道就应该长些、宽些。

三、用户集中度

在用户数量一定的条件下，如果用户集中在某一地区，则可由企业派人直接销售；如果用户比较分散，则必须通过中间商才能将产品转移到用户手中。

四、用户购买数量

如果用户每次购买的数量大，购买频率低，可采用直接分销渠道；如果用户每次购买数量小、购买频率高，则宜采用长而宽的渠道。一家食品生产企业会向一家大型超市直接销售，因为其订购数量庞大。但是，同样是这家企业会通过批发商向小型食品店供货，因为这些小商店的订购量太小，不宜采取过短的渠道。

五、竞争者的分销渠道

在选择分销渠道时，应考虑竞争者的分销渠道。如果自己的产品比竞争者有优势，可选择同样的渠道；反之，则应尽量避开。

6.2.3 企业自身因素

企业自身因素是分销渠道选择和设计的根本立足点。

一、企业的规模、实力和声誉

企业规模大、实力强,往往有能力担负起部分商业职能,如仓储、运输、设立销售机构等,有条件采取短渠道。而规模小、实力弱的企业无力销售自己的产品,只能采用长渠道。声誉好的企业,希望为其推销产品的中间商就多,生产者容易找到理想的中间商进行合作;反之则不然。

二、产品组合

企业产品组合的宽度越大,越倾向于采用较短渠道;产品组合的深度越大,宜采取较短渠道。反之,如果生产者产品组合的宽度和深度都较小,生产者只能通过批发商、零售商来转卖商品,其渠道则较长而宽。产品组合的关联性越强,则越应使用性质相同的渠道分销。

三、企业的营销管理能力和经验

管理能力较强和经验较丰富的企业往往可以选择较短的渠道,甚至直销;而管理能力较弱和经验较少的企业一般将产品的分销工作交给中间商去完成,自己则专心于产品的生产。

四、对分销渠道的控制能力

生产者为了实现其战略目标,往往要求对分销渠道实行不同程度的控制。如果这种愿望强,就会采取短渠道;反之,渠道可适当长些。

6.2.4 环境因素

影响分销渠道设计的环境因素既多又复杂,如科学技术的发展可能为某些产品创造新的分销渠道,食品保鲜技术的发展使水果、蔬菜等的分销渠道有可能从短渠道变为长渠道;又如经济萧条迫使企业缩短渠道。

6.2.5 中间商因素

不同类型的中间商在执行分销任务时各有其优势和劣势,分销渠道设计应充分考虑不同中间商的特征。一些技术性较强的产品,一般要选择具备相应技术能力或设备的中间商进行销售。有些产品(如冷藏产品、季节性产品等)需要特定的储备条件,就需要寻找拥有相应储备能力的中间商进行经营。零售商的实力较强、经营规模较大,企业就可直接通过零售商经销产品;零售商实力较弱、规模较小,企业只能通过批发商进行分销。

6.3 分销渠道策划

6.3.1 分析最终用户需求

分销渠道设计本质上是为企业的产品寻找与目标用户的最佳接触点,离开产品谈渠道是毫无意义的。所以,企业分销渠道设计的第一步便是分析企业产品的最终用户需求,即企业的产品到底是卖给哪些人的,这些人在什么情况下如何使用,产品适应哪一类市场的需求等等。

6.3.2 定位目标市场

企业分析最终用户需求时,往往会发现很多市场机会点,但不同企业的经营目标与经营能力不一样,产品对于目标市场的选择性与适应性就有很大的差别。界定清晰的目标市场才有利于下一步找到产品的最终用户与渠道的最佳接触点。

6.3.3 寻找渠道最佳接触点

在用户的需求分析与定位目标市场的环节上,用户的购买途径已清晰可见。不过,在一些竞争激烈的市场,出现多个品牌竞争同一细分市场的情况是很常见的。因此,企业在考虑渠道设计与用户的最佳接触点时,不得不以竞争对手为参照,突出自己的竞争优势。

6.3.4 分销渠道的结构策划

企业的分销渠道结构好比企业的渠道蓝图,理论上应该是企业1~3年的渠道规划,包括渠道的结构、层次,每个渠道层次的业务目标,代理商区域划分等企业设计渠道层级,一定要从经济的角度来分析它存在的意义。从渠道的整个链条来分析,厂家与渠道之间是一种既竞争又合作的关系,渠道之间的层级越多,意味着分享利润的环节越多。

合理选择了分销渠道层级(根据目标用户、根据区域市场差异化、根据企业的目标与发展阶段),应该合理设置网点数量,合理选择中间商,并为每个分销渠道层级设置合理的目标,即提出具体数量的要求,包括销售、回笼、库存、周转率、零售、分销等。

一、分销渠道的长度结构策划

在现代营销过程中,商品分销渠道的模式很多,一般按渠道中是否有中间环节和中间环节的多少划分为不同级数的分销渠道。在消费品市场,企业面对的最终用户是家庭和个人,即最终消费者。一般策划有以下几种长度不同的分销渠道可供选择,如图6-2所示。

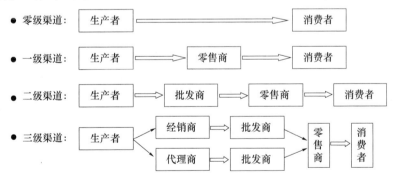

图6-2 消费品的分销渠道长度结构类型

(一)生产者→消费者

这种模式即企业自己派人推销,或以邮购、电话购物等形式销售本企业的产品。这种模式的渠道由生产者把产品直接销售给最终消费者,没有任何中间商的介入,是最直接、最简单和最短的分销渠道。

(二)生产者→零售者→消费者

这种模式即由企业直接向零售商供货,零售商再把商品转卖给消费者。消费品和选购品的生产企业一般采用这种模式。

（三）生产者→批发商→零售商→消费者

这种模式是消费品分销渠道中的传统模式。

（四）生产者→代理商→零售商→消费者

许多企业为了大批量销售产品，通常通过代理商，由他们把产品转卖给零售商，再由零售商出售给消费者。

（五）生产者→代理商→批发商→零售商→消费者

企业为了更好地占领市场，常需经代理商、批发商将产品卖给零售商，最后到消费者手中。

二、分销渠道的宽度结构策划

分销渠道除了长度问题外，还有宽度问题，即根据企业在同一层次上并列使用的中间商的多少，可以选择宽渠道或窄渠道。

（一）宽渠道结构策划

宽渠道是指企业使用的同类中间商很多，分销面很广。一般日用品（如牙膏、肥皂等）都通过宽渠道销售，由多家批发商转售给更多的零售商进行分售。这种分销渠道能够大量地销售产品，与消费者接触面广。宽渠道的宽度的选择及策划，与企业的营销目标和分销战略有关。通常有三种可供选择的策略。

（1）密集型分销：尽可能通过较多的中间商销售产品，以扩大市场覆盖面或快速进入新市场，使众多的消费者随时随地能够买到这些产品。

（2）选择型分销：在同一目标市场上，依据一定的标准选择少数中间商经销其产品，而不是允许所有有合作意向的中间商都参与经销。这种战略的重心是维护企业、产品的形象和声誉，建立和巩固市场地位。

（3）独家型分销：在一定时间、一定地区只选择一家批发商或零售商经销其产品。通常双方订有协议，中间商不得经营其竞争者的产品，企业也不得向其他中间商供应其产品。这一策略的目的是控制市场，彼此得到对方更积极的配合，强化产品形象并获得较高的毛利。

（二）窄渠道结构策划

窄渠道是指企业使用的同类中间商很少，分销面窄，甚至一个地区只由一家中间商经销。它使生产企业容易控制分销，但市场分销面受到限制。窄渠道一般适用于专业性较强的产品或较贵重的耐用消费品，如珠宝类商品。

三、分销渠道经营结构策划

按照分销渠道各环节给予不同的经营权限，可以选择单渠道或多渠道。

（一）单渠道

企业全部产品都由自己直接所设门市部销售，或全部授权给适合的批发商或经销商，如苹果手机的授权分销渠道。

（二）多渠道

企业可能是在本地区采用直接渠道，在外地则采用间接渠道；在有些地区独家经销，在另一些地区多家分销；对消费品市场采用长渠道，对生产资料市场则采用短渠道。如面粉针对消费品市场和生产资料市场采用多渠道类型。

四、现代分销渠道的系统结构策划

随着企业生产经营的复杂化和企业对分销渠道认识的加深，分销渠道模式出现了如下特点及类型。

（一）分销渠道的纵向联合

分销渠道的纵向联合又称垂直销售系统，是指用一定的方式将分销渠道中的各个环节的成员联合起来，寻求共同目标下的协调行动，以促进分销活动整体效益的提高。垂直销售系统的特点是专业化管理、集中计划，销售系统中的各成员为共同的利益目标，都采用不同程度的一体化经营或联合经营。这种纵向联合的分销渠道大致有三种形式。

（1）公司式垂直销售系统。即由一家公司拥有和统一管理若干工厂、批发机构和零售机构，控制分销渠道的若干层次，甚至整个分销渠道的综合经营生产、批发和零售业务。

（2）管理式垂直销售系统。即通过渠道中一个规模较大和实力较强的成员来协调整个产销通路的渠道系统。品牌产品的制造商较能取得批发商的合作与支持，例如柯达、吉列、宝洁等公司可能得到其中间商在产品陈列、展示、促销和价格政策方面的异乎寻常的合作。

（3）契约式垂直销售系统。也称合作式垂直销售系统，指不同层次的独立制造商和经销商为了获得单独经营达不到的经济利益，而以契约为基础实行的联合体。通常包括：批发商自愿连锁店；零售商合作社；特许专卖机构，如制造商组织的零售商特许专卖系统、批发商特许专卖系统，服务公司组织的零售商特许专卖机构。有以下三种类型：

①制造商倡办的零售特许经营或代理商特许经营。零售特许多见于消费品行业，代理商特许多见于生产资料行业。丰田公司对经销自己产品的代理商、经销商给以买断权和卖断权，即丰田公司与某个代理商或经销商签订销售合同后，赋予代理商或经销商销售本公司产品的权利而不再与其他代理商或经销商签约，同时也规定该代理商或经销商只能销售丰田的汽车，实行专卖，避免了经营相同牌子汽车的代理商或经销商为抢客户而竞相压价，以致损害公司名誉。

②制造商倡办的批发商特许经营系统。这种类型大多出现在饮料食品业，如可口可乐、百事可乐与某些瓶装厂商签订合同，授予其在某一地区分装的特许权，和向零售商发运产品的特许权。

③服务企业倡办的零售商特许经营系统。这种类型多出现于快餐业（如肯德基快餐）、汽车出租业。

（二）分销渠道的横向联合

分销渠道的横向联合又称水平式渠道系统，是由两家公司联合开发的共同的渠道系统。这些公司或因资本、生产技术、营销资源不足，无力单独开拓市场，或因不愿意承担风险，或因看到和其他公司联合可实现最佳协同效益，而组成水平渠道系统。它们可以暂时或永久地合作，也可以组成一家新公司，如皮尔斯堡公司和克拉夫特食品公司签订一项协议，由前者制造冷冻生面团产品并负责广告宣传业务，后者则应用其专门技术组织营销，将这些产品分销到商店。

(三) 多渠道销售系统

多渠道销售系统即对同一或不同的分市场采用多条渠道的分销体系。随着消费者分市场和可能产生的渠道不断增加,越来越多的公司采用多渠道分销方式。如通用电气公司不但经由独立零售商,而且还直接向建筑承包商销售大型家电产品。又如近几年国内的软饮料行业,同一品牌的产品罐装和瓶装的通过传统的营销渠道销售,而桶装的则通过专用渠道销售。

6.3.5 分销渠道驱动政策策划

经销商经营企业产品最终看中的无非是利润,所以企业对经销商的吸引与控制条件,是决定渠道好坏的重要因素。我们且称之为渠道驱动因素。常见的渠道驱动因素有:

一、产品核心竞争力

产品的核心竞争力包括产品的款式、花色,新品上市速度等。

二、市场管理能力

市场管理能力是指企业对市场秩序的维护能力、渠道管理能力、价格体系的维护能力、服务能力、配送能力等。

三、价格政策

价格政策包括产品的定价方法、产品的利润空间、库存周转等。

四、渠道返利政策

渠道返利政策通常有商业补贴、提货返点、模糊返利、退换货政策、新品样品政策、各种补贴政策等。

五、激励政策

激励方法大致有以下几种:

(1) 向其提供物美价廉、适销对路的产品。中间商认为适销对路的产品是销售成功的一半,因而生产厂家提供符合市场需求的产品会受到中间商的欢迎。

(2) 促销支持。生产厂家应该承担推广宣传产品的全部或部分费用,并派人协助中间商安排商品陈列、举办展览和操作表演,帮助培训推销人员等。

(3) 合理分配利润。生产厂家在产品定价方面应该充分考虑到中间商的利益,对供货数量、信誉、财力、管理等不同的中间商给予不同的价格折扣,使中间商感到经营某厂家的产品会得到较理想的收入。

(4) 资金支助。生产厂家可通过融资、采取售后付款或先部分付款的方式,促进中间商积极进货,努力推销产品。

(5) 提供情报。生产厂家将获得的市场信息及时通报给中间商,同时也将生产方面的发展状况告诉中间商,使其心中有数,能够积极有效地安排销售。

【经典案例】

"金霸王"电池:三步进山城

美国金霸王电池及其广告宣传画在重庆的街头随处可见,该电池在重庆电池市场上已独占鳌头。然而，人们做梦也不会想到：金霸王电池从进入重庆市场到占领重庆市场，只花了6个月的时间。那么，它闪电式的"速战速决"成功的秘诀是什么？质量固然是金霸王电池开拓市场成功的一个重要因素，但人们赞许更多的是它的独特的分销渠道策略：代销＋铺货＋终端促销。

第一步：代销

美国金霸王把产品让给重庆凯丽贸易公司代销。

所谓代销，就是指生产厂家或代理商家把产品让给批发商或零售商销售，在规定时间或者在批发商、零售商销售产品后才收取货款的销售方式。它实际上是厂家（代理商）把产品让给商家的"试用"过程，若"试用"成功，商家就会经销该产品。代销是有风险的，弄不好代销出去的产品厂家既收不到货款也取不回货。为了有效地发挥代销的作用，重庆凯丽贸易公司在各区（县）找的代理商都是当地信誉比较好、效益好的大零售商。在两个半月以点带面的代销后，金霸王电池在重庆已占有一定的市场。

第二步：铺货

铺货是金霸王电池能够闪电式占领重庆市场的最关键的一步。所谓铺货，就是厂家（或代理商）送货给零售商，并尽力说服其经销该产品的一种营销策略。由于金霸王电池质量、性能确实过硬，故代销给它带来了一定的市场，但仅仅靠几个大商家，其占领市场的进程将极其缓慢。为了加快步伐，重庆凯丽贸易公司想到了铺货。铺货的重点是重庆各区（县）的零售店。在零售店的铺货中，重庆凯丽贸易公司特别关注到其他电池厂家都忽视了的电话亭。这一特别关注，使得铺货策略比原来想象的还要有效。铺货需要很多业务员。为了解决这一问题，重庆凯丽贸易公司在重庆工业管理学院招聘了一些市场营销专业的学生作为兼职业务员。这些学生曾为多个厂家做过市场调查、产品促销、广告宣传等实践活动，在促销方面很有经验。这为他们能成功地说服零售商经销金霸王电池打下了基础，从而使得铺货面尽可能大。这样，在重庆各处都布满金霸王电池，从而把营销策略推向了第三阶段——终端促销。

第三步：终端促销

所谓终端促销，是指厂家为了扩大产品的名声，扩大或巩固产品的市场占有率，在零售店张贴广告或悬挂横幅，以刺激消费者购买产品的营销活动。为了进一步扩大金霸王电池的名声和销售量，重庆凯丽贸易公司在零售店张贴了许多广告画，并且每隔一段时间就检查一次，若广告画被其他产品广告画覆盖，就立刻补上。这样在很短的时间内，"金霸王"就在重庆人大脑里留下了深刻印象，也影响着他们购买电池的行为。

金霸王电池的分销渠道也有一个特点，它直接由生产厂家（代理商）转到零售商手中，而不像其他同类产品要经过批发商。这一分销渠道有利于重庆凯丽贸易公司和零售商良好合作关系的形成。这种良好合作关系的形成必然促进金霸王电池在重庆市场的开拓。

在"代销—铺货—终端促销"的策划下，通过奇特的分销渠道，金霸王电池终于在6个月内就成了重庆电池市场上的一枝独秀，"世界第一，耐力第一"（金霸王电池的广告词），终于深深印入了重庆人的大脑中。

（案例来源：http://www.docin.com/p-84707351.html）

6.4 分销渠道运营管理

分销渠道运营管理的实质就是要解决分销渠道中存在的矛盾冲突，提高分销渠道成员的满意度和积极性，促进渠道的协调性，提高分销的效率。

6.4.1 选择分销渠道成员

如果企业确定了间接分销渠道，下一步就应做出选择中间商的决策。如果选择得当，就能有效地提高分销效率。选择中间商首先要广泛搜集有关中间商的业务经营、资信、市场范围、服务水平等方面的信息。其次，要确定审核和比较的标准。再次，要说服中间商接受各种条件。

一、中间商类型

中间商是指产品从生产者转移给消费者的过程中，专门从事商品流通的企业。

（一）按中间商在流通过程中所起的作用，可分为批发商和零售商

批发商指将商品大批量购进，又以较小批量转售给生产者或其他商业企业的商业组织。批发商又可以按不同标准分为不同类型：按商品性质，可分为生活资料批发商和生产资料批发商；按业务范围，可分为专业批发商和综合批发商；按其在流通领域的位置，可分为生产地批发商、中转地批发商和销售地批发商。

零售商指直接向最终消费者出售商品的商业组织。零售商的类型最多，有店铺零售商，如百货商店、专业商店、超级市场、大卖场等；无店铺零售商，如从事邮购、自动售货、网上购物等的商业组织。

（二）按产品流通过程中有无所有权转移，中间商可以分为经销商和代理商

经销商是指自己进货，取得商品所有权后再出售的商业组织。代理商是指促成产品买卖活动得以实现的商业组织，它不取得产品的所有权，只是通过与买卖双方的商洽，来完成买卖活动。

二、选择中间商的条件

生产者为自己的产品选择中间商时，常处于两种极端情况之间：一是生产者可以毫不费力找到分销商并使之加入分销系统，例如一些畅销的著名品牌很容易吸引经销商销售它的产品。另一个极端是生产者必须通过种种努力才能使经销商加入其渠道系统。但不管是哪一种情况，选择中间商必须考虑以下条件，如表6-2所示。

（一）中间商的市场范围

市场范围是选择中间商最关键的因素，选择中间商首先要考虑中间商的经营范围与产品预定的目标市场是否一致，这是最根本的条件。

（二）中间商的产品政策

中间商承销的产品种类及其组合情况是中间商产品政策的具体体现。选择时一要看中间商的产品线，二要看各种经销产品的组合关系，是竞争产品还是促销产品。

（三）中间商的地理区位优势

区位优势即位置优势。选择零售商最理想的区位应该是顾客流量较大的地点，批发商的

选择则要考虑其所处位置是否有利于产品的储存与运输。

（四）中间商的产品知识

许多中间商被具有名牌产品的企业选中，往往是因为它们对销售某种产品有专门的经验和知识。选择对产品销售有专门经验的中间商能很快地打开销路。

（五）预期合作程度

中间商与生产企业合作得好，会积极主动地推销企业的产品，这对生产企业和中间商都很重要。有些中间商希望生产企业能参与促销，生产企业应根据具体情况确定与中间商合作的具体方式。

（六）中间商的财务状况及管理水平

中间商能否按时结算，这对生产企业业务正常有序运作极为重要，而这一点取决于中间商的财务状况及企业管理是否规范、高效。

（七）中间商的促销政策和技术

采用何种方式推销商品及运用什么样的促销技术，将直接影响到中间商的销售规模和销售速度。在促销方面，有些产品以广告促销较合适，有些产品则适合人员推销，有些产品需要有一定的储存，有些则应快速运输。选择中间商时应该考虑中间商是否愿意承担一定的促销费用以及有没有必要的物质、技术基础和相应的人才。

（八）中间商的综合服务能力

现代商业经营服务项目甚多，选择中间商要看其综合服务能力如何，如售后服务、技术指导、财务援助、仓储等。合适的中间商，其能力以及所提供的服务项目应与企业产品销售要求一致。

表6-2 选择中间商条件一览表

销售和市场方面的因素	产品和服务的因素	风险和不稳定因素
·市场专业知识 ·对客户的了解 ·和客户的关系 ·市场范围 ·地理位置	·产品知识 ·综合服务能力 ·市场信息反馈 ·经营产品类别	·对工作是否热情 ·财务实力及管理水平 ·预期合作程度 ·工作业绩

6.4.2 分销渠道冲突与管理

由于分销渠道是由不同的利益独立的企业组合而成的，出于对各自物质利益的追求，相互间的冲突是经常的。对于渠道冲突必须正视，并采取切实措施来协调各方面关系

一、渠道冲突的类型

渠道冲突有两种：横向冲突和纵向冲突。

（一）横向冲突

横向冲突是指存在于渠道同一层次的渠道成员之间的冲突。如某产品在某一市场采取密集型分销策略，其分销商有超市、便利店、大卖场等，由于各家公司的进货数量、进货环节

不同引起进货成本的差异，加上各企业不同的促销政策，同一产品在不同类型零售企业中会有不同的零售价。为此，这些商业企业之间有可能发生冲突。

（二）纵向冲突

纵向冲突指分销渠道不同层次类型成员之间的冲突，如生产企业与批发商之间的冲突、生产企业与零售商之间的冲突等。生产企业要以高价出售，并倾向于现金交易，而中间商则希望支付低价，并要求优惠的商业信用；生产企业希望中间商只销售本企业的产品，中间商只要有销路就不管销售的是哪一种产品；生产企业希望中间商将折扣让给买方，而中间商却倾向于将折扣让给自己；生产企业希望中间商为其产品做广告，中间商则要求生产企业为此付出代价。同时，双方都希望对方多保持一些库存，等等。

二、处理渠道冲突原则

网络冲突是一种营销管理的推动力量，它能迫使管理层不断检讨和改善管理。处理渠道冲突的原则有如下内容。

（一）促进渠道成员合作

分销渠道的管理者及其成员必须认识到网络是一个体系，一个成员的行动常常会对增进或阻碍其他成员达到目标产生很大影响。处理矛盾及促进合作的行动，要从管理者意识到网络中的潜在矛盾就开始。生产企业必须发现中间商与自己不同的立场，例如：中间商希望经营几个生产企业的产品，而不希望只经营一个生产企业的有限产品品种。因为实际上中间商只有作为买方的采购代表来经营，才会获得成功。

（二）密切注视网络冲突

在分销渠道网络中经常会发生拖欠贷款、相互抱怨、推迟完成订货计划等问题，渠道管理者应关注实际问题或潜在问题所在，并及时分析产生的原因。

（三）设计解决冲突的策略

第一种是从增进渠道成员的满意程度出发，采取分享管理权的策略，接受其他成员的建议。第二种是在权利平衡的情况下，采取说服和协商的方法。第三种是使用权力，用奖励或惩罚的办法，促使渠道成员服从自己的意见。第四种，选择品类组合。这里的品类组合是指具有相同流通属性与相同目标市场的产品组合。对渠道采取产品组合（产品差异化）最主要的目的有三个：一是防止经销商之间的过度竞争，保障经销商的合理利润；二是不同市场层级的消费者物性差异化；三是创造比竞争对手更强的竞争优势。

（四）渠道管理者发挥关键作用

合作是处理冲突的根本途径，但要达到目标，渠道管理者应主动地走出第一步，并带头做出合作的努力。

【经典案例】

联想公司分销渠道构造

20世纪90年代中期联想公司实行代理制，即在全国建有几千家分销代理商，由分销商（批发性质）再到零售商。此模式能广泛利用社会资源，产品铺市率也较高。但管理混乱，经常失控，尤其是随着联想产品线长度和宽度的发展，原有渠道起不到共享的作用。

1998年8月,联想开始了渠道重筑,其特点是:

(1) 实行"1+1"特许专卖渠道模式。通过加盟专卖店来塑造联想形象,并强化控制。

(2) 后分销模式。联想实行二级渠道模式,一级渠道是分布在全国28个省会(首府)城市的70余家授权代理商,二级渠道是1 100余家面向最终用户的零售商。联想后分销模式实行"一级渠道有限发展,二级渠道有效指导、支持"的策略。所有二级渠道均需与一级渠道和厂家签署三方协议,严格执行厂家的销售计划。厂家则通过一级渠道向二级渠道提供支持和培训。

(3) 保留直接面向行业及集团用户的行业代理商。

为了适应多变的市场需求,确保渠道的畅通和高效率,进行渠道调整是必要的,联想对分销渠道调整的主要内容是:

①增减个别中间商。联想在考虑增加或剔除个别中间商时,既考虑这些中间商对企业产品销量和利益的影响,也考虑到可能对整个分销渠道的影响。

②增减某个分销渠道。在增加或剔除个别分销渠道时,首先对不同的分销渠道的运作效益和满足企业要求的程度进行评价,然后比较不同分销渠道的优劣,剔除运作效益不佳的分销渠道,增加更有效的分销渠道。

③改进整个分销渠道网络系统。即对原有的分销体系、制度进行通盘调整。这是分销渠道改进中难度最大、风险最大的一项决策。在采取这一策略时联想进行了详细的调研论证,使可能带来的风险损失降到最小。

(案例来源:http://doc.mbalib.com/view/4942dede9c59ed41bd9295baae49c367.html)

6.5 渠道评估与调整

企业分销渠道中,不可能每个经销商都成为忠诚的或合格的伙伴。实际上,根据二八定律,企业20%的核心客户往往创造了企业80%的销售额与利润。因此,企业需要对分销渠道的成员进行定期评估,并适当地淘汰一些经销商。

6.5.1 评估渠道成员

对中间商评估的目的是及时掌握情况、发现问题,以便更有针对性地对不同类型的中间商开展激励和推动工作,提高渠道销售效率。分销渠道评估的实质是从那些看起来似乎合理但又相互排斥的方案中选择最能满足企业长期目标的方案。

一、评估标准

评估标准一般包括:销售定额完成情况,平均存货水平,向顾客交货时间,损坏和遗失货物处理,对公司促销与培训计划的合作情况,货款返回的状况以及中间商对顾客提供的服务,等等。

(一) 经济性标准

经济性标准是最重要的标准,这是企业营销的基本出发点。在分销渠道评估中,首先应该将分销渠道决策所可能引起的销售收入增加同实施这一渠道方案所需要花费的成本做一比较，以评价分销渠道决策的合理性。这种比较可以从以下角度进行。

(1) 静态效益比较。分销渠道静态效益的比较就是在同一时点对各种不同方案可能产生的经济效益进行比较，从中选择经济效益较好的方案。

例如：某企业决定在某一地区销售产品，现有两种方案可供选择。

方案一：向该地区直接派出销售机构和销售人员进行直销。这一方案的优势是，本企业销售人员专心于推销本企业产品，在销售本企业产品方面受过专门训练，比较积极肯干，而且顾客一般喜欢与生产企业直接打交道。

方案二：利用该地区的代理商。该方案的优势是，代理商拥有几倍于生产企业的推销员，在当地建立了广泛的交际关系，利用中间商所花费的固定成本低。

通过评估两个方案实现某一销售额所花费的成本，利用中间商更合算。

(2) 动态效益比较。分销渠道动态效益的比较就是对各种不同方案在实施过程中所引起的成本和收益的变化进行比较。从中选择在不同情况下应采取的渠道方案。当企业自行销售时销售水平低于中间商，而成本高于利用中间商，利用中间商较为有利。反之，则可以采用自行销售。

(3) 综合因素分析比较。在实际分析影响分销渠道设计的因素时，可能都会倾向于某一特定的渠道，但也有可能对某一因素的分析倾向自行销售，而对其他因素的分析可能得出应该使用中间商的结论。因此，企业必须对几种方案进行评估，以确定哪一种最适合。评估的方法很多，如计算机模拟法、数字模型等。

(二) 控制性标准

企业对分销渠道的设计和选择不仅应考虑经济效益，还应该考虑企业能否对其分销渠道实行有效的控制。因为分销渠道是否稳定对于企业能否维持其市场份额、实现其长远目标是至关重要的。

企业对于自销系统是最容易控制的，但是由于成本较高，市场覆盖面较窄，不可能完全利用这一系统来进行分销。而利用中间商分销，就应该充分考虑所选择的中间商的可控程度。一般而言，特许经营、独家代理方式比较容易控制，但企业也必须相应做出授予商标、技术、管理模式以及在同一地区不再使用其他中间商的承诺。在这样的情况下，中间商的销售能力对企业影响很大，选择时必须十分慎重。如果利用多家中间商在同一地区进行销售，企业利益风险比较小，但对中间商的控制就会相应减弱。

然而，对分销渠道的控制能力的要求并不是绝对的，并非所有企业、所有产品都必须对其分销渠道实行完全的控制。如市场覆盖面较广、购买频率较高、消费偏好不明显的一般日用消费品就无须过分强调控制；而购买频率低、消费偏好明显、市场竞争激烈的高级耐用消费品，则对分销渠道的控制就十分重要。又如，在产品供过于求时往往比产品供不应求时更需强调对分销渠道的控制。总之，对分销渠道的控制应讲究适度，应将控制的必要性与控制成本加以比较，以求达到最佳的控制效果。

(三) 适应性标准

在评估各渠道方案时，还有一项需要考虑的标准，那就是分销渠道是否具有地区、时间、中间商等适应性。

(1) 地区适应性。在某一地区建立产品的分销渠道，应充分考虑该地区的消费水平、购买习惯和市场环境，并据此建立与此相适应的分销渠道。

（2）时间适应性。根据产品在市场上不同时期的适销状况，企业可采取不同的分销渠道与之相适应。如时令性商品在非时令季节就比较适合利用中间商的吸收和辐射能力进行销售；而在时令季节就比较适合扩大自销比重。

（3）中间商适应性。企业应根据各个市场上中间商的不同状态采取不同的分销渠道。如在某一市场若有一两个销售能力特别强的中间商，渠道可以窄一点；若没有销售能力突出的中间商，则可采取较宽的渠道。

二、评估方法

测量中间商的绩效，主要有两种办法可供使用：

（1）将每一中间商的销售绩效与上期的绩效进行比较，并以整个群体的升降百分比作为评价标准。对低于该群体平均水平的中间商，必须加强评估与激励措施。如果对后进中间商的环境因素加以调查，可能会发现一些不可控因素，如当地经济衰退、主力推销员退休等。对此，生产企业就不应对中间商采取惩罚措施。

（2）将各中间商的绩效与该地区的销售潜量分析所设立的计划相比较，即在销售期过后，根据中间商实际销售额与其潜在销售额的比率，对各中间商排名次。这样，企业的调查与激励措施可以集中于那些未达到既定比率的中间商。

三、评估的内容

对中间商的评估并不仅仅着眼于销售量的分析，一般比较全面的评估应包括以下内容：

（1）检查中间商的销售量及其发展趋势。

（2）检查中间商的销售利润及其发展趋势。

（3）检查中间商对推销本公司产品的态度是积极的、一般的，还是较差的。

（4）检查中间商同时经销几种与本企业产品相竞争的产品，其状况如何。

（5）检查中间商能否及时发出订货单，计算中间商每个订单的平均订货金额。

（6）检查中间商对用户的服务能力和态度，是否能保证满足用户的需要。

（7）检查中间商信用的好坏。

（8）检查中间商收集市场情报与提供反馈的能力。

6.5.2 分销渠道成员的调整

分销渠道成员的调整，即对成员的加强、削弱、取舍或更换。

一、调整的条件

对分销渠道成员的调整一般是在以下情况下进行的：

（一）合同到期

合同到期是一个重要时刻，是续签，还是变更合同，或者中断合作？一般地说，没有找到合适的替代者之前，生产企业不应该草率终止合作，而应更尽力地指导中间商。

（二）合同变更和解除

合同的变更指合同没有履行或没有完全履行前，按照法定条件和程序，由双方当事人协商或由享有变更权的一方当事人对原合同条款进行修改或补充。合同的解除是指在合同没有履行或没有完全履行前,按照法定条件和程序,由当事人双方协商或由享有解除权的一方当事人提前终止合同效力。

(三) 营销环境发生变化

生产企业在市场环境发生变化时,可能会发现自己原来所建立起的分销渠道网络有缺陷,这时必须对成员进行调整。

(四) 渠道成员评估不合格

如规模太小、销售人员不足、专业知识不足、财务状况不良等,此时就应果断做出调整和改组的决策。

二、调整分销渠道

生产企业对渠道的调整是为了适应纷繁复杂、瞬息万变的市场情况。主要有以下三种调整方式:

(一) 增减成员

这是指在某一分销渠道里增减个别中间商。生产企业决定增减个别中间商时,需要做经济效益分析。要考虑到增减某个中间商对企业的赢利是否有影响,是否会引起渠道其他成员的反应,其他成员的销售是否会受影响等。

(二) 增减渠道

当生产企业利用某一分销渠道销售产品不理想时,或者市场需求扩大而原有的渠道不能够满足时,或者有些分销渠道销售量低,而市场需求又可以满足时,生产企业就要考虑减少或增加渠道,或者削减某条渠道的同时又增加某条渠道。

(三) 调整全部渠道

这是指生产企业对所利用的全部渠道进行调整。如将直接渠道改为间接渠道、单一化渠道变为多元化渠道等。这种调整是最困难的,它不仅使全部分销渠道改观,而且还会涉及营销组合因素的相应调整、营销策略的改变。生产企业对调整全部渠道要特别谨慎,须进行系统分析,以防考虑不周,影响企业的销售。

【经典案例】

西门子家电:通路运作

一、注意网点建设的质量

西门子家电在中国走的是"以点带线,以线带面"的路线,即在一个地区重点扶持一个点,时机成熟后再增加新的销售网点。

西门子重视网络质量具体表现在两个方面:对网点的细心培育和对零售业态的有效组合。销售人员经常深入终端市场与零售商进行广泛的沟通,听取零售商的意见,及时解决零售商在销售中遇到的困难和问题,在产品展示陈列、现场广告促销、及时补货等方面给予有力支持,处理好生产厂家与零售商的利益关系。同时,也严格规范零售商的销售行为,用制度来管理,一视同仁,奖罚分明,避免了零售终端无序经营和乱价现象的发生。

这种市场培育的方式不仅大大提高了终端网络成员的积极性和对企业及产品的忠诚度,增强了成员对产品、品牌、市场的责任心,还使成员的营销水平和能力得到提高,行为更加规范，使西门子从点到面整个网络得以健康、快速、持续地发展。

二、创造生产厂家与零售商的互惠协作关系，走双赢之道

西门子家电销售采取的是直接面对零售终端的通路模式。其特点是不通过任何中间批发环节，直接将产品分销到零售终端，由厂家直接开拓和培育网络。这种方式虽然有网点拓展慢、交易分散、配送难度大、人力投入大的特点，但在家电产品销售成功与否还看终端的今天，厂家对售点的控制力、维护能力、市场沟通能力、人际亲和力则更加重要，只有这样才能真正提高市场渗透力。因此可以说这种通路模式将成为家电销售发展的趋势。

如何创造一个与零售商互惠合作的良好环境，关系到产品销售的成败。西门子的做法是，采取一切有效措施把产品卖给消费者，而非仅仅把产品推销给零售商。这是一个观念问题，有了这个观念，区域公司销售人员的工作重点不仅仅在于说服零售商进货，也不仅仅在于从事厂商合作中的事务性工作，更重要的是分析研究消费者、竞争对手、产品行业动态，研究如何把握机会，帮助零售商提升销售业绩。"只有让消费者更多地购买产品，零售商才能赚到钱，企业因此也才能够得利"的观念深深烙印在每一个西门子销售人员心中。

不少零售商反映：西门子销售人员主动帮助他们出主意、做生意，推荐好销的产品，精打细算降低成本，遇到要求立即做出反应，行动快，效率高。分公司定期与零售商座谈，解决销售难题，西门子值得信赖。

西门子"情感营销"为家电销售领域注入了新的内容，成为通路操作的一种"软件"策略，并逐步跳出私人友情的小圈子，成为一种销售沟通手段，走向制度化、规范化，同时注重通路运作效率、反应，大大增强了通路活性。

（案例来源：杨明刚. 成功营销——国际知名品牌在中国［M］. 上海：华东理工大学出版社，2002.）

【策划实战】

分销渠道的评析及设计

（一）实战目标

通过对企业分销渠道实地参观访问，要求学生进一步了解分销渠道的结构、特点，特别要求学生掌握现代分销的新模式、新策略，培养学生进行分销渠道策划的初步能力。

（二）实战要求

组织学生参观访问不同类型的工商企业的分销渠道。了解的具体内容是：

1. 一般企业分销渠道的结构类型、主要特点、成员数量、管理策略以及物流系统的作业与设计等。

2. 超市、连锁店、配送中心、大卖场、仓储等的经营范围、配货模式、物流运行、仓储管理等。

3. 电子网络商店的设备、机制、送货、运行、虚拟、交易、管理等。

（三）实战任务

把全班学生分组，分别到约定的工商企业、大卖场、电子网络商店参观访问；每名学生撰写访问报告，即对企业分销渠道进行评析、提出建议，并模拟设计一种分销渠道；组织学

生进行全班交流，要求学生完成一份分销渠道的评析及设计报告。

【本章小结】

    1. 理解分销渠道的概念，了解分销渠道与营销渠道、代理商与经销商的区别。

    2. 影响分销渠道设计的因素：产品因素、市场因素、企业自身因素、环境因素和中间商因素。

    3. 分销渠道的结构策划：长度、宽度、系统结构的策划。

    4. 分销渠道的运营管理：选择分销渠道成员，分销渠道的冲突管理。

    5. 分销渠道的驱动策略策划：驱动机制设置和奖励机制。

    6. 分销渠道的评估与调整：评估的条件、评估的标准和评估的方法。

【思考分析】

    1. 下面哪些不属于分销渠道的成员？

供应商、制造商、批发商、零售商、商业银行、经纪人、顾客

    2. 渠道管理中出现窜货是什么原因导致的？

    3. 家电类产品的分销渠道策划常采用高密度、中密度还是低密度的结构？

    4. 代理商和经销商的有哪两大核心区别点？

    5. 实施分销渠道设计时要考虑哪些因素？

第 7 章

促销策划

【学习目标】

- 了解促销策划的定义与内容；
- 理解促销组合的内容以及常见的方式；
- 掌握广告、公共关系、营业推广和人员推销等促销方式的策划。

【开篇案例】

麦当劳的促销策略

麦当劳的促销活动具有鲜明的个性和独创的特色。

一、极富创意的品牌广告

广告宣传是企业常用的促销方法，也是企业同目标消费群与社会公众进行双向沟通的主要形式。麦当劳开业60多年来，每年都投入大量的广告经费在许多国家和地区发布商业广告和公益广告，宣传商品，树立形象。麦当劳的广告创意和它的标志一样，在简洁中充满智慧。例如有一个经典的广告画面为：摇篮里的婴儿随着摇篮上下摇动时哭时笑。原来，当摇篮摇上时，婴儿在摇篮里透过窗户看到蓝天上一个金黄色的"M"标志，不由得开心地笑了；当摇篮摇下时，由于看不到"M"标志当然就哭了。通过婴儿两种不同的表情和温暖柔和的画面，以及欢快、愉悦、节奏感很强的背景音乐，表现出了麦当劳所代表的欢乐与乐趣，很好地宣扬了麦当劳的品牌形象，突出了它的影响力。"更多选择，更多欢笑，就在麦当劳"，以及2003年提出的"常常欢笑，尝尝麦当劳"的广告语，也逐渐为人们所熟悉，"M"广告创意的绝妙可见一斑。

同时，麦当劳还塑造了一个年轻、充满活力、好玩有趣的世界知名的偶像——罗纳德·麦当劳叔叔。几乎每家麦当劳餐厅都会有一个麦当劳叔叔的塑像，这已成为麦当劳餐厅的品牌标志，麦当劳叔叔意味着欢乐，与麦当劳叔叔合影留念是人们到麦当劳就餐之余最喜爱的活动之一。罗纳德·麦当劳叔叔已成为在全世界范围内仅次于圣诞老人的小朋友最喜爱的人物。

二、极富情感的人员推销

在人员推销方面，麦当劳对柜台的员工提出了"建议销售"这一概念。要求柜台员工向顾客推销新产品、传递新产品的信息时，应在友好服务、愉悦的气氛中，以建议的方式进行，不能硬性推销。有人说，麦当劳服务员的微笑具有催眠的作用，这种催眠可持续三秒，在这三秒钟内，服务员很会把握时机，对已购买一包薯条的顾客，会问你："您还需要一杯可乐吗？"在不知不觉中，你会回答"好"，于是又买了一杯可乐。

在大堂，餐厅接待员与顾客在聊天过程中，向已购买产品的顾客了解其对产品的反映，对没有购买新产品的顾客，了解原因，进行建议销售。通过这种方式，含蓄地将促销信息完整地传达出去。

同时，麦当劳通过奖金、礼品对在推广活动中表现出色的销售人员进行奖励，极大地调动了员工的积极性，促进了"建议销售"活动的推广，并取得了较好的销售业绩。

三、以培养顾客忠诚度为目标的营业推广

针对青少年、情侣、家庭、职业人士等四种不同的消费群体，麦当劳采用了不同的营业推广方式。

麦当劳知道，"孩子是我们的未来"，小朋友具有独立决定是否去麦当劳就餐的特权，他们也将是麦当劳未来的顾客。所以，麦当劳以孩子为中心，把孩子作为主要消费者，十分注重培养他们的消费忠诚度。例如：麦当劳儿童套餐的玩具，只有购买套餐，才会获得免费赠送；而其具有的独特造型和创意又位于同行之首，常常引得许多儿童为玩具而消费套餐。在餐厅内用餐的小朋友，还经常会意外获得印有麦当劳标志的气球、折纸等小礼物；而每逢节假日，都会有相应的免费参加的庆祝活动，并有获得精美小礼物的机会。在中国，还有麦当劳叔叔俱乐部，参加者为3~12岁的小朋友，定期开展活动，让小朋友更加喜爱麦当劳。此外，而麦当劳还不时提供只限学生享用的优惠餐饮，来吸引更多的消费者，提高重复购买率。

麦当劳的良好的室温控制、轻音乐和具有特色的店堂布置，使之对于情侣来说是一个温馨、浪漫的地方，一杯饮料或一包薯条，聊天休闲，可以坐上半小时、一小时，甚至更长时间。当节日来临时，麦当劳随之而变的店堂布置，更使它成为一个绝佳去处。

此外，麦当劳还是举行私人和家庭仪式的公共场所。最有名的家庭仪式是孩子的生日宴会。他们选择麦当劳来庆祝生日的原因是：小朋友喜爱麦当劳；有专人布置场地，营造出了欢乐的气氛，还有专人进行主持，可以获得很多礼物，比传统的庆祝方式有新意。2003年麦当劳又提出了"家庭用餐"概念，希望销售人员以家庭作为麦当劳的用餐主体去考虑服务问题。要求每家麦当劳餐厅专门划出一个"家庭用餐区"，当人多的时候为"家庭"预留座位，并由具有良好服务意识和业务能力的员工担任"家庭服务大使"提供特别服务。

麦当劳快捷、准确的服务，高度清洁的用餐环境，是职业人士选择麦当劳的主要原因。而且麦当劳快速的打包服务，以及电话订餐、送餐的免费服务，一直深受商务中心欢迎，具有较稳定的消费群体。

四、注重公关效果,致力企业形象的树立

处理公共关系是一个社会组织运用各种传播手段协调和改善自身的人事环境和舆论氛围的过程,麦当劳一直致力于社会事务和公共关系。麦当劳成立了世界性组织——"麦当劳叔叔之家",每年都向需要救助的世界各地的儿童捐赠大笔慈善款项。例如:1974 年麦当劳曾为肌肉萎缩症患者捐赠 75 万多美元。麦当劳还向学校的儿童提供教育用品、影视资料,发起举办生态学方面的智力节目。

除了举办全国性的活动外,各地的麦当劳餐厅也经常参与社会发展和地区规划的活动,积极地参与公共事务,与当地学校和居委会建立特别联系。例如:麦当劳为公益活动赠送免费饮料;新学期开学的时候,向附近小学校赠送小礼品、提供麦当劳奖学金对优秀学生进行奖励。

另外,麦当劳还会不时邀请顾客去参观餐厅,让顾客了解麦当劳的食品制作过程,向他们展示餐厅的品质、服务、卫生、物超所值的实现过程,缩短消费者与麦当劳的距离,传播麦当劳的销售信息,使消费者对食品的品质更加有信心,增加在麦当劳用餐的愉快经历。麦当劳餐厅还提供为公交公司代售公交月票,为高考学子提供学习环境等多种公众服务项目。

麦当劳把营销公关的"企业需要社会公众的理解和支持,而公关活动正是企业与社会联络感情、增进了解的有效手段"的本质理念发挥到了极致,并非常注重效果,在社会公众中树立起了品牌企业的良好形象。

(案例来源:http://3y.uu456.com/bp_4dtrp17il20zn011pbcl_1.html)

7.1 促销概述

7.1.1 促销的定义与作用

促销(promotion)就是营销者向消费者传递有关本企业及产品的各种信息,说服或吸引消费者购买其产品,以达到扩大销售量的目的。促销实质上是一种沟通活动,即营销者(信息提供者或发送者)发出刺激消费的各种信息,把信息传递给一个或更多的目标对象(即信息接收者,如听众、观众、读者、消费者或用户等),以影响其态度和行为。常用的促销手段有广告、人员推销、网络营销、营业推广和公共关系。

促销活动对于企业而言,主要有以下几个作用:

一、缩短入市的进程

使用促销手段旨在对消费者或经销商提供短程激励。在一段时间内调动人们的购买热情,培养顾客的兴趣和使用爱好,使顾客尽快地了解产品,激励消费者初次购买。

促销要求店铺员工亲自参与,行动导向目标就是立即实施销售行为。消费者一般对新产品具有抗拒心理。由于使用新产品的初次消费成本是使用老产品的两倍(对新产品一旦不满意,还要花同样的价钱去购买老产品,这等于多花了两倍的价钱才得到了一个满意的产品,所以许多消费者在心理上认为买新产品代价高),消费者就不愿冒风险对新产品进行尝试。但是,促销可以让消费者降低这种风险意识,降低初次消费成本,而去接受新产品。

二、激励再次购买

当消费者试用了产品以后，如果是基本满意的，可能会产生重复使用的意愿。但这种消费意愿在初期一定是不强烈、不可靠的，促销却可以促使他实现这种意愿。如果有一个持续的促销计划，便可以使消费群基本固定下来。

毫无疑问，促销是一种竞争，它可以改变一些消费者的使用习惯及品牌忠诚。因受利益驱动，经销商和消费者都可能大量进货或购买。因此，在促销阶段，常常会增加消费，提高销售量。

三、"侵略"与"反侵略"竞争

无论是企业发动"市场侵略"，还是市场的先入者发动"反侵略"，促销都是有效的手段。市场的"侵略者"可以运用促销强化市场渗透，加速市场占有。市场的"反侵略者"也可以运用促销针锋相对，来达到阻击竞争者的目的。

四、带动相关产品市场

促销的第一目标是完成促销之产品的销售。但是，在甲产品的促销过程中，却可以带动相关的乙产品之销售。比如，茶叶的促销，可以带动茶具的销售。当卖出更多的咖啡壶后，咖啡的销售量就会增加。在20世纪30年代的上海，美国石油公司向消费者免费赠送煤油灯，结果使其煤油的销量大增。

五、节庆酬谢

促销可以使产品在节庆期间锦上添花。每当节日到来的时候，企业有重大喜庆活动或是开业上市的时候，开展促销可以表达市场主体对广大消费者的一种酬谢之意。

7.1.2 促销的主要类型

按照不同的分类方式，促销可以分成不同的类型。

一、按照促销主体分类

按照促销主体，可分为厂商促销和渠道促销。

（一）厂商促销

厂商促销即产品制造商或服务供应商作为促销主体，针对中间商（各级经销商和零售商）、消费者和渠道内部销售人员开展的各类促销活动。

（二）渠道促销

渠道促销即各级经销商或零售商作为促销主体，针对次级经销商、消费者和渠道内部销售人员开展的各类促销活动。

二、按照促销对象分类

以厂商促销为例，促销活动从实施的对象上看，可分为推式促销和拉式促销。

（一）推式促销

推式促销是指以中间商或渠道内部销售人员作为促销对象的各类促销活动。在推式促销中，厂商通过各类促销活动，把产品推广给经销商或零售商，激励渠道内部销售人员积极开发市场、扩大销售，鼓励中间商更积极地向消费者推销自己的产品。这种将产品在渠道中推动的促销方式，被形象地称作"推式促销"或"经销促销"。例如，承诺向那些在商店里为自己的洗衣粉"安排优越货架"的经销商赠送一台彩电的行为，就是一种"推式促销"。

(二) 拉式促销

拉式促销是指以终端消费者作为促销对象的各类促销活动。在拉式促销中，厂商通过各类促销活动，促进消费者购买本企业的产品，进而产生零售商向批发商求购商品、批发商积极向厂商进货的良性循环。这种拉动产品销售的促销方式，被相应地称作"拉式销售"或"消费促销"。例如，"凡购买一桶洗衣粉者可获赠一张价值3元的优惠券"的举措，就是一种拉式促销。

厂商无论选择推式促销还是拉式促销，都应根据具体的市场环境、产品特征和财务预算而定。值得注意的是，无论选择哪种促销方式，厂商都必须争取零售商的配合，并对经销商实施有效的控制。

三、按照促销能够提供给顾客的附加利益分类

我们把产品或服务的本质特征界定为购买方满足利益需要的载体。这样的利益需要包括性能利益、财务利益和心理利益。这三个利益结合起来形成了顾客的利益结构，不同的利益结构满足顾客的需要的程度和方面是不一样的。促销是能够提供产品附加利益的有力的市场工具。从这个角度上看，可以根据促销能够提供给顾客的不同附加利益来进行分类。以针对消费者的促销为例：

(1) 以提供财务利益为主的促销。某些促销方法能够为消费者提供实际的价格减免，使他们从直接的价格差中获得经济利益的满足。这类促销方法主要包括折价、优惠等。

(2) 以提供心理利益为主的促销。通过产品的品牌、实物、赠品以及购买过程，满足消费者的各种心理利益。这类促销方法主要包括赠送免费样品、有奖促销等。

(3) 以提供性能利益为主的促销。有些促销方法能通过产品的性能、质量和各种实质性的技术特点，提供给消费者一些额外的附加利益，使他们感受到性能利益的满足。这类促销方法主要包括服务促销等。

7.1.3　促销策划

促销策划是企业在明确市场定位的基础上，运用广告策划、公共关系策划、人员推销策划和营业推广策划塑造企业形象，满足消费者需求，取得企业竞争优势的重要手段。美国IBM公司创始人沃森说过："科技为公司提供动力，促销则为公司安上翅膀。"因此促销策划是公司营销活动中最复杂、最富有技巧的一个环节，当然也是每个营销员发挥自身创造力的领域。

7.2　广告促销策划

广告策划是现代商品经济的必然产物，是广告活动科学化、规范化的标志之一。美国最早实行广告策划制度，随后许多商品经济发达的国家都建立了以策划为主体、以创意为中心的广告计划管理体制。1986年，我国广告界首次引入"广告策划"的概念，当时有部分学者撰文呼吁，要把现代广告策划引入中国的广告实践中，树立"以调查为先导，以策划为基础，以创意为灵魂"的现代广告运作观念。在1989年4月，上海的唐仁承出版了《广告策划》专著，其后，北京的杨荣刚也出版了《现代广告策划》。关于"广告策划"的概念，两位作者均有明确的界定。这是自1979年恢复广告业之后对广告理论一次观念上的冲击，它迫使人们重新认识广告工作的性质及作用。广告工作开始走上向客户提供全面服务的新阶段。

所谓广告策划，是根据广告主的营销计划和广告目标，在市场调查的基础上，制定出一个与市场情况、产品状态、消费群体相适应的经济有效的广告计划方案，并加以评估、实施和检验，从而为广告主的整体经营提供良好服务的活动。

7.2.1 广告策划的主要内容

广告策划的主要内容在于确定广告目标，提出符合企业营销要求的广告策略。广告策划必须解决"为什么""对谁说""说什么""怎么说"和"效果怎么样"等一系列重大问题，因此一个完整、合格的广告策划活动在整个广告运作活动中一般会包括以下内容。

一、市场调查

"市场"概念有狭义和广义之分，狭义的市场是指"一个产品的当前和潜在购买者的集合"，主要指消费者市场；而广义的市场以消费者的消费欲望为核心，从而涉及一切相关的要素组合，例如竞争者商品占据的市场份额、政府的市场政策等一切与消费者消费有关的要素，在西方广告书籍中也称为广告环境。而市场调查主要涉及目标商品或服务的消费者消费行为的调查、本企业和竞争对手间的市场细分、包括政府政策在内的宏观市场环境的调查，以及目标商品或企业的竞争优劣势分析等几方面。

二、制定广告战略

整体广告策划的广告战略一般包括以下内容。

（一）广告目标

这是广告活动的行动方向，一般根据企业的营销战略来确定做什么样的广告、达到什么样的目标——是销售产品还是提高形象、要达到何种程度等。一般会有定性和定量两方面的目标，例如在定性上的目标是商品的认知度有很大提高，在定量上要求产品的销售量提高10％，等等。

（二）广告对象

根据产品研究和消费者研究，确定消费目标群的区域、年龄、生活方式、媒体接触特点，也就是说广告中商品的消费者是谁、有何特点等。

广告诉求内容必须简洁有力，集中于一点，从而深深地打动消费者的心，消费者看了广告之后要马上说："啊，这个东西对我太有用了！"

（三）诉求方式

是感性还是理性，是讲故事还是利用名人名言，这一切一方面取决于消费者的消费方式，另一方面也取决于广告活动所能够利用的资源。

（四）广告表现

在前面几个方面的基础上，要大致确定广告表现的内容、广告发布媒体的选择等。

三、广告策略的制定

在广告战略的指导下，要制定合理、有效、富有创造性的广告策略。广告策略主要包括产品或服务策略、市场策略、媒体组合发布策略、广告实施推进策略等几项内容，而媒体组合发布策略是其中的重点。

四、与其他传播策略及营销策略的组合

在广告策划的传播策划制定中，除了要制定广告传播策略之外，还需要制定其他形式的传播策略和促销策略，因为在市场竞争异常激烈、消费信息过剩的环境下，依靠单一媒体、单一传播策略来达到广告目标的可能性似乎已经不存在，用整合营销传播策略来传递"同一个声音"成为一种必然趋势，因此公共关系策略和其他促销活动往往是不可缺少的选择。

7.2.2 广告策划的原则

作为科学活动的广告策划，其运作有着自己的客观规律性。进行广告策划，必须遵循以下原则。

一、统一性原则

统一性原则要求在进行广告策划时，从整体协调的角度来考虑问题，从广告活动的整体与部分之间相互依赖、相互制约的统一关系中，来揭示广告活动的特征和运动规律，以实现广告活动的最优效果。广告策划的统一性原则要求广告活动的各个方面在内在本质上要步调一致；广告活动的各个方面要服从统一的营销目标和广告目标，服从统一的产品形象和企业形象。没有广告策划的统一性原则，就做不到对广告活动的各个方面的全面规划、统筹兼顾，广告策划也就失去了存在的意义。

统一性原则具体体现在这样几个方面：广告策划的流程是统一的，广告策划的前后步骤要统一，从市场调查开始，到广告环境分析、广告主题分析、广告目标分析、广告创意、广告制作、广告媒体选择、广告发布，直到广告效果测定等各个阶段，都要有正确的指导思想来统领整个策划过程。广告所使用的各种媒体要统一，既不要浪费性重叠，以免造成广告发布费用的浪费，也不要空缺，以免广告策划意图不能得到完美实现。媒体与媒体之间的组合是有序的，不能互相抵触、互相矛盾，甚至在同一媒体上，广告与前后节目内容也要相统一，不可无选择地随便安排。产品内容与广告形式要统一，如商品本身是高档产品，那么广告中就不可出现"价廉物美"的痕迹。广告要与销售渠道要统一，广告的发布路线与产品的流通路线要一致，不能南辕北辙，不能产品到达该地区而广告却没有，形成广告滞后局面，或者广告发布了，消费者却见不到产品。广告策划的整个活动过程是个统一的整体。

二、调适性原则

统一性原则是广告策划的最基本的原则。但是，仅仅有统一性还不够，还必须具有灵活性，具有可调适的余地。以不变就万变，这不可能在市场活动中游刃有余。客观事物的发展与市场环境、产品情况并不是一成不变的，广告策划也不可能一下子面面俱到，也总是要处于不断的调整之中。只强调广告策划的统一性原则，忽视了调适性原则，广告策划必然会出现僵死的状态，必然会出现广告与实际情况不一致的现象。广告策划的统一性原则，也要求广告策划活动要处于不断的调整之中，以保证广告策划活动既在整体上保持统一，又在统一

性原则的约束下，具有一定的弹性。这样，策划活动才能与复杂多变的市场环境和现实情况保持同步或最佳适应状态。

及时调整广告策划，主要针对三个方面。一是广告对象发生变化。广告对象，是广告信息的接收者，是广告策划中所瞄准的产品消费群体。当原先瞄准的广告对象不够准确，或者消费群体发生变化时，就要及时修正广告对象策划。美国广告大师大卫·奥格威在1963年的一份行销计划中说："也许，对于业务员而言，最重要的一件事就是避免使自己的推销用语（salestalk）过于僵化。如果有一天，你发现自己对着主教和对着表演空中飞人的艺人都讲同样的话时，低的销售大概就差不多了。"二是创意不准。创意是广告策划的灵魂，当创意不准，或者创意缺乏冲击力，或者创意不能完美实现广告目标时，广告主体策划就要进行适当的修正。三是广告策略变化。原先确定的广告发布时机、广告发布地域、广告发布方式、广告发布媒体等不恰当，或者出现新情况时，广告策划就要加以调整。

三、有效性原则

广告策划不是纸上谈兵，也不是花架子。广告策划的结果必须使广告活动产生良好的效果，也就是在非常经济地支配广告费用的情况下，取得良好的广告效果。广告费用是企业的生产成本支出之一，广告策划就是要使企业产出大于投入。广告策划，既追求宏观效益，也追求微观效益；即追求长远效益，也追求眼前效益；既追求经济效益，也追求社会效益。不顾长远效益，只追求眼前效益，这是有害的短期行为。我们也不提倡大谈特谈长远效益却无法使客户从单一广告中获取眼前效益的做法。在统一性原则指导下，广告策划要很完善地把广告活动的微观效益与宏观效益、眼前效益与长远效益、社会效益与经济效益统一起来。广告策划既要以消费者为统筹广告活动的中心，也要考虑到企业的实力和承受能力，不能搞理想主义而不顾及企业的实际情况。

四、操作性原则

科学活动的特点之一，就是具有可操作性。广告活动的依据和准绳就是广告策划，要想使广告活动按照其固有的客观规律运行，就要求广告策划具有严格的科学性。广告策划的科学性主要体现在广告策划的可操作性上。广告策划的流程、广告策划的内容有着严格的规定性，每一步骤、每一环节都是可操作的。经过策划，在具体执行广告计划之前，就能按科学的程序对广告效果进行测定。广告计划执行以后，若广告活动达到了预期效果，这便是广告策划意图得到了很好的实现；若是没有达到预期效果，可按照广告策划的流程回溯，查出哪个环节出了问题。若没有广告策划，广告效果是盲目的，不能按部就班地实现。

五、针对性原则

广告策划的流程是相对固定的，但不同的商品、不同的企业，其广告策划的具体内容和广告策略是有所不同的。然而，许多广告客户却不愿意自己的品牌形象受到限定（针对性），他们希望产品诉求最好能面面俱到、满足任何人，必须同时诉求男性和女性，也必须广受上流社会和市井小民的喜爱。在今天的商场中，一个四不像的品牌很难立足，同一企业的同一种产品处于不同的发展时期，也要采用不同的广告战略。只要市场情况不同、竞争情况不同、消费者情况不同、产品情况不同、广告目标不同，那么广告策划的侧重点和广告战略战术也应该有所不同。广告策划的最终目的是提高广告效果。广告策划不讲究针对性，很难提高广告效果。用一个模式代替所有的广告策划活动，必然是无效的广告策划。

以上五个方面是任何广告策划活动都必须遵守的原则，这五个原则不是孤立的，而是相互联系的、相辅相成、缺一不可。这些原则不是人为的规定，而是广告活动的本质规律所要求的。

7.2.3 广告策划的程序

广告策划围绕如何制订广告计划而进行。制订广告计划必须依据企业的营销计划。企业的营销策划，要充分考虑其面临的经营环境和竞争环境，认清自身的优势与不足，做好市场分析。

企业的营销策划，一般分两种运动方式：一种是自上而下式，按照市场分析—营销目标—营销战略—营销战术，分层阶梯式逐次进行。这种方式是传统式的，也为一般经营规模较大的企业所采用，有时在相应层次上还可以扩展。一种是自下而上式，按照营销战术—营销战略—营销结果，颠倒正常程序来进行，首先集中全力发现一个独特的战术，接着发展成战略，然后可能会得到一个较好的营销结果。这种方式主要是一些小企业在竞争中独辟蹊径的一种做法，但往往能得到较好的效果。

广告策划实际上属于营销战术的范畴，精心策划出的广告计划，会产生具有竞争力的战术。一般来说，广告策划可由企业提出构想和说明，具体实施运作，也可委托广告代理公司，但是企业也应有自身的广告策划过程。通常情况下企业广告策划流程如图7-1所示。

图7-1 广告策划流程

一、市场分析

广告市场分析基于市场调查，通过一系列的定量和定性分析得出本企业和竞争对手在市场的地位，为后续的策划工作提供依据。

二、确定广告目标

广告活动要有效，必须有目标且要求是可测量的，为此在确定企业广告目标时要明确回答以下三个问题：

预期中市场占有率提高的百分比，及销售额或销售量提高的百分比是多少？

欲通过广告活动提高多少百分比的企业或者产品知名度？

消费者对企业的品牌和产品形象认同感提高的百分比是多少？

此外，根据企业对广告活动的目的不同，广告目标又可以分为以下几类。

（一）信息性广告目标

这类广告目标的作用一般在产品开拓阶段表现得比较突出，因为只有消费者对产品的性能、品质和特点有所认识，才能对产品产生某种需求。

（二）说服性广告目标

广告产品处于成长或者成熟阶段，市场同类产品多了，代用产品也不断出现，市场竞争也日益激烈，消费者购买选择余地也就比较大。这时，多采用说服性广告，通过广告说服或具体比较，建立企业的品牌优势。

（三）提醒性广告目标

当产品处于成熟期时，虽然产品已有一定的知名度，消费者已有一定的消费习惯，但由于新产品不断涌现，同类产品选择余地大，所以提醒性广告不仅起到"提醒"作用，更重要的是起到"强化"作用。

三、广告定位

通过比较企业自身与竞争对手的优劣势，并根据企业自身或者产品的优势确定企业或者产品的特色，进而以此作为广告的定位，利用该特色为企业塑造与众不同的形象，从而让消费者形成品牌忠诚度。

四、广告创意表现

广告的创意表现是对广告定位的反映，良好的广告创意表现可以使企业形象和品牌形象在公众心目中更加清晰。

五、广告媒体的选择

广告媒体的选择要针对既定的广告目标，在一定的预算约束条件下利用各种媒体，把广告信息有效地传递给目标受众。企业在进行广告媒体选择时，必须针对特定的营销目标。如果把企业的营销目标简单地加以归结，不难发现，所有企业营销目标都可以分为扩大销售额、增加市场占有率、树立企业或产品形象三种。因此不同营销目标的媒体选择也不同。

（一）扩大销售额时的媒体选择

企业扩大销售额的目标要求广告能够促使消费者缩短购买决策过程，尽快地做出购买决策。为了达到这一目标，在媒体上较为理想的选择顺序应该是电视、广播、售点（POP）、直邮（DM）、报纸、杂志等。

（二）增加市场占有率时的媒体选择

增加市场占有率就是争取新的消费者，甚至把自己竞争对手的消费者吸引过来，以加强企业自身的竞争地位。在增加市场占有率时，选择的媒体以报纸、杂志的效果最佳，其次是电视与广播，再次是售点、直邮及户外等媒体。

（三）树立企业或产品形象时的媒体选择

树立企业或产品形象是使消费者产生对企业或产品的好感，提高企业或产品的知名度与美誉度。为了实现这些目标，在媒体选择上，报纸、户外、交通工具和赛场等媒体较为适宜，同时，在电视、杂志上进行形象广告宣传，也会产生良好的效果。

六、广告预算

广告是一种付费活动，如果不对广告活动进行科学合理的预算，广告费将不能得到有效控制。广告预算（advertising budget）是企业广告计划对广告活动费用的匡算，是企业投入广告活动的资金费用的使用计划。它规定在广告计划期内从事广告活动所需的经费总额、使用范围和使用方法，是企业广告活动得以顺利进行的保证。制定广告预算的方法目前为广告界采用的有数十种之多。常见的有七种：销售额百分比法、利润百分比法、销售单位法、目标达成法、竞争对抗法、支出可能法和任意增减法。

（一）销售额百分比法

这种匡算方法是以一定期限内的销售额的一定比例计算出广告费总额。由于执行标准不一，又可细分为计划销售额百分比法、上年销售额百分比法和两者的综合折中——平均折中销售额百分比法，以及计划销售增加额百分比法四种。

销售额百分比法计算简单方便，但过于呆板，不能适应市场变化。比如销售额增加了，可以适当减少广告费；销售量少了，可以增加广告费，加强广告宣传。

（二）利润百分比法

利润额根据计算方法不同，可分为实现利润和纯利润两种百分比计算法。这种方法在计算上较简便，同时使广告费和利润直接挂钩，适合不同产品间的广告费分配。但对新上市产品不适用，新上市产品要大量做广告，掀起广告攻势，广告开支比例自然就大。利润百分比法的计算和销售额百分比法相同，是一种计算方法。

（三）销售单位法

这是以每件产品的广告费摊分来计算广告预算的方法，以计划销售数为基数计算，方法简便，特别适合薄利多销的产品。运用这一方法，可掌握各种产品的广告费开支及其变化规律。同时，可方便地掌握广告效果。其公式为：

$$广告预算 = (上年广告费/上年产品销售件数) \times 本年产品计划销售件数$$

（四）目标达成法

这种方法是根据企业的市场战略和销售目标具体确立广告的目标，再根据广告目标要求所需要采取的广告战略制订出广告计划，再进行广告预算。这一方法比较科学，尤其对新上市产品发动强力推销是很有益处的，可以灵活地适应市场营销的变化。广告阶段不同，广告攻势强弱不同，费用可自由调整。目标达成法是以广告计划来决定广告预算。广告目标明确，也有利于检查广告效果，其公式为：

$$广告费 = 目标人数 \times 平均每人每次广告到达费用 \times 广告次数$$

（五）竞争对抗法

这一方法是根据广告产品的竞争对手的广告费开支来确定本企业的广告预算。在这里，广告主明确地把广告当成了进行市场竞争的工具。其具体的计算方法又有两种：一是市场占有率法，二是增减百分比法。市场占有率法的计算公式如下：

$$广告预算 = (对手广告费用/对手市场占有率) \times 本企业预期市场占有率$$

增减百分比法的计算公式如下：

$$广告预算 = (1 \pm 竞争者广告费增减率) \times 上年广告费$$（注：此法费用较大，采用时一定要谨慎。）

（六）支出可能法

这是根据企业的财政状况可能支出多少广告费来设定预算的方法，适用于一般财力的企业。但此法还要考虑到市场供求出现变化时的应变因素。

（七）任意增减法

任意增减法以上年或前期广告费为基数，根据财力和市场需要，对其进行增减，以匡算广告费用。此法无科学依据，多为一般小企业或临时性广告开支所采用。

七、广告实施计划

广告实施计划是在上述主要内容的基础上,为广告活动顺利实施而制定的具体措施和手段。广告实施计划的主要内容包括广告应在什么时间、什么地点发布出去,发布的频率如何,广告应采取什么样的方式,广告活动如何与企业整体促销策略相配合等内容。

八、广告效果评估

广告发布之后,要衡量广告是否达到了预期的目标,就要对广告效果进行全面的评估。通过广告效果的评估,可以了解到消费者对整个广告活动的反应,可对广告主题是否突出、诉求是否准确等问题有个科学的判断,并可以根据评估的结果进行调整和修正,以使广告效果达到最佳水平。

【经典案例】

脑白金的广告策划

说起脑白金估计连3岁孩童也能唱出来:"今年过节不收礼,不收礼呀不收礼,收礼只收脑白金,脑—白—金。"脑白金是一种普通的保健食品,其功效屡遭专家质疑、媒体批评和消费者非议,品位低下的广告更让人感到难受。然而,就这样一个产品,靠着这样的广告,竟然风靡神州,创造了销售奇迹,成为时尚的礼品,真是令人匪夷所思。脑白金的广告究竟有何奇妙之处?而脑白金的幕后操作者——传奇人物史玉柱又是一种怎样的心态呢?

1. 行业背景——保健品行业的短命定律

如果要评选"中国改革中最混乱的产业",保健品业一定是位列前三名的代表,这个20世纪90年代初才发展起来的新产业,因其准入门槛低和初期的暴利收益,成为众多公司竞争的战场。据不完全统计,自1990年以来,共有数百家大小公司涉足过保健品业,而其中的品牌更是不计其数,我们只要随便搜索一下记忆,以下品牌便会出现:飞龙、巨人、三株、红桃K、太阳神、中华鳖精、青春宝……如此多的品牌集中在10年时间里爆发,无序与混乱是不言而喻的事实。一般说来,欧美一个产业的成熟周期在30~50年,有的甚至更长;而且产业与企业的发展相对同步,也就是说,研究欧美的产业,你总能找到一两个贯穿产业发展的典型代表,譬如德国奔驰汽车贯穿了德国汽车产业,而美国电话电报公司则贯穿了美国电信业。但中国的保健品业却成了极其特殊的案例,这里始终没有一个主角,往往是"江山代有才人出,各领风骚三五年",品牌更替成为常态,这种过度频繁的诞生与死亡,使整个保健品业成为一片血腥的红海。

因此保健品企业形成了这样的历史沿袭,它们习惯于"急功近利",大多数厂家都希望尽快进入产品增长与成熟期,快速回收利润,大部分企业要求3~6个月市场就必须达到盈亏平衡,稳重一点的大概是1年。常常采用大规模广告轰炸和高密度销售网络,市场开发力度大,在短期内迅速将预期利润收回。而随着广告的失效和大众新奇感的消失,接下来等着它们的便是不可避免的没落……保健品行业的短命定律,又有哪家企业能够突破?

2. 目标市场——最大的市场容量

巨人集团的史玉柱发现,在中国的保健品市场上,一部分产品主要解决睡眠问题,还有一部分产品，比如三株，主要解决消化问题。但却没有一种知名产品，能同时解决人的失眠和消化问题。史玉柱敏锐地意识到，如果能够推出一种产品，既让人睡得好，又让人排泄顺畅，那么会带给消费者更多的满意和健康。这种同时对改善失眠的保健品和调整消化功能的保健品都具有较大需求的市场，便是脑白金的目标市场。

3. 产品策略——逆流而上，陈中出新

脑白金的主要组成成分的英文名字为 melatonin，中文翻译成人脑松果腺体素，也叫"褪黑素"。这种产品早在 1995 年就开始在美国流行，由于其具有改善睡眠，特别是不会使人在第二天昏昏沉沉的功效，受到人们的广泛关注。史玉柱在引进美国 melatonin 产品的同时，在产品层面上进行了组合创新。他搞了一种由化积消食通便的山楂与利尿除湿的茯苓等天然植物药物成分组成的中药口服液。"口服液＋melatonin"构成了一种新产品，并具有一个好听、好记、通俗又高贵的名字，这就是"脑白金"。同时，史玉柱还为脑白金注册了商标，并宣称那些只有 melatonin，而没有口服液的产品都不是"脑白金"。就这样，史玉柱不仅通过对产品的组合创新开创了一片新市场，而且通过商标注册和对新产品的独特解释，为脑白金设置了竞争壁垒。

4. 产品定位——礼品压倒保健品

脑白金一直突出自己是一种礼品，是一种能带给人健康的礼品，并极力宣传一种送礼更要送健康的消费理念。这种在保健品身上增加礼品概念的战略做法，是其他竞争者所不具备的，脑白金再一次隔离了竞争对手。

将脑白金定位为礼品至少可以带来以下几方面的好处：

第一，销售渠道更广。保健礼品不仅可以继续利用传统的药店分销渠道，而且可以利用商场、超市等其他保健品无法涉足的分销渠道，这样与消费者接触的机会就更多，被购买的可能性也就越大。

第二，将脑白金定位为礼品之后，就摆脱了药品的传统认识，在广告促销上，就不必像其他保健品那样受到工商、药监等部门的审查和控制。这样一来，脑白金的营销形式就更加灵活，并且成本也大大降低。

第三，将脑白金定位为礼品之后，与传统的保健品定位相比，利润空间更大、更自由。定位为礼品的脑白金可以按照礼品的定价原则来运作。由于礼品一般都是成本低、定价高的，因此，脑白金就可以在与竞争者成本差不多的情况下，将产品价格定为竞争者的几倍，甚至十几倍，从而获得更大的利润空间。

第四，中国是一个节日和庆典比较多的国家，自古以来，中国民间就有互相送礼表示祝贺的风俗习惯，这样一个背景也给脑白金的礼品定位增加了不少的可能性。并且由于我国经济发展水平的限制，保健品本来就存在"买的不用，用的不买"的购买者与使用者分离的现象，保健品需求转变成购买力在很大程度上是间接的，脑白金定位于礼品正是实现这一转变的最好方式。

5. 广告策略

有了超前的产品定位，还要将这种先进的消费理念传递给消费者。脑白金不仅创造出了一种作为礼品来消费的保健品的概念和与之相对应的新兴市场，而且还通过同样新颖独特的广告战略作为支撑,将这种新概念推广出去,从而彻底抢占了这一新市场,将竞争者远远地甩在后面。

市场启动期:报纸软文启动市场。

脑白金的广告策略是追求最有效的途径、最合适的时段、最优化的组合,不求全但求到位。在市场启动期,脑白金基本以报媒为主,选择某城市的一两家报纸,以每周1~2次的大块新闻软文,集中火力展开猛烈攻势,随后将10余篇功效软文轮番刊登,并辅以科普资料做证。这样的软文组合,一般一月后就会收到效果,市场反响强烈,报纸为产品开道,大大唤醒了消费者的需求,刺激引导了购买欲望。与此同时,脑白金也在终端做了些室内广告,如独创的产品大小模拟盒、海报、POP等,在媒体中最值得研究的是那本《席卷全球》的小册子。

成长及成熟期:电视广告轰炸。

脑白金在成长期或成熟期,媒体重心向电视广告转移。电视广告每天滚动播出,不断强化产品印象,广大中老年人有更多的机会接触电视,接受产品信息。脑白金电视广告分为三种版本:一为专题片;二为功效片;三为送礼片。三种版本广告相互补充,组合播放,形成了铺天盖地、狂轰滥炸的态势,产生了不同凡响的传播力度。脑白金在产品成熟期,有8部专题片,每天播放的科普片不重复,一般在黄金时段、亚黄金时段播放,但时间上要错开。

(资料来源:http://www.xuexila.com/success)

7.3 营业推广策划

7.3.1 营业推广策划及其过程

营业推广是一种适于短期推销的促销方法,是企业为鼓励购买、销售产品和劳务而采取的除广告、公关和人员推销之外的所有企业营销活动的总称。营业推广策划则是指企业合理运用各种短期诱因,鼓励消费者购买的销售产品或服务的促销过程。与广告、公共关系和人员推销方式不同的是,营业推广限定时间和地点,以对购买者奖励的形式促其购买,以此来追求需求的短期快速增长。

营业推广策划的过程可以划分为以下几个阶段。

一、确定推广目标

营业推广目标的确定,就是要明确推广的对象是谁,要达到的目的是什么。只有知道推广的对象是谁,才能有针对性地制定具体的推广方案。

二、选择推广工具

营业推广的方式方法很多,如果使用不当,则会适得其反。因此在选择推广工具时,要非常慎重,而企业通常情况下会根据目标对象的接受习惯和产品特点、目标市场状况等因素来选择推广工具。

三、营业推广与其他促销方式的配合

营业推广要与其他促销方式配合使用，从而形成营业推广期间的更大声势，取得单项推广活动达不到的效果。

四、确定推广时机

营业推广的市场时机选择很重要，如季节性产品必须在季节前就开始做营业推广工作，否则会错过时机。

五、实施推广方案

在完成前面所述工作后，就要开始着手推广方案的实施，将其付诸实践并取得预期的推广效果。此外，在实施过程中要注意的是要明确营业推广活动的期限，也就是活动持续的时间长度，不能过长或者过短，要根据产品和消费者的特点来确定合适的时间长度。

7.3.2 营业推广的方式

根据营业推广的目标，企业可以选择不同的营业推广方式，营业推广的对象分为消费者、中间商和内部员工三大类。

一、面向消费者

（一）赠送促销

向消费者赠送样品或试用品，赠送样品是介绍新产品最有效的方法，缺点是费用高。样品可以选择在商店或闹市区散发，或在其他产品中附送，也可以公开广告赠送，或入户派送。

（二）折价券

在购买某种商品时，持券可以免付一定数额的钱。折价券可以通过广告或直邮的方式发送。

（三）包装促销

以较优惠的价格提供组合包装和搭配包装的产品。

（四）抽奖促销

顾客购买一定的产品之后可获得抽奖券，凭券进行抽奖获得奖品或奖金，抽奖可以有各种形式。

（五）现场演示

企业派促销员在销售现场演示本企业的产品，向消费者介绍产品的特点、用途和使用方法等。

（六）联合推广

企业与零售商联合促销，将一些能显示企业优势和特征的产品在商场集中陈列，边展览边销售。

（七）参与促销

消费者参与各种促销活动，如技能竞赛、知识比赛等，能获得企业的奖励。

（八）会议促销

各类展销会、博览会、业务洽谈会期间的各种现场产品介绍、推广和销售活动。

二、面向中间商的营业推广方式

（一）批发回扣

企业为争取批发商或零售商多购进自己的产品，在某一时期内给经销本企业产品的批发商或零售商加大回扣比例。

（二）推广津贴

企业为促使中间商购进企业产品并帮助企业推销产品，可以支付给中间商一定的推广津贴。

（三）销售竞赛

根据各个中间商销售本企业产品的实绩，分别给优胜者以不同的奖励，如现金奖、实物奖、免费旅游度假奖等，以起到激励的作用。

（四）扶持零售商

企业对零售商专柜的装潢予以资助，提供 POP 广告，以强化零售网络，促使销售额增加；可派遣厂方信息员或代培销售人员。企业这样做的目的是提高中间商推销本企业产品的积极性和能力。

三、面向内部员工的营业推广方式

主要是针对企业内部的销售人员，鼓励他们积极推销产品，或处理某些老产品，或促使他们积极开拓新市场。一般可采用的方法有销售竞赛，免费提供人员培训、技术指导等。

7.3.3 营业推广的控制

营业推广是一种促销效果比较显著的促销方式，但若使用不当，不仅达不到促销的目的，反而会影响产品销售，甚至损害企业的形象。因此，企业在运用营业推广方式促销时，必须予以控制。

一、选择适当的方式

营业推广的方式很多，且各种方式都有其各自的适应性。选择好营业推广方式是促销获得成功的关键。一般说来，应结合产品的性质、不同方式的特点以及消费者的接受习惯等因素选择合适的营业推广方式。

二、确定合理的期限

控制好营业推广的时间长度也是取得预期促销效果的重要一环。推广的期限，既不能过长，也不宜过短。这是因为时间过长会使消费者习以为常，失去刺激需求的作用，甚至会产生疑问或不信任感；时间过短会使部分顾客来不及接受营业推广的好处，收不到最佳的促销效果。一般应以消费者的平均购买周期或淡旺季间隔为依据来确定合理的推广期限。

三、严禁弄虚作假

营业推广的主要对象是企业的潜在顾客，因此企业在营业推广全过程中，一定要坚决杜绝弄虚作假的短视行为发生。在市场竞争日益激烈的形势下，企业的商业信誉是十分重要的竞争优势，企业没有理由自毁商誉。本来营业推广这种促销方式就有贬低商品之意，如果再不严格约束企业行为，将会产生失去企业长期利益的巨大风险。因此，弄虚作假是营业推广的大忌。

四、中后期宣传

开展营业推广活动的企业比较注重推广前期的宣传，这非常必要。在此还需注意的是不应忽视中后期宣传。在营业推广活动的中后期，面临的十分重要的宣传内容是营业推广中的企业兑现行为。这是消费者验证企业推广行为是否具有可信性的重要信息源。所以，令消费者感到可信的企业兑现行为，一方面有利于唤起消费者的购买欲望，另一个更重要的方面是可以换来社会公众对企业良好的口碑，强化企业的良好形象。

此外，还应注意确定合理的推广预算，科学测算营业推广活动的投入产出比。

7.4 人员推销策划

7.4.1 人员推销策划及其过程

有人认为，人员推销只不过是多磨嘴皮子、多跑腿，把手里的商品卖出去而已，无须什么学问和技术。有人认为，人员推销就是欺骗，推销技术就是骗术。这都是不同人员对推销的一种误解。其实，人员推销是一项专业性很强的工作，是一种互惠互利的推销活动，它必须同时满足买卖双方的不同需求，解决各自不同的问题，而不能只是片面地推销产品。尽管买卖双方的交易目的大不相同，但总可以达成一些双方都可以接受的协议。人员推销不仅是卖的过程，而且是买的过程，即帮助顾客购买的过程。推销员只有将推销工作理解为帮助顾客购买，才能使推销工作进行得卓有成效，达到双方满意的目的。为顾客服务，不仅是推销员的口号，而且也是人员推销本身的客观要求。换句话说，人员推销不是推销产品实体，而是推销产品的使用价值和实际利益。顾客不是购买产品实体，而是购买某种需要的满足。推销员不是单纯推销产品，而是推销一种可以解决某些问题的方案。能否成功地将推销产品解释为顾客需要的满足，能否成功地将推销产品解释为解决顾客问题的方案，是保证推销效果的关键因素。因此，推销员应该说的是"推销品将使顾客的生活变得如何好"，而不是"推销品本身如何好"。此外，应认识到的是，人员推销是一种专业性和技术性很强的工作，它要求推销员具备良好的政治素质、业务素质和心理素质，以及吃苦耐劳、坚韧不拔的工作精神和毅力。人员推销是一种金钱、时间、才智合聚的综合性的商业活动。

从不同的角度，可以给人员推销下不同的定义，但它们包含的关键内容和要素是相同的。本章对人员推销的定义为：企业通过派出销售人员与一个或一个以上可能成为购买者的人交谈，做口头陈述，以推销商品，促进和扩大销售。

销售人员与潜在购买者达成交易的过程，通常可分为以下四个步骤。

一、客户发掘

人员推销的第一个步骤包括两项内容：确认潜在客户和核实潜在客户（评估他们是否具有足够潜力）。这两项内容可同时进行。

（一）确认潜在客户

确认潜在客户的过程就是进行市场细分。通过分析企业历史客户和现有客户的数据库，销售人员可以确定理想的潜在客户的特点。比较这些特点和潜在客户清单，即可知道哪些是潜在客户。建立潜在客户清单的途径包括：现有的客户推荐、查询商贸协会和行业名录、相关但非竞争企业的名单，以及广告询问函或电话等。多加思考往往会出其不意地找到潜在客户。例如家具连锁店和电信公司从购房者名单中找到潜在客户，因为新建成的写字楼或公寓肯定需要装修，也一定需要电信服务。

（二）核实潜在客户

找出潜在客户，卖方企业应该加以核实，即评估这些潜在客户是否有购买意愿，是否有购买力和购买权力。卖方企业可以通过寻找有关潜在客户的变化信息来确定客户是否有购买意愿。卖方企业可以找信用评估公司来确定潜在客户是否有购买力。在买方企业中，购买权力可能掌握在高层主管手中。除了了解购买决策人之外，卖方企业也需要了解影响购买决策的相关人员，例如，有建议权的秘书、工程师或部门领导等。

二、客户分析

拜访潜在客户之前，销售人员需要研究，尽可能地了解销售对象本人或企业的情况。客户的分析工作包括发现潜在客户过去与现在使用的产品和对产品的反映，了解潜在客户的个人生活形态（如兴趣、生活习惯），收集他们的偏好。销售人员只有尽可能地搜集所有信息，才可能做出符合潜在客户需求的销售展示活动。

三、销售展示

有了正确的潜在客户信息，销售人员便要设计吸引潜在客户注意的销售展示活动。销售人员应设法引起他们的兴趣和欲望，并在适当的时机采取行动和达成交易。这一模式就是许多企业采用的 AID 模式——注意（Attention）、兴趣（Interest）、欲望（Desire）和行动（Action）。

（一）吸引注意的方法

销售展示的首要目标是引起潜在客户的注意和好奇心。如果潜在客户有明确的需求，并且正在寻找解决方案，销售人员则直接介绍本公司和产品即可。假如销售人员是由现有由客户介绍给潜在客户的，正确的销售展示开启方式是先提起这位双方都认识的客户，或者是用具有强大吸引力的词句介绍产品的优点。

（二）抓住兴趣并唤起欲望

吸引潜在客户注意后，对销售人员的挑战是经由销售展示抓住潜在客户的兴趣，并刺激对方产生购买欲望。一般来说，销售展示没有标准的形式，只要有助于潜在客户更好地了解产品对其自身价值（好处）的展示形式皆可使用。

（三）达成交易

解说产品及其价值后，销售人员需要设法让潜在客户采取行动，达成交易。在销售展示中销售人员可以不时地提起交易，测试潜在客户的购买力。方法之一是提出假设潜在客户愿意购买的问题，例如："您打算购买 10 箱还是 20 箱？"达成交易的尝试主要在于找出潜在客户的异议事项。最难以改变的异议就是潜在客户没有说出的异议。因此应该鼓励潜在客户说出他们的异议所在，这样销售人员就有机会消除异议，只有站在潜在客户的角度才会达成交易。

四、售后服务

好的销售人员并不在于签下订单。销售过程的最后阶段是一系列的售后服务，售后服务不但可以使客户增强好感，降低客户购买后的不一致感，也可以为以后的生意打下基础。尽职的销售人员会追踪订单的交货、安装、员工培训和其他事项，并确保客户真正满意。

【经典案例】

人员推销案例

有一个专门推销建筑材料的推销员，一次听说一位建筑商需要一大批建筑材料，便前去谈生意，可被告知有人已捷足先登了。他还不死心，便三番五次请求与建筑商见面。那位建筑商经不住纠缠，终于答应与他见一次面，但时间只有5分钟。这位推销员在会见前就决定使用"趣味相投"的策略，尽管此时尚不知建筑商有哪些兴趣和爱好。当他一走进办公室，立即被挂在墙上的一幅巨大的油画所吸引。他想，建筑商一定喜欢绘画艺术，便试探着与建筑商谈起了当地的一次画展。果然一拍即合，建筑商兴致勃勃地与他谈论起来，竟谈了一小时之久。临分手时，建筑商允诺他的下一个工程的所有建筑材料都由对方供应，并将那位推销员亲自送出门外。你认为这位推销员的成功之处在哪里？

[分析提示] 在于对顾客个性心理（这里主要是指个人兴趣和爱好）的洞察，然后投其所好，为洽谈赢得了一个良好的开局。

（案例来源：吴健安．现代推销理论与技巧［M］．北京：高等教育出版社，2005.）

7.5 公共关系策划

7.5.1 公共关系策划的定义及其作用

公共关系策划即公关策划，是公关人员根据组织形象的现状和目标要求，分析现有条件，谋划并设计公关战略、专题活动和具体公关活动最佳行动方案的过程。企业进行公共关系策划主要有以下作用。

一、公共关系策划可以保证公共关系战略和实务运作的目的性

公共关系战略和实务运作是为实现公共关系目标以及企业发展目标服务的，离开这个目的，公共关系就失去了自身的意义。所以，为了保证公共关系目标以及组织发展目标的顺利实现，组织的总体公共关系战略和具体的实务运作事先必须经过周密策划。

二、公共关系策划可以保证公共关系战略和实务运作的计划性

首先，公共关系战略和各项实务运作所追求的目标应当是一致的，所以，公共关系必须有一个完整的实施计划。只有经过周密的公共关系策划，才能保证整个公共关系战略计划的统一性和完整性，保证每个具体实务运作都按照总体规划的要求，为实现预定的公共关系战略目标和企业发展目标服务。

其次，公共关系目标的实现需要经过长时期的持续努力，只有经过周密的公共关系策划，才能保证公共关系的各项实务运作瞻前顾后、相互衔接，成为既在具体运作中具有独创性，又在总体战略上具有连续性的有计划、有步骤的公共关系工作。

最后，公共关系的各项实务活动都必须根据一定的时空以及主客观条件拟订切实可行的具体实施计划，这本身也是公共关系策划的重要组成部分。只有周密的、精心的公共关系策划才能保证所有工作环节的公共关系实务运作按照预定的战略和目标有计划地顺利实施。

三、公共关系策划可以保证公共关系战略和实务运作的有效性

公共关系必须成为有效的公共关系，必须使其在建树良好的组织形象并为组织发展争取最佳的经济效益和社会效益方面发挥显著的作用。这就要求公共关系人员善于根据不断变化的环境，着眼不断变动的公关需求，精心策划自己的公共关系战略和策略。这种策划越是深谋远虑、独具匠心，公共关系活动的成功率也就越高，也就越能保证公共关系目标和组织发展目标的顺利实现。

7.5.2 公共关系策划的过程及其内容

公共关系策划是一项系统工程，它包含许多层次的内容与步骤，主要步骤及内容如下。

一、综合分析、寻求理由

公共关系策划人员被称为"开方专家"。如同医生拿到病人的一系列检查化验报告，要想制定一个理想的治疗方案，首先必须对这些资料进行一次综合分析，确定问题之所在，然后对症下药。公关人员进行公关策划的第一步工作，就是综合分析在公关调查中收集的信息资料，对组织进行诊断，认识问题。

二、确定目标、制订计划

（一）确定目标

确定目标是公共关系策划中重要的一步，目标一错，便一错百错。所谓公共关系目标，是公共关系策划所追求和渴望达到的结果。目标规定公关活动要做什么，做到什么地步，要取得什么样的效果。公共关系目标是公共关系全部活动的核心，是公共关系策划的依据，是公共关系工作的指南，是评价公共关系效果的标准，是提高公共关系工作效率的保障，也是公关人员努力的方向。

（二）制订公关计划

目标系统一旦确定公关目标，便可制订具体的公关计划。一个完整的公共关系策划方案应包括以下几个方面的内容。

（1）目标系统。公共关系目标不是一个单项的指标，而应有一个目标体系。总目标下有很多分目标、项目目标和操作目标。长期目标要分成短期目标；总目标要分成项目目标、操作目标；宏观目标要分成微观目标；整体形象目标要分成产品形象目标、职工形象目标、环境形象目标。

（2）公众对象。任何一个组织都有其特定的公众对象，确定与组织有关的公众对象是公关策划的首要任务之一。只有确立了公众对象，才能选定需要的公众人才、公关媒体及公关模式，才能将有限的资金和资源科学地分配使用，减少不必要的浪费，取得最大的效益。

（3）选择公共关系活动模式。公共关系活动模式多种多样，不同的问题、不同的公众对象、不同的组织都有相应的公关活动模式，没有哪一种公关活动模式可以解决所有问题。究竟选择哪一种公关活动模式，要根据公关的目标、任务、对象分布、权利要求具体确定。

常见的公关模式有以下几种：

①交际型公关模式。这种模式主要以面对面的人际传播为手段，通过人与人直接交往，广交朋友，建立广泛的联系。这种活动模式富有人情味，主要适用于旅游服务等第三产业部门。

②宣传型公关活动模式。这种活动模式重点是采用各种媒体向外传播信息。当组织要提高自己的知名度时，一般采用此种模式。发新闻稿、开记者招待会、新产品展览、广告、演讲等都属于这种模式。

③征询型公关活动模式。这是以民意测验、舆论调查、收集信息为活动模式，目的是为组织决策咨询收集信息。如有奖征文、有奖测验、问卷调查，设立信访制度、举报中心、专线电话等都属于征询型公关活动。这种活动有助于增强公众的参与感，提高组织的社会形象。

④社会型公关活动模式。这种模式是通过开展各种社会福利活动来提高组织的知名度和美誉度。如赞助各种文化体育活动、公益性和福利慈善性事业等都属于这种类型。社会型公关活动模式不局限于眼前的利益，而是进行长远利益的投资，一般实力雄厚的组织可以开展此类活动。

⑤服务型公关活动模式。这种活动模式主要以提供各种服务来提高组织的知名度和美誉度，如消费指导、售后服务、咨询培训等。

⑥进攻型公关活动模式。这是在组织与外界环境发生激烈冲突、处于生死存亡的关键时刻采用的以攻为守、主动出击的一种公关活动模式。

⑦防御型公关活动模式。公关部门不仅要处理好已出现的公关纠纷，还要预测、预防可能出现的公关纠纷，如及时向决策部门反映外界的批评意见，主动改进工作方式，争取主动，这就是防御型公关活动模式。

⑧建设型公关活动模式。这是在组织创建初期，为了给公众以良好的"第一印象"、提高组织在社会上的知名度和美誉度而采用的一种模式。如举行开业庆典、奠基仪式、免费参观等一类的活动。

⑨维系型公关活动模式。维系型公关活动模式的主要目的是通过不间断的宣传，维持组织在公众心目中的良好形象。通常通过开展各种优惠服务活动吸引公众，同时把各种信息持续不断地传递给公众，使组织的良好形象始终保留在公众的记忆中。

⑩矫正型公关活动模式。这是当组织遇到风险或公共关系严重失调，组织形象发生严重损害时所采用的一种公关活动模式。这种模式的特点是及时发现问题，及时纠正错误，及时改善不良形象。

（三）确定公关传播的媒体

媒体的种类很多，有个体媒体、群体媒体和大众媒体。大众媒体又可分为电子类媒体和印刷类媒体。各种媒体各有所长，亦各有所短，只有选择恰当的媒体，才能取得良好的效果。

（四）确定时间

即制订一个科学的、详尽的公关计划时间表。公关计划时间表的确定，应和既定的目标系统相配合，按照目标管理的办法，最终的总目标、项目目标、每一级目标所需的总时间、起止时间都应列表，形成一个系统的时间表。对活动的起始时间，公关人员要独具匠心，抓住最有利的时机，以取得事半功倍的效果。

（五）确定地点

要安排好每一次公关活动的地点，活动要用多大的场地，用什么样的场地，都要根据参加人数的多少、公关项目的具体内容以及组织的财力预先确定好。

（六）制定公关预算

为了少花钱多办事，用有限的经费获取最大的社会效益和经济效益，就要进行科学的公关预算。编制公关预算，首先要清楚组织的承受能力，做到量体裁衣。公共关系活动的开支构成大体如下：

（1）行政开支，包括劳动力成本、管理费用，以及设施材料费。

（2）项目支出，即每一个具体的项目所需的费用，如场地费、广告费、赞助费、邀请费以及咨询费、调研费等。

（3）其他各种意想不到的可能支出，如应付突发性事件的支出。

三、分析评估、优化方案

经过认真地分析信息情报，公关人员确定了公关目标，制定了公关行动方案，但方案是否切实可行、是否尽善尽美，还需要对方案进行分析评估和优化组合。对公关方案评估的标准只有两条：一是看方案是否切实可行，二是看方案能否保证策划目标的实现。如果方案不符合这两条标准，便要加以修正优化。

方案的优化过程，是提高方案合理性的过程。方案的优化可以从三个方面去考虑，即提高方案的可行性，增强方案的目的性，降低经费开支。常见的方案优化法是综合法，即将各个方案加以全面评估，分析其优点和缺点，然后将各方案的优点移植到被选中的方案上，使被选中的方案好上加好，达到优化的目的。

四、审定方案、准备实施

公关策划经过分析评估、优化组合，最终形成书面报告，交给组织的领导决策层，以最终审定决断，准备实施。任何公关策划方案都必须经过本组织的审核和批准，使公关目标和组织的总目标一致，使组织的公关活动和其他部门的工作相协调，从而得到决策层和全体员工的积极配合支持。

策划方案能否得到决策层的认可，并最终组织实施，取决于三个因素：一是策划方案本身的质量，这是根本；二是策划方案的文字说明水平；三是决策者本身的决断水平。

决策者在进行决断时，一要尊重公关人员的意见，但不要受其左右；二要运用科学的思维方法，对策划方案和背景材料进行系统的科学分析；三要依靠自己的直觉，不要被表象迷惑。

7.5.3 公共关系策划的策略和手段

公共关系策划的策略是指企业为获得公众信赖、加深顾客印象而用非付费方式进行的一系列促销活动的总称，简称"公关策略"。要提高企业公共关系工作的有效性，必须恰当运用公关策略。公关策略的选择，要以组织一定时期的公共关系目标和任务为核心，并针对特定公众的不同特点。

企业进行公共关系活动通常采用以下一些手段来实现预期的公关目标。

一、新闻宣传

企业可以通过新闻报道、人物专访等方式，利用各种新闻媒体对公司进行宣传。新闻宣传不用支付费用，而且具有客观性，能取得比广告更为有效的宣传效果。但是新闻宣传的重要条件是所宣传的事实必须具有新闻价值。因此，企业必须十分注意提高各种信息的新闻性，使其具有被报道的价值。

二、广告宣传

企业的公共关系活动中也包括利用广告进行宣传，这就是公共关系广告。公共关系广告和一般的广告的主要区别在于：前者主要宣传企业的整体形象，而不是仅仅宣传企业的产品和服务；是以提高企业的知名度和美誉度为主要目的，而不是仅仅为了提高销量。公共关系广告一般又可以分为直接宣传企业形象的声誉广告和向社会倡导某项活动或提倡某种观念的倡议广告。

三、自我宣传

企业还可以利用各种能控制的方式进行形象宣传。例如，在公开场合进行演讲；派出公共关系人员对目标市场及公众进行游说；散发各种宣传资料，如公司介绍、商品目录、纪念册等；有实力的企业还可以创办和发行公司刊物，持续不断地对公司形象进行宣传，扩大公司的影响力。

四、社会交往

企业应通过同社会各方面的广泛交往来扩大自己的影响，改善企业的经营环境。企业的社会交往活动不应该是纯业务性的，而应该突出情感性，以联络感情、增进友谊为目的。例如，对各有关方面的礼节性、策略性访问；逢年过节发礼仪电函、送节日贺卡等；还可以参加一些社团组织或者公益活动，同社会各有关方面发展长期稳定的关系。

7.6 促销组合策划

促销组合是一种组织促销活动的策略思路，主张企业运用广告、人员推销、公关宣传、营业推广四种基本促销方式组合成一个策略系统，使企业的全部促销活动互相配合、协调一致，最大限度地发挥整体效果，从而顺利实现企业目标。

促销组合体现了现代市场营销理论的核心思想——整体营销。促销组合是一种系统化的整体策略，四种基本促销方式则构成了这一整体策略的四个子系统。每个子系统都包括了一些可变因素，即具体的促销手段或工具，某一因素的改变意味着组合关系的变化，也就意味着产生一个新的促销策略。

7.6.1 影响促销组合的因素

影响促销组合的因素主要有：

一、促销目标

促销目标是影响促销组合决策的首要因素。每种促销工具——广告、人员推销、销售促进和营业推广都有各自的特性和成本。营销人员必须根据具体的促销目标选择合适的促销工具组合。

二、市场特点

除了考虑促销目标外，市场特点也是影响促销组合决策的重要因素。市场特点受每一地区的文化、风俗习惯、经济政治环境等的影响，促销工具在不同类型的市场上所起作用是不同的，所以我们应该综合考虑市场和促销工具的特点，选择合适的促销工具，使它们相匹配，以达到最佳促销效果。

三、产品性质

由于产品性质不同，消费者具有不同的购买行为和购买习惯，因而企业所采取的促销组合也会有差异。

四、产品生命周期

在产品生命周期的不同阶段，促销工作具有不同效益。在导入期，投入较大的资金用于广告和公共宣传，能产生较高的知名度，促销活动也是有效的。在成长期，广告和公共宣传可以继续加强，促销活动可以减少，因为这时所需的刺激较少。在成熟期，相对广告而言，促销逐渐起着重要作用。购买者已知道这一品牌，仅需要起提醒作用的广告。在衰退期，广告仍应保持在提醒作用的水平，公共宣传已经消退，销售人员对这一产品仅给予最低限度的关注，然而促销要继续加强。

五、推动策略和拉动策略

促销组合较大程度上受公司选择"推动"或"拉引"策略的影响。推动策略要求使用销售队伍和贸易促销，通过销售渠道推出产品；而拉引策略则要求在广告和消费者促销方面投入较多，以建立消费者的需求欲望。

六、其他营销因素

影响促销组合的因素是复杂的，除上述五种因素外，本公司的营销风格、销售人员素质、整体发展战略、社会和竞争环境等也都不同程度地影响着促销组合的决策。营销人员应审时度势，全面考虑，才能制定出有效的促销组合决策。

7.6.2 促销组合决策

在通常情况下，企业促销组合的决策会受很多因素影响，而在不同影响因素下其组合的决策也会不一样。

一、促销目标影响下的促销组合决策

不同促销目标下的促销组合如表7-1所示。

表7-1 不同促销目标下的促销组合

促销目标	促销组合策略
提高品牌知名度	广告+营业推广+公共关系
了解产品性能	广告+营业推广+人员推销
提高产品销量	广告+营业推广+人员推销

二、不同市场特点下的促销组合决策

不同市场特点下的促销组合如表7-2所示。

表7-2 不同市场特点下的促销组合

市场特点	促销组合策略
市场规模大，地域广阔	广告+公共关系
市场规模小，地域狭小	广告+人员推销
消费者多、分布散	广告+营业推广+公共关系
消费者少，购买量大	广告+人员推销+营业推广

三、不同产品特点的促销组合决策

在通常情况下，产品的特点会影响到促销组合的决策，高档产品或者高价值产品往往比较适合采用广告和营业推广两种方式；而低档或者低价值产品比较适合采用广告和人员推销的组合方式。

【策划实战】

促销策划实训

（一）实战目标

通过实训使学生掌握促销对企业的作用，以及进行促销策划的流程及内容。

（二）实战要求

1. 要求教师对促销策划的实践应用价值给予说明，调动学生课业操作的积极性。

2. 学生以小组为单位进行讨论和研究，并最终形成一份书面的促销方案。

（三）实战任务

日本某地有家旅店，背靠荒山秃岭，尽管店主很能干，把店里收拾得非常干净，饭菜味道也不错，并且价格也适中，但因为地理位置不佳，尤其是背后的秃山更使旅店枯燥乏味，所以顾客总是很少，老板很着急。移居他地？可这是祖宗传下来的基业，再说，好的地方地皮也贵得吓人。整治后山，种植花草树木？一是工人难雇，二是耗资巨大，就一家旅店而言，力所不能及。请结合所学的促销知识，为该旅店策划一份促销方案帮助其解决目前的困境。

【本章小结】

1. 理解促销策划的定义和作用。

2. 四种主要的促销方式：人员推销、公关宣传、营业推广和广告。掌握每种促销方式的特点、策划的策略，及其使用条件。

3. 促销组合的定义以及影响促销组合的因素。这些因素包括：促销目标、市场特点、产品性质、产品生命周期等。

【思考分析】

1. 促销策划的定义和作用分别是什么？
2. 人员推销的特点和流程是什么？
3. 在进行促销策划时，可以选择的促销方式有哪些？
4. 影响促销组合的因素主要有哪些？
5. 简述产品特性和市场规模如何影响促销组合的选择。

第 8 章

品 牌 策 划

【学习目标】

- 了解品牌的作用、品牌定位的含义；
- 掌握品牌定位的方法和品牌命名的原则；
- 理解品牌设计和品牌表达的要求。

【开篇案例】

品牌经典——"白加黑"

当今药品市场竞争激烈，随着OTC（非处方）药品的发展，感冒药品类更是竞争激烈，各种感冒药品牌纷纷展开攻势，广告铺天盖地。要想成为一个独特新颖、消费者喜爱并持久深入人心的品牌谈何容易。然而，"白加黑"却凭借着它独特的策略定位和新颖的创意表现而立于市场浪尖。

"白加黑"演绎黑白经典

作为首先提出日片、夜片分开服用的感冒药品牌，"白加黑"从消费者需求出发，提出了"白天服白片不瞌睡，晚上服黑片睡得香"的产品概念，正是由于其人性化的产品定位和卓越的产品疗效，"清醒上市"的杀伤力，品牌创建以来一直为消费者所青睐。

在多年的品牌经营过程中，"白加黑"也经历了从出生到成熟的几个阶段，并逐渐形成了自己独特的品牌定位——"黑白分明，表现出众"。

"白加黑"的广告策略一直坚持与众不同，区别于大多数OTC药品广告的传统做法。2000年年初投放的"赛艇"广告是"白加黑"的第一次创意冲击。它以一个因感冒而弃赛的赛艇运动员而引出"在这个时候偏偏感冒了"的问题，让消费者切实感觉到感冒带来的不便。广告片精良的制作水准让人耳目一新，从很多以卡通形象、代言人形式的感冒药广告中脱颖而出，取得了不错的效果。

然而，在对品牌进行了一番审视后，创意人员发现该广告片缺乏亲和力，所以在充分检讨自身和竞争对手后，"白加黑"调整了自己的广告表现手法，使品牌更贴近消费者的生活。为了真正走近消费者，与消费者建立对话，"白加黑"展开了广告创意上的突破。2003年，受到风靡大江南北的Flash"东北人都是活雷锋"的启发，广告片以"小张的一天"为主线，沿用了脍炙人口的网络歌曲，融合了新颖的执行手法，让整个广告充分展现出现代消费者乐观向上的生活态度，体现了创意人对生活的洞察力，使消费者在看到广告后都能感觉到，即使患了感冒也不会失去轻松的心情和乐观的态度。尤其是片尾那句极富东北味的广告语："感冒——上白加黑呀！"迅速在消费者中流传，拉近了品牌与消费者的心理距离。在一项于北京、上海、广州、西安四个城市进行的随机抽样调查中显示，80.6%的被访者看过这个广告片后，对"白加黑"有了购买意愿。2004年，为了增加年龄偏大一些的更广泛的消费人群对品牌的好感度，香港凤凰卫视著名主播吴小莉又进入了"白加黑"的广告片，她沉稳、端庄的气质准确地演绎出"白加黑""无论白天和黑夜，表现就是这么好"的品牌诉求，进一步促进了消费者品牌忠诚度的提高。

一个成功的品牌，不仅需要拥有鲜明的个性，还需要建立和维护自身在消费者心目中良好的声誉和完美的形象。这绝非单纯的广告活动可以实现的，企业必须从消费者的需要出发，不断完善自身产品的品质。进入21世纪，"白加黑"的包装在过去严肃的黑白搭配的基础上增加了更加时尚、明快的蓝黄色快，制剂片型也由过去的正圆形变成了更加易于吞服的椭圆形，可见黑白分明的背后闪烁的是对消费者的人文关怀。

(资料来源：http://3y.uu456.com/bp_ 6ajcj53rvc862m61dlc3_ 1.html)

8.1 品牌策划概述

8.1.1 品牌策划的理解

随着经济的迅猛发展，中国企业已逐步由加工生产进入了建立品牌的时代。品牌竞争是历史发展的必然，当消费水平达到一定程度时，品牌意识就会在短时间内被激活，逼迫众多商家开始思考品牌化的使命。

一个品牌的形成并不是偶然的，几乎在每一个成功的品牌背后，都有着一系列精心的营销策划。在现代市场经济的条件下，对品牌营销活动实行科学策划，是企业的必然选择。

品牌策划就是使企业品牌或产品品牌在消费者脑海中形成一种个性化的区隔，并使消费者与企业品牌或产品品牌形成统一的价值观，从而建立自己的品牌价值。品牌策划是以品牌形象塑造和传播为重点，在掌握大量的信息资料的前提下，遵循系统性、可行性、针对性、创造性的原则，为品牌的整体营销活动提供一个科学的活动规范方案的决策活动过程。品牌策划的目的是为企业的品牌营销活动提供科学的指导方案，使品牌营销活动更具有效率，以成功地塑造和传播品牌形象，造就品牌价值，最终形成品牌资产。品牌策划的核心在于如何让品牌深入消费者心里，让消费者认识品牌、了解品牌、信任品牌，达到忠诚品牌与依赖品牌。

8.1.2 品牌策划的误区

品牌的重要性让品牌策划成了热点,但现实中的企业品牌策划存在一些误区,难以塑造出强势品牌。

一、误区之一:品牌是靠广告打出来的

目前,国内许多企业都认为,只要加大广告投入,进行铺天盖地的媒体轰炸,就可以促进产品销售,树立一个品牌。品牌知名度虽然可以在短期内提高,但品牌联想却是品牌建设的一项长期工程,是在品牌长期的运作中建立的资产;作为保持品牌稳定销售的主要指标——品牌忠诚度,更不是短期广告所能达成的,除了完善的品牌规划设计和持续优良的产品品质获得顾客满意外,更有品牌长期一致的传播在消费者心中建立的价差效应(与其他品牌比较,顾客愿意做出多大程度的额外付出);同时,消费者对品牌品质的肯定更是广告所无法做到的,它不仅需要品质恒定如一,更有对品牌在发展过程中提出的创新要求。所以,创建一个品牌,何止广告那么简单,广告只是利用的工具,而非依赖的法宝。

二、误区之二:商标等于品牌

品牌与商标是极易混淆的一对概念,有的企业错误地认为产品进行商标注册后就成了品牌。事实上,两者既有联系,又有区别。其一,商标是品牌中标识和名称的部分,便于消费者识别。但品牌的内涵远不止于此,品牌不仅仅是一个易于区分的名称和符号,更是一个综合的象征,需要赋予其形象、个性、生命。品牌标识和品牌名称的设计只是建立品牌的第一步工作,也是必不可少的一道程序。但要真正成为品牌,还要着手品牌个性、品牌认同、品牌定位、品牌传播、品牌管理等各方面内容的完善。其二,商标是一种法律概念,而品牌是市场概念。其三,商标掌握在企业手中,而品牌是属于消费者的。品牌价值不同于银行的存款,它只是存在于消费者的头脑中,假若品牌出现危机,消费者对品牌的信心下降,那么品牌价值就会减少。当消费者不再重视你的品牌,品牌就一钱不值了。

三、误区之三:做品牌就是做名牌

一些企业认为,名牌就是品牌,甚至将名牌作为企业发展战略的最高目标。首先,名牌仅仅是一个高知名度的品牌名,品牌包括更多的内容,知名度仅仅是品牌的一个方面,品牌是一个综合、复杂的概念,它是商标、名称、包装、价格、历史、声誉、符号、广告风格的无形总和。品牌相对名牌,具有更深层次的内涵和价值。其次,从创建的过程来讲,名牌可以通过高额广告费造就,只要不断叫卖就可以形成;而建立一个品牌,则是一个复杂而浩大的工程,包括品牌的整体战略规划、视觉形象设计、核心理念确定、品牌符号运用、品牌场景设计、广告调性等一系列工作。那些片面追求短期效益与知名度、忽视产品品质的企业往往不堪一击。最后,从各自发挥的作用来讲,品牌比名牌的力量更强大、时间更持久、效果更明显。单纯的知名度除能在短期内促进销售外,并不能对产品的长期利益做出更多的贡献。人们更换品牌越来越多地取决于精神感受。真正的品牌被赋予一种象征意义,能够向消费者传递一种生活方式,强势品牌最终可以影响人们的生活态度和观念,从而为企业带来长久的效益。而国内许多所谓的"名牌",一味地追求高知名度和曝光率,最终却未能获得品

牌所应该具有的附加价值。因此，企业应树立正确的品牌经营观念，竭尽全力把自己打造成强势品牌，才能长盛不衰、永远立于不败之地！

四、误区之四：品牌塑造缺乏品牌核心价值

品牌的核心价值是品牌的精髓，一个品牌独一无二且最有价值的部分通常会表现在核心价值上。海尔的核心价值是"真诚"，品牌口号是"真诚到永远"，其星级服务、产品研发都是对这一理念的诠释和延展；可口可乐、雪碧的品牌个性承载着美国文化中"乐观奔放、积极向上、勇于面对困难"的精神内涵与价值观。尽管可口可乐、雪碧的广告经常变化，甚至大相径庭，人物、广告语、情节都会有很大改变，但任何一个广告都会体现其品牌个性，就像张惠妹主演的雪碧广告，以"我终于可以做一回自己了""表达真的我""我就是我，雪碧"等极为煽情的广告语演绎着雪碧"张扬自我、独立掌握自己命运"的品牌价值与内涵。反观国内的有些品牌，几乎不存在对品牌核心价值的定位，广告十分随意，诉求主题月月新、年年变，成了"信天游"。尽管大量的广告投入能促进产品销售，但几年下来却发现品牌资产没有得到有效积累。

8.2 品牌决策策划

品牌决策策划主要从品牌化决策、品牌使用者决策、品牌名称决策、品牌战略决策和品牌策略决策五个方面实施，如图 8-1 所示。

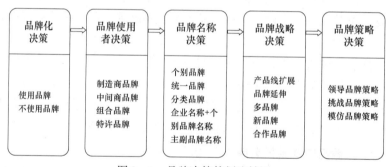

图 8-1 品牌决策策划流转图

8.2.1 品牌化决策

品牌化决策是指企业决定是否给产品加注名字、设计标识等有关品牌名称的活动。商业品牌化的发展非常迅速，时至今日，已经很少有产品不使用品牌了。所谓品牌化就是企业给自己的产品规定了商业名称，通常由文字、标记、符号、图案和颜色等要素或这些要素的组合构成，用作一个企业或企业集团的标识，以便同竞争者的产品相区别。

8.2.2 品牌使用者决策

品牌使用者决策是指企业决定使用自主品牌，还是使用他人的品牌，或两种品牌兼用。企业决定为其产品采用品牌后，就要为其产品选择品牌，企业可有四种选择：

一、制造商品牌策略

产品以制造商品牌推入市场，品牌是制造商的产品标识，制造商决定产品的设计、质量、特色等。

二、中间商品牌策略

企业还可以决定将其产品大批量地卖给中间商，中间商再用自己的品牌将货物转卖出去，这种品牌叫作中间商品牌。近年来，经销商品牌推入市场的运作模式日益增多。西方国家许多享有盛誉的百货公司、超级市场、服装商店等都使用自己的品牌，如美国的"沃尔玛"、法国的"家乐福"等。

在现代市场经济条件下，制造商品牌和经销商品牌之间经常展开激烈的竞争。一般来说，制造商品牌和经销商品牌之间的竞争，本质上是制造商与经销商之间实力的较量。在制造商具有良好的市场声誉、拥有较大市场份额的条件下，应多使用制造商品牌，无力经营自己品牌的经销商只能接受制造商品牌。相反，当经销商品牌在某一市场领域中拥有良好的品牌信誉及庞大、完善的销售体系时，利用经销商品牌也是有利的。因此进行品牌使用者决策时，要结合具体情况，充分考虑制造商与经销商的实力对比，客观地做出决策。

三、组合品牌策略

企业还可以决定有些产品用自己的品牌，有些产品用中间商品牌；或者在产品包装上同时标示自主品牌和中间商品牌。

四、特许品牌策略

品牌特许经营作为一种商业的拓展模式得到了迅猛发展，品牌特许经营是一种以契约方式形成的特许人将品牌使用权授给被特许人，允许被特许人在一定时期和地域范围内使用特许品牌进行经营的方式。它可以让特许人与被特许人共享品牌的收益。据统计，目前美国的社会商品零售总额中有半数是通过品牌特许经营方式实现的，平均每8分钟就有一个特许加盟店开业，如著名的"麦当劳""肯德基"等。

8.2.3 品牌名称决策

品牌名称决策是指企业决定所有的产品使用一个或几个品牌，还是不同产品分别使用不同的品牌。在这个问题上，大致有以下四种决策模式：

一、个别品牌名称

个别品牌名称模式即企业的每种产品使用不同的品牌名称。采用个别品牌名称，为每种产品寻求不同的市场定位，有利于增加销售额和对抗竞争对手，还可以分散风险，使企业的整个声誉不致因某种产品表现不佳而受到影响。如"宝洁"公司的洗衣粉使用了"汰渍""碧浪"，香皂使用了"舒肤佳"，牙膏使用了"佳洁士"。

二、统一品牌名称

统一品牌名称模式即企业的所有产品都使用同一个品牌名称。对于那些享有较高声誉的著名企业，全部产品采用统一品牌名称策略可以充分利用名牌伞效应，使企业所有产品畅销。同时企业宣传介绍新产品的费用开支也相对较低，有利于新产品进入市场。如美国通用电气公司的所有产品都用"GE"作为品牌名称。

三、分类品牌名称

企业生产或销售许多不同类型的产品，如果都统一使用一个品牌名称，这些不同类型的产品就容易混淆，同时也不便于在不同大类产品领域中树立各自的品牌形象。例如史威夫特公司生产的火腿采用"普利姆"品牌名称，生产的化肥采用"肥高洛"品牌名称。

有些企业虽然生产或销售同一类型的产品，但是为了区别不同质量水平的产品，往往也分别使用不同的品牌名称。如东莞某食品公司生产的食品，价值高端的采用"百丽"品牌名称，价值低端的则采用"味林"品牌名称。

四、企业名称+个别品牌名称

这种模式即企业不同类型的产品分别使用不同的品牌名称，且在品牌名称之前都加上企业名称。企业多把此种策略用于新产品的开发。在新产品的品牌名称上加上企业名称，可以使新产品享受企业的声誉，而采用不同的品牌名称，又可使各种新产品显示出不同的特色。例如海尔集团就推出了"探路者"彩电，"大力神"冷柜，"大王子""小王子"冰箱和"小小神童"洗衣机。

五、主副品牌名称

主副品牌名称模式是指在一段经营期内的企业采用统一的标识性品牌名称，兼与独立的标识性品牌的组合方法来统一形象定位与功能定位的品牌策略。即在产品的个别品牌前冠以企业的主品牌，这样可以使新产品正统化，分享企业已有的声誉；在企业统一品牌后面跟上产品的副品牌，又能使新产品个性化。如"丰田凯美瑞""丰田卡罗拉""丰田花冠"等。

采用主副品牌名称基于以下两点：其一，因为形象定位是抽象的标识性品牌，难以表达具体的标识性功能信息，因此很多企业选择以标识性品牌为主、标识性的功能品牌为辅的策略来解决这一矛盾；其二，单一品牌策略经常会由于一项产品的失败而导致整个品牌的损毁，为了防止此类风险，有些企业按照产品的不同特点采用补充说明的形式另行表达。

8.2.4 品牌战略决策

品牌战略决策包含产品线品牌扩展决策、品牌延伸决策、多品牌决策、新品牌决策、合作品牌决策。

一、产品线品牌扩展决策

产品线品牌扩展决策是指企业利用其成功品牌名称的声誉来推出改良产品。这种改良产品往往都是现有产品的局部改进，如增加新的功能，改换包装、式样和风格等。通常厂家会在这些商品的包装上标明不同的规格、不同的功能特色或不同的使用对象。例如"喜之郎"将其产品扩展为普通果冻、布丁和果肉果冻共18种不同系列产品。

产品线扩展的原因是多方面的，如可以充分利用过剩的生产能力；满足新的消费者的需求；率先成为产品线全满的公司以填补市场空隙，与竞争者推出的新产品竞争或为了得到更多的货架位置。

产品线扩展的利益：扩展产品的存活率高于新产品，通常新产品的失败率在80%~

90%；满足不同细分市场的需求；完整的产品线可以防御竞争者的袭击。

产品线扩展的不利：可能使品牌名称丧失它特定的意义。随着产品线的不断延长，会淡化品牌原有的个性和形象，增加消费者认识和选择的难度；有时因为原来的品牌过于强大，致使产品线扩展造成混乱，加上销售数量不足，难以冲抵它的开发和促销成本；如果消费者未能区别出各种产品时，会造成同一种产品线中新老产品自相残杀的局面。

二、品牌延伸决策

品牌延伸是指企业将某一知名品牌或某一具有市场影响力的成功品牌扩展到与该知名产品不同类别的产品上，以凭借现有成功品牌推出新产品的过程。

品牌延伸是企业推出新产品、快速占有并扩大市场的有力手段，是企业对品牌无形资产的充分发掘和战略性运用，因而成为众多企业的现实选择。

(1) 品牌延伸给企业带来的正面效应。

①品牌延伸可以产生品牌伞效应，降低新产品的市场导入费用。所谓品牌伞效应，是指在市场中已经建立起良好品牌信誉的企业，采用品牌延伸使得消费者对品牌原产品的高度信任感有意或无意地传递到新产品上，促进消费者与延伸的新产品建立起信任关系，缩短新产品的市场接受时间。换言之，在品牌伞效应作用下，企业通过品牌延伸可以充分借助原有品牌的市场信誉和产品声誉，使消费者在短期内消除对新产品产生的排斥、生疏和疑虑的心理，进而在较短的时间内接受新产品，从而节省新产品进入市场所必需的传播、促销等营销费用，并能迅速占领市场。

②品牌延伸有助于减少新产品的市场风险。新产品推向市场首先必须获得消费者的认识、认同、接受和信任，这一过程就是新产品品牌化。而开发和创立一个新产品需要巨额费用，不仅新产品的设计、测试、鉴别、注册、包装设计等需要较大投资，而且还必须有持续的广告宣传和系列的促销活动。这种产品品牌化的活动旷日持久且耗资巨大，往往超过直接生产成本的数倍、数十倍。如在美国消费品市场，开创一个新产品需要 5 000 万至 1 亿美元，这显然不是任何一个企业都能承受的。品牌延伸，是新产品一问世就已经品牌化，甚至获得了知名品牌赋予的勃勃生机，这可以大大缩短被消费者认知、认同、接受、信任的过程，极为有效地防范了新产品的市场风险，并且可以节省巨额开支，有效地降低新产品的成本费用。

③品牌延伸有助于强化品牌效应，增加品牌这一无形资产的经济价值。品牌原产品起初都是单一产品，品牌延伸效应可以使品牌从单一产品向多个领域辐射，会提升另一部分消费者认知、接受、信任本品牌的效应，强化品牌自身的美誉度、知名度，这样品牌的无形资产也就不断增值。

④品牌延伸能够增强核心品牌的形象，提高整体品牌组合的投资效益，即整体的营销投资达到理想经济规模时，主力品牌都因此获益。

(2) 品牌延伸可能给企业带来的负面效应。

品牌延伸策略运用得当，自然能为企业营销活动带来许多方便和利益，倘若品牌延伸策略把握不准或运用不当，也会给企业带来诸多方面的危害。因此企业在运用品牌延伸策略时，要谨防以下情况对企业经营活动产生不利影响，以避免损害企业利益的品牌运用风险。

①损害原有品牌形象。当某一类产品在市场上取得领导地位后，这一品牌就成为强势品

牌，它在消费者心目中就有了特殊的形象定位，甚至成为该类产品的代名词。将这一强势品牌进行延伸后，由于近因效应（即最近的印象对人们认知的影响具有较为深刻的作用）的存在，就有可能对强势品牌的形象起到巩固或减弱的作用。品牌延伸运用不当，原有强势品牌所代表的形象信息就会被弱化，损害原有品牌形象。例如美国施乐公司收购了一家电脑公司，把它改名为"施乐资料系统"。然而"施乐"在顾客心中意味着复印机，他们不接受不能复印的"施乐"电脑，由此，美国施乐公司损失了8 400万美元。

②有悖消费心理定位。一个品牌取得成功的过程，就是消费者对企业所塑造的这一品牌的特定功用、质量等特性产生的特定的心理定位过程。企业把强势品牌延伸到和原市场不相容或者毫不相干的产品上时，就有悖消费者的心理定位。这类不当的品牌延伸，不但没有什么成效，而且还会影响原强势品牌在消费者心目中的特定心理定位。

③"跷跷板"现象。当一个名称代表两种甚至更多的有差异的产品时，必然会导致消费者对产品的认知模糊化。当延伸品牌的产品在市场竞争中处于绝对优势时，消费者就会把原强势品牌的心理定位转移到延伸品牌上。这样，就无形中削弱了原强势品牌的优势。这种强势品牌和延伸品牌竞争态势此消彼长的变化，即为"跷跷板"现象。

④株连效应，将强势品牌名称冠于别的产品上，如果不同产品在质量、档次上相差悬殊，就会使原强势品牌产品和延伸品牌产品互相冲击，不仅损害延伸产品，还会株连原强势品牌产品。把高档产品品牌用在低档产品上就有可能产生灾难性后果。美国"派克"钢笔以其质优价昂闻名于世，被誉为"钢笔之王"，然而该企业1992年上任的总经理为扩大销售额，决定进军低档笔市场，将"派克"品牌用在仅售3美元的低档笔上，结果形象声誉大受影响，非但没有在低档笔市场上站住脚，高档市场也被竞争对手夺去很大一部分份额。

不可否认，成功的品牌延伸能使品牌放大、增势，进而使品牌资产得到充分利用，并在利用中增值，但品牌延伸毕竟有许多陷阱，存在很多潜在风险。因此，企业必须从长远发展的战略高度审视品牌延伸，切不可只因眼前利益而不顾时机、不考虑延伸条件和可行性，盲目地在新产品上使用成功品牌。在做出品牌延伸决策时要理智地权衡利弊得失，采取科学、合理及有效的方法规避风险，确保品牌延伸的成功。

三、多品牌决策

在相同产品类别中引进多个品牌的策略称为多品牌策略。一个企业建立品牌组合，实施多品牌策略，各个品牌形象相互之间是既有差别又有联系的，不是大杂烩，组合的概念蕴含着整体大于个别的意义。多品牌策略有助于企业培育市场、产品快速覆盖市场、限制竞争对手和有力地回应零售商的挑战等。多品牌策略虽然有很多优越性，但随着新品牌的引入，其净市场贡献率将呈边际递减的趋势，品牌推广成本较大。

四、新品牌决策

为新产品设计新品牌的策略称为新品牌决策。企业在新产品类别中推出一种产品时，可能发现原有的品牌名称不适合它，或是对新产品来说有更好更合适的品牌名称，需要设计一个新品牌。例如，春兰集团以生产空调著名，当它决定开发摩托车时，采用春兰这个女性化的名称就不太合适，于是采用了新的品牌名称"春兰豹"。又如，原来生产保健品的养生堂开发饮用水时，使用了更好的品牌名称"农夫山泉"。

五、合作品牌决策

合作品牌，也称为双重品牌，是两个或更多的品牌在一个产品上联合起来。每个品牌都期望另一个品牌能强化整体形象或购买意愿。合作品牌的形式有多种：一种是与中间商的合作品牌，如沃尔沃汽车公司的广告宣称使用米其林轮胎。另一种形式是同一企业自己的合作品牌，如摩托罗拉公司的一款手机使用的是"摩托罗拉掌中宝"的品牌名称，"掌中宝"也是摩托罗拉公司注册的一个商标。还有一种形式是合资合作品牌，如日立的一种灯泡使用"日立"和"GE"联合品牌。

8.3 品牌建设策划

品牌建设是指品牌拥有者对品牌进行的设计、宣传、维护、提升和管理的行为。品牌建设的核心就是让企业品牌的良好形象深深刻在消费者心里，提升企业产品知名度。品牌建设的利益表达者和主要组织者是品牌拥有者，但参与者包括品牌的所有接触点，如用户、渠道、合作伙伴和媒体等。而企业品牌建设，首先要讲诚信，其次要讲以产品质量和产品特色为核心，才能培育消费者的信誉认知度，企业的产品才会有市场占有率和经济效益。品牌建设策划的成长路线如图8-2所示。

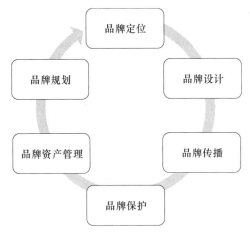

图8-2 品牌建设策划成长路线图

8.3.1 品牌定位策划

一、品牌定位理解

品牌定位是企业在市场定位和产品定位的基础上，对特定品牌在文化取向及个性差异上的商业性决策，它是建立一个与目标市场有关的品牌形象的过程和结果。换言之，即为某个特定品牌确定一个适当的市场位置，使商品在消费者的心中占领一个特殊位置。品牌成为产品与消费者连接的桥梁，品牌定位也就成为市场定位的核心和集中表现。

二、品牌定位的意义

（一）创造品牌核心价值

成功的品牌定位可以充分体现品牌的独特个性、差异化优势，这正是品牌的核心价值所在。品牌核心价值是品牌定位中最重要的部分，它与品牌识别体系共同构成了一个品牌的独特定位。

（二）与消费者建立长期稳固的关系

当消费者可以真正感受到品牌优势和特征，并且被品牌的独特个性所吸引时，品牌与消费者之间建立长期稳固的关系就成为可能。

（三）为企业的产品开发和营销计划指引方向

品牌定位的确定可以使企业实现资源的聚合，产品开发从此必须实践该品牌向消费者所做出的承诺，各种短期营销计划不能偏离品牌定位的指向，企业要根据品牌定位来塑造自身。

三、品牌定位的原则

（一）以目标消费者为导向

消费者有不同类型、不同消费层次、不同消费习惯和偏好等，企业的品牌定位要从主客观条件和因素出发，寻找适合竞争目标要求的消费者。品牌定位在满足消费者需求的基础上，最终借助品牌传播让品牌在消费者心中获得一个有利的位置。

（二）以差异化为标准

随着市场竞争的日益加剧，同一行业中各企业产品的差异化越来越难以形成，因此如何影响消费者选购产品，利用品牌的风格、文化、个性等无形因素及品牌带给消费者的精神和情感性利益，塑造企业及品牌的独特而差异化形象，有别于竞争对手，是企业竞争必须考虑的重要问题。

（三）以产品特点与属性为基础

品牌定位是以企业市场定位和产品定位为基础，因此，产品的特点与属性就成了品牌定位的基础。

四、常见的品牌定位策略

（一）比附定位

比附定位就是攀附名牌、比拟名牌来给自己的产品定位，以沾别人名牌之光而使自己的品牌生辉。比附定位主要有三种方法：

（1）甘居"第二"。就是明确承认同类中另有最负盛名的品牌，自己只不过是第二而已。这种策略会使人们对该公司产生一种谦虚诚恳的印象，相信该公司所说是真实可靠的，这样较容易使消费者记住这个通常难以进入人们心智的序位。如美国阿维斯出租汽车公司强调"我们是老二，我们要进一步努力"，从而赢得了更多忠诚的客户。

（2）攀龙附凤。首先是承认与同类中卓有成就的品牌相比自愧弗如，但在某地区或在某一方面还可与这些最受消费者欢迎和信赖的品牌并驾齐驱、平分秋色。如内蒙古的"宁城老窖"，宣称是"塞外茅台"。

（3）奉行"高级俱乐部策略"。如果公司不能攀附名牌，便可退而采用此策略，借助群体的声望和模糊数学的手法，打出入会限制严格的俱乐部式的高级团体牌子，强调自己是这一高级群体中的一员，从而提高自己的地位。如：宣称自己是某某行业的三大公司之一、50家大公司之一、10家驰名商标之一，等等。美国克莱斯勒汽车公司宣布自己是美国"三大汽车公司之一"，使消费者感到克莱斯勒和第一、第二名一样都是知名轿车品牌了，从而收到了良好的效果。

（二）利益定位

利益定位就是根据产品所能满足的需求或所提供的利益、解决问题的程度来定位。进行定位时，向顾客传达单一的利益还是多重利益并没有绝对的定论。但由于消费者能记住的信息是有限的，往往只对某一强烈诉求容易产生较深的印象，因此，向消费者承诺一个利益点的单一诉求更能突出品牌的个性，从而获得成功的定位。如洗发水中飘柔的利益承诺是"柔顺"，海飞丝是"去头屑"，潘婷是"健康亮泽"；其他的如："高露洁，没有蛀牙！""保护嗓子，请选用金嗓子喉宝！"

（三）USP 定位

USP（Unique Selling Proposition）中文意思为"独特销售主张"或"独特卖点"。USP 定位策略的内容是在对产品和目标消费者进行研究的基础上，寻找产品特点中最符合消费者需要的、竞争对手所不具备的、最为独特的部分。比如美国 M&M 巧克力就是以"只溶在口，不溶于手"为独特卖点，从众多巧克力中脱颖而出，奠定了糖衣巧克力的头号品牌地位。乐百氏纯净水的"27 层净化"是国内 USP 定位的经典之作。

（四）消费群体定位

该定位直接以某类消费群体为诉求对象，突出产品专为该类消费群体服务，来获得目标消费群体的认同。把品牌与消费者结合起来，有利于增进消费者的归属感，使其产生"我自己的品牌"的感觉。如广东的"客家娘酒"定位为"女人自己的酒"，这对女性消费者来说就很有吸引力，同时塑造了一个相当于"XO 是男士之酒"的鲜明形象。其他的如金利来的"男人的世界"，哈药护彤的"儿童感冒药"，"太太口服液，十足女人味"，百事可乐的"青年一代的可乐"等，都是消费群体定位策略的运用。

（五）市场空当定位

市场空当定位是指企业寻求市场上尚无人重视或未被竞争对手控制的位置，使自己推出的产品能适应这一潜在目标市场的需要。企业做出这种决策，要对以下三个问题有足够的把握：其一，新产品在技术上是可行的；其二，按计划价格水平，经济上是可行的；其三，有足够的目标消费群体。如果有足够把握，则可在这个市场空当进行填空补缺。如西安杨森的"采乐去头屑特效药"，在洗发水领域如入无人之境，关键是找到了一个极好的市场空白地带，市场空当定位获得极大成功；可口可乐公司推出的果汁品牌"酷儿"，在营销界堪称成功的典范，一个重要原因是瞄准了儿童果汁饮料市场无领导品牌这一市场空白。

（六）类别定位

该定位就是与某些知名而又司空见惯的产品做出明显的区别，给自己的产品定为与之不同的另类，这种定位也可称为与竞争者划定界线的定位。如美国的七喜汽水，之所以能成为美国第三大软饮料，就是由于采用了这种策略，宣称自己是"非可乐"型饮料，是代替可口可乐和百事可乐的消凉解渴饮料，突出其与"两乐"的区别，因而吸引了相当部分的"两乐"转移者；又如粟米油，以不含胆固醇而与花生油区别开来，在市场中拥有自己的消费群体。

（七）档次定位

按照品牌在消费者心中的价值高低可分出不同的档次，如高档、中档和低档，不同档次的品牌带给消费者不同的心理感受和情感体验。现实中，常见的是高档次定位策略，高档次的品牌传达了产品高品质的信息，往往通过高价位来体现其价值，并被赋予很强的表现意义和象征意义。如劳力士、浪琴手表给消费者独特的精神体验，表达"高贵、成就、完美、优雅"的形象和地位。派克钢笔也是采用高档次定位大获成功的一个经典案例，20世纪50年代由于圆珠笔的问世，派克公司大受打击，身价一落千丈濒临破产，公司立即着手重塑派克钢笔的形象，突出其高雅、精美和耐用的特点，采用高档次定位策略，使它从一般大众化的实用品成为一种高贵社会地位的象征。

（八）质量/价格定位

质量/价格定位即结合质量和价格来定位。质量和价格通常是消费者最关注的要素，而且往往是相互结合起来综合考虑的；但不同的消费者侧重点不同，如果选购品的目标市场是中等收入的理智型的购买者，则可定位为"物有所值"的产品，作为与"高质高价"及"物美价廉"相对立的定位。戴尔电脑采用直销模式，降低了成本，并将降低的成本让利给顾客，因而戴尔电脑总是强调"物超所值，实惠之选"；雕牌产品用"只选对的，不买贵的"暗示其价格实惠。这些都是既考虑了质量又考虑了价格的定位策略。

（九）文化定位

文化定位是将文化内涵融入品牌，形成文化上的品牌差异，这种定位不仅可以大大提高品牌的品位，而且可以使品牌形象独具特色。中国文化源远流长，国内企业对文化定位要予以更多的关注和运用。目前，运用文化定位的国内企业有不少成功的案例。珠江云峰酒业推出的"小糊涂仙"酒，就成功地实施了文化定位，借"聪明"与"糊涂"反衬，将郑板桥的"难得糊涂"的名言融入酒中，由于把握了消费者的心理，将一个没什么历史渊源的品牌在市场上运作得风生水起。

（十）对比定位

对比定位是指通过与竞争对手的客观比较来确定自己的定位，也可称为排挤竞争对手的定位。在这种定位中，企业设法改变竞争者在消费者心目中的现有形象，找出其缺点或弱点，并用自己的品牌与之对比，从而确立自己的地位。在止痛药市场，泰诺击败占"领导者"地位的阿司匹林，就是采用这一定位策略。由于阿司匹林有引发肠胃微量出血的可能，泰诺对此发起针对性的广告，宣传"为了千千万万不宜使用阿司匹林的人们，请大家选用泰诺"，最终，阿司匹林一蹶不振，其位置自然由泰诺取代。

（十一）情感定位

情感定位是指运用产品直接或间接地冲击消费者的情感体验而进行定位，用恰当的情感唤起消费者内心深处的认同和共鸣，改变消费者的心理。浙江纳爱斯的雕牌洗衣粉，借用社会关注资源，在品牌塑造上大打情感牌，其创造的"下岗片"，就是较成功的情感定位策略，"妈妈，我能帮您干活啦"，这句广告词的真情流露引起了消费者内心深处的震颤以及强烈的情感共鸣，自此，"纳爱斯"和"雕牌"更加深入人心。又如美加净护手霜的"就像妈妈的手温柔依旧"，让我们的内心掀起阵阵涟漪，觉得美加净的呵护就像妈妈一样温柔；伊莱克斯冰箱的"好得让您一生都能依靠，静得让您日夜都察觉不到"，也是如此。

（十二）首席定位

首席定位即强调自己处于同行业或同类产品中的领先地位，在某一方面有独到的特色。

企业在广告宣传中使用"正宗的""第一家""市场占有率第一""销售量第一"等口号，就是首席定位策略的运用。如容声冰箱一直诉求"连续八年全国销量第一"；百威啤酒宣称自己是"全世界最大、最有名的美国啤酒"。

(十三) 经营理念定位

经营理念定位就是企业用自己的具有鲜明特点的经营理念作为品牌的定位诉求，体现企业的内在本质，并用较确切的文字和语言描述出来。一个企业如果具有正确的企业宗旨、良好的精神面貌和经营哲学，那么采用理念定位策略就容易树立起令公众产生好感的企业形象，并借此提高品牌价值（特别是情感价值）。如"IBM就是服务"，是美国IBM公司的一句响彻全球的口号，是IBM公司经营理念的精髓所在。金娃的"奉献优质营养，关爱少儿长远身心健康"，使家长觉得金娃是一个有责任心与爱心的品牌，从而对金娃产生认同乃至景仰。飞利浦的"让我们做得更好"，诺基亚的"科技以人为本"等，都是经营理念定位的典型代表。

(十四) 概念定位

概念定位就是使产品、品牌在消费者心中占据一个新的位置，形成一个新的概念，甚至造成一种思维定式，以获得消费者的认同，使其产生购买欲望。该类产品可以是以前存在的，也可以是新产品。如在PDA行业，商务通运用概念定位，创造了一个行销的神话，"手机、CALL机、商务通一个都不能少"，给当时迷茫的市场、迷茫的行业、迷茫的消费者一个清晰的定位，以至消费者认为PDA即商务通，商务通即PDA，商务通从此坐上了行业老大的宝座。另一个概念定位成功的案例是"脑白金"，"收礼只收脑白金"其广告本身就创造了一个概念，容易让消费者形成诱导式购买。

(十五) 自我表现定位

自我表现定位是指通过表现品牌的某种独特形象，宣扬独特个性，让品牌成为消费者表达个人价值观与审美情趣、表现自我的一种载体和媒介。自我表现定位体现了一种社会价值，能给消费者一种表现自我个性和生活品位的审美体验和快乐感觉。如果汁品牌酷儿的"代言人"大头娃娃，右手叉腰，左手拿着果汁饮料，陶醉地说"Q—O—O……"，这个有点儿笨手笨脚，却又不易气馁的蓝色酷儿形象正好符合儿童"快乐、喜好助人，但又爱模仿大人"的心理，小朋友看到酷儿就像看到了自己，因而博得了小朋友的喜爱；佳得乐宣称的"我有，我可以"获得了渴望长大与独立的少年的热烈追捧；柒牌西服的"让女人心动的男人"，对男人充满了诱惑，这些品牌都是以符合消费者表现自我的心理而成为强势品牌的。

8.3.2 品牌设计策划

品牌设计是在企业自身正确定位的基础上的视觉沟通，它是一个协助企业发展的形象实体，不仅协助企业正确地把握品牌方向，而且能够使人们正确地、快速地对企业形象进行有效、深刻的记忆。品牌设计就是对一个企业或产品进行品牌命名、标识设计，进行品牌形象代表、品牌广告语、品牌广告曲、品牌包装设计，进行品牌文化理念的提炼，等等。

一、品牌名称策划

一个好的品牌名称是品牌被消费者认知、接受、满意乃至忠诚的前提，品牌的名称在很大程度上对产品的销售产生直接影响，品牌名称作为品牌的核心要素，甚至直接影响一个品牌的兴衰。

（一）品牌命名的类型

（1）以汉字命名的品牌，即中文品牌。以汉字命名不仅是国内企业最主要的命名方式，而且也是一些国际品牌进入中国后实施本地化策略的命名方式。如惠而浦（Whirlpool）、黛安芬（Triumph）、桑塔纳（Santana）、劳斯莱斯（Rolls-Royce）、奥林巴斯（Olympus）、欧宝（Opel）等。

（2）以拼音命名。以拼音为品牌命名是国内企业的独特做法，如 Haier（海尔）、CHANGHONG（长虹）等。拼音品牌名称一般与汉字品牌名称组合使用。

（3）以数字命名。因容易出现雷同，这类品牌名称比较少，如999（药业）、555（香烟）。

（4）以外文命名。这是国外品牌的常见命名方式，我们常见的大多是以英文命名的，如 Inter、Kodak、Dell、Dove 等。国内品牌进入国际市场，通常也会选择一个外文名，如 Mexin（美心）、Youngor（雅戈尔）、KELON（科龙）等。

（二）常见的十种命名方法

（1）地域法。就是企业产品品牌与地名联系起来，使消费者从对地域的信任，产生对产品的信任。著名的青岛牌啤酒就是以地名命名的产品，人们看到"青岛"二字，就会联想起这座城市"红瓦、绿树、碧海、蓝天"的美丽景色，使消费者在对青岛认同的基础上产生对青岛啤酒的认同。同样，飞速发展的蒙牛牌乳制品，就是将内蒙古的"蒙"字作为企业品牌的要素，消费者只要看到"蒙"字，就会联想起风吹草低见牛羊的壮观景象，进而对蒙牛产品产生信赖。再如，电视广告中一种叫"宁夏红"的酒，就是以宁夏特产枸杞为原料酿制的滋补酒，其品牌就是以突出产地来证实这种酒的正宗。由此可见，将具有特色的地域名称与企业产品联系起来确定品牌名称的方法，有助于促进消费者对品牌的认同。

（2）时空法。就是将与产品相关的历史渊源作为产品品牌命名的要素，使消费者对该产品产生认同感。1996年6月凌川酒厂的老厂搬迁时，偶然发掘出穴藏于地下152年的清道光乙巳年（1845）的四个木酒海（古时盛酒容器），经国家文物局、锦州市人民政府组织考古、酿酒专家鉴定，这批穴藏了一个半世纪的贡酒实属"世界罕见，珍奇国宝"。企业于是抓住历史赋予的文化财富，为新产品取名"道光廿五"。"酒是陈的香"，消费者只要看到"道光廿五"，就会产生喝到祖传佳酿的感觉。因此，运用时空法确定品牌名称，可以借助历史赋予品牌的深厚内涵，迅速获得消费者的青睐。

（3）目标法。就是将品牌与目标客户联系起来，进而使目标客户产生认同感。"太太口服液"是太太药业生产的女性补血口服液，此品牌使消费者一看到该产品，就知道这是专为已婚妇女设计的营养补品。同样，"太子奶"就使人马上联想起这是给孩子们饮用的乳制品，还有"好孩子"童车、"娃哈哈"儿童口服液、"乖乖"儿童食品，也是儿童产品的绝好品牌。运用目标法来命名品牌，对于获得消费者认同具有强大的作用。

（4）人名法。就是将名人、明星或企业首创人的名字作为产品品牌名称，充分利用人名含有的价值，促进消费者认同产品。如"李宁"牌，就是"体操王子"李宁利用自己的体育明星效应创造的一个中国体育用品的名牌。世界著名的"戴尔"电脑，就是以创办人戴尔的名字命名的品牌。

(5) 中外文结合法。就是用外文（一般为英文）字母，或外文音译，或中外文两者结合，来为品牌命名，使消费者对产品增加"洋"的感受，进而促进产品销售。如 TCL 就是用英文字母命名；雅戈尔就是用英文"YOUNGER"的音译作为品牌名称，增加了"洋气"；海信的英文名"HiSense"，在外国人眼中是"High Sense"，即"高灵敏、高清晰"的意思。同样，一些外国名牌在翻译成中文时，巧用中文音译与字义，取得了很好的效果，如奔腾（PENTIUM）处理器、宝马（BMW）汽车、潘婷（PANTEN）洗发液、舒肤佳（SAFEGUARD）个人清洁用品、苹果（APPLE）电脑、家乐福（CARREFOUR）超市。还有音译和意译相结合的品牌命名，如可口可乐（COCA-COLA）、百事可乐（PEPSI-COLA）、可伶可俐（CLEAN & CLEAR）等。运用中外文结合法，要结合得巧妙，切忌为洋而洋，或为中而中，尤其要防止乱用"洋名"，而使消费者产生厌倦，甚至产生反作用。

(6) 数字法。就是用数字来为品牌命名，借助人们对数字的联想效应，促进品牌的传播。如三九药业的品牌含义就是："999"，健康长久、事业恒久、友谊永久。"7-11"是世界最大的零售商和便利店特许商，在北美和东亚地区有 2.1 万家门店，该公司用自己从 1946 年开始的深受消费者欢迎的早 7 点到晚 11 点营业的服务特色命名，目前已成为世界著名品牌。

(7) 功效法。就是用产品功效为品牌命名，使消费者能够通过品牌名称对产品功效产生认同。如"脑轻松"就是一种"健脑益智"的营养口服液的品牌；"康齿灵""六必治"牙膏，都是用牙膏对牙齿的防治功效来进行品牌命名的。运用功效法命名品牌，可以使消费者看到品牌名称，就联想起产品的功效。诸如此类的还有"快译通""快 e 点""好记星""泻痢停"等。

(8) 价值法。就是用企业追求的价值观为品牌命名，使消费者看到产品品牌，就能感受到企业的价值观。如上海"盛大"网络发展有限公司、湖南"远大"企业，突出了企业志存高远的价值追求。福建"兴业"银行，就体现了"兴盛事业"的价值追求。武汉"健民"突出了为民众健康服务的价值追求。北京"同仁堂"、四川"德仁堂"，突出了"同修仁德，济世养生"的价值追求。因此，运用价值法为品牌命名，对消费者迅速感受企业价值观具有重要意义。

(9) 形象法。就是用动物、植物和自然景观来为品牌命名。如"七匹狼"服装，给人以狂放、勇猛的感受，使人联想起《与狼共舞》的经典情节；"圣象"地板，使人产生大象都难以踏坏的印象；还有"大红鹰""熊猫""美洲豹""牡丹""翠竹"等。运用形象法命名品牌，借助动物、植物的形象，可以使人产生联想与亲切的感受，提升认知速度。

(10) 企业名称法。就是将企业名称作为产品品牌名称。如加多宝、索尼、三洋、海尔、海信、春兰、美的等。国外著名品牌一般是采用缩写的形式，如 IBM、3M、NEC 等，即企业名称的每一个词的第一个字母组织起来构成一个新词，其特点是简练，但不能说明企业的特征。用企业名称法来进行产品品牌命名，有利于形成产品品牌、企业品牌相互促进的效果，达到有效提升企业形象的目的。

二、品牌标识策划

品牌标识是指品牌中可以被认出、易于记忆，但不能用言语称谓的部分，包括符号、图案或明显的色彩、字体。品牌标识与品牌名称都是构成完整的品牌概念的要素。品牌标识是一种"视觉语言",它通过一定的图案、颜色来向消费者传递某种信息,以达到识别品牌、促进销售的目的。品牌标识自身能够创造品牌认知、品牌联想和消费者的品牌偏好,进而影响品牌体现的品质与顾客的品牌忠诚度。因此,在品牌标识设计中,除了要遵循有内涵、有创意、有美感三原则外,还必须考虑营销因素和消费者的认知、情感心理。

三、品牌形象代表策划

企业可以为品牌设计形象代表,其代表的是品牌图标的一种特殊类型,往往取材于人物、动物或现实生活。常见的品牌形象代表以动漫人物、动物为主。

四、品牌广告语策划

品牌传播的广告语是用来传递有关品牌的描述性或说服性信息的短语,是关于品牌信息的记述或品牌承诺、思想传达的短句。如脑白金的"送礼就送脑白金",农夫山泉的"大自然的搬运工",德芙巧克力的"牛奶香浓,丝般感受你"。

五、品牌广告曲策划

品牌广告曲是通过特定的音乐旋律和节奏片段来体现品牌特征。广告曲具有说服作用,消费者容易将对广告音乐的好感,迁移到广告的产品或广告的品牌上,有助于消费者对品牌的认知和引起消费倾向。如喜之郎推出"新年好"的副品牌,采用了大家熟知的广告语"新年好呀!新年好呀!祝福大家新年好"。

六、品牌包装策划

品牌包装不仅仅是产品的盛装器和保护器,也可以说是产品和品牌的组成部分或延伸部分。由于包装上承载了其他品牌元素,所以包装也成为品牌信息传播的认知载体,甚至是消费者对于品牌体验的重要载体。可口可乐就曾以600万美元买下鲁德工程师的包装专利——曲线玲珑的玻璃瓶设计,并沿用至今。

8.3.3 品牌传播策划

一、品牌传播概念

品牌传播是指企业以品牌的核心价值为原则,在品牌识别的整体框架下,通过广告传播、公共关系、营业推广等手段将企业设计的品牌形象传递给目标消费者,以获得消费者的认知和认同,并在其心目中确定一个企业刻意营造的形象的过程。

二、品牌传播策划遵循的法则

在品牌决定生存的今天,众多品牌为了争夺消费者的心智资源,展开了品牌传播的博弈。那么如何实现品牌传播的最优化呢?

(一)法则一:与众不同

我们生活在一个信息爆炸的时代,每天成千上万的信息,令人避之不及、熟视无睹,很多信息在麻木的大脑中如过眼云烟,转瞬即逝。品牌传播只有与众不同才能从浩如烟海的品牌中脱颖而出,夺人眼球,拾人牙慧、千篇一律则只能让品牌迅速淹没在茫茫的信息海洋中。

(二)法则二：持续一致

品牌传播的根本目的就在于长期地占据消费者的心智，只有不断重复传播相同的信息，才能积累消费者的注意力和记忆度，才能深入人心并确保不会被消费者很快更新掉。如果品牌传播诉求朝令夕改、前后矛盾，并且断断续续、缺乏一致性的话，消费者就如雾里看花，难以记住品牌的核心利益诉求点。品牌传播的持续一致要求品牌的核心价值、个性内涵一以贯之，始终不变，而围绕品牌核心价值主线的广告创意、代言人、广告语等则应该把握时代的脉搏，同中求异，不断为品牌注入新的活力。

(三)法则三：简洁明晰

品牌传播一定要注意简洁明晰、通俗易懂，尽量使用简化通俗的信息，使消费者易于记忆、过目不忘，达到品牌传播的最优化。

(四)法则四：有的放矢

品牌传播一定要找到同目标消费群体的可能接触点，在恰当的接触点，集中火力发起强有力的攻势，把品牌信息有效地传播给目标消费群体，做到有的放矢、弹无虚发，最大限度地节约品牌传播费用，使企业的每一分传播费用都花在刀刃上。

(五)法则五：动人心弦

品牌传播要善于洞察消费者的情感因素，要让创意源于生活、紧贴生活，以一种生动、亲切、有趣的创意手法，动人心弦，引起共鸣。品牌传播的创意面临的最大挑战是那些枯燥、夸大、卖弄却言之无物的言辞。

三、品牌传播策划的常见方式的选择

(一)广告传播

广告作为一种主要的品牌传播手段，是指品牌所有者以付费方式，委托广告公司通过传播媒体，以策划为主体、创意为中心，对目标受众所进行的以品牌名称、品牌标识、品牌定位、品牌个性等为主要内容的宣传活动。

(二)公关传播

公关是公共关系的简称，是企业形象、品牌、文化、技术等传播的一种有效解决方案，包含投资者关系、员工传播、事件管理以及其他非付费传播等内容。作为品牌传播的一种手段，公关能利用第三方认证，为品牌提供有利信息，从而教育和引导消费者。

公共关系可为企业解决以下问题：一是塑造品牌知名度，巧妙运用新闻点，塑造组织的形象，扩大知名度。二是树立美誉度和信任感，帮助企业在公众心目中取得心理上的认同，这点是其他传播方式无法做到的。三是通过体验营销的方式，让难以衡量的公关效果具体化，普及一种消费文化或推行一种购买哲学。四是提升品牌的"赢销力"，促进品牌资产与社会责任增值。五是通过危机公关或标准营销，化解组织和营销压力。

(三)销售促进传播

销售促进传播主要用来吸引品牌转换者。它在短期内能产生较好的销售反应，但很少有长久的效益和好处，尤其对品牌形象而言，大量使用销售促进传播会降低品牌忠诚度，增加顾客对价格的敏感，淡化品牌的质量概念，促使企业偏重短期行为和效益。不过对小品牌来说，销售促进传播会带来很大好处，因为它负担不起与市场领导者相匹配的大笔广告费，通过销售方面的刺激，可以吸引消费者使用该品牌。

（四）人际传播

人际传播是人与人之间直接沟通，主要是通过企业人员的讲解咨询、示范操作、服务等，使公众了解和认识企业，并形成对企业的印象和评价，这种评价即口碑，将直接影响企业形象。

8.3.4 品牌提升策划

品牌提升指企业通过广告、公关、促销等手段，以及合适的媒体平台传播品牌信息，提高大众及市场对品牌及企业的认知度，增加客户对品牌的忠诚度，赢取潜在客户，以此来提升企业的品牌资产。

品牌提升策划可分为基于价值的提升方式和基于习惯的提升方式。基于价值的提升方式可以采用诉诸需求的提升策略和诉诸指标的提升策略。基于习惯的提升方式指的是企业通过改变消费者的认知习惯来对品牌重新理解和定位，以此来拓展品牌视野。基于价值的品牌提升策划常见的有产品线的品牌扩展策划、品牌延伸策划和品牌国际化发展策划等。

一、产品线的品牌扩展策划

产品线品牌扩展是同一条产品线上扩展的产品项目仍共同使用一个品牌。虽然同一条产品线上的不同产品项目存在着一些差异，但是这些产品项目之间存在的极高的关联性，产品质量和产品特色的一致性，有利于增强消费者的信誉认知度，使企业的产品获得更大市场占有率和经济效益，同时进一步强化核心品牌的形象。

二、品牌延伸策划

品牌延伸策划是对品牌未来发展所适合的事业领域范围的清晰界定，明确未来品牌适合在哪些领域、行业发展与延伸，在降低延伸风险、规避品牌稀释的前提下，谋求品牌价值的最大化。这一方面可以借原产品品牌的影响力来促使现产品市场力的快速提升，同时能将现产品和原产品联合起来提升企业的品牌战略目标。

（一）品牌延伸策划的准则

（1）品牌延伸应符合品牌的核心价值。

（2）延伸的新产品与老产品之间要有较高的关联度。

（3）延伸的新产品与核心产品的售前、售后服务应当一致。

（4）品牌延伸不能超出限度，稀释原品牌的价值。

（二）品牌延伸策划

品牌延伸策划可以参照图8-3阿克—科勒品牌延伸模型。

（三）品牌延伸策划的基本步骤

（1）正确评估品牌的实力。

（2）审视现品牌的核心价值及定位。

（3）对将要延伸的产品价值做充分分析。

（4）寻找延伸产品价值与品牌价值的切合点，且与企业长远规划相一致。

（5）建立合理的品牌架构。

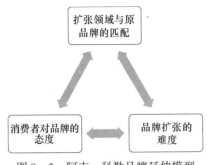

图8-3 阿克—科勒品牌延伸模型

（四）品牌延伸策划的类型

（1）品牌专业化延伸。专业化延伸指品牌延伸的新领域与其原有领域处于同一行业并有一定的关联性，专业技术、目标市场、销售渠道等方面具有共同性。企业可以充分利用原有品牌的声誉吸引消费者选择新产品，从而节约新产品进入市场的成本。例如"娃哈哈"从儿童营养口服液起家，逐步延伸到果奶、八宝粥、纯净水等。

（2）品牌一体化延伸。一体化延伸是指品牌向原有领域的上游或者下游延伸，品牌成长空间更为广阔。品牌沿产业链向上延伸可进入高端产品市场；反之品牌沿产业链向下延伸可填补低端市场空白，扩大市场占有率。有如下三种延伸方法：

①向上延伸，即在产品线中增加高档次产品，使商品进入高档市场。

②向下延伸，即在产品线中增加较低档次的产品，利用高档名牌产品的声誉，吸引购买力水平较低的顾客慕名购买这一品牌中的低档廉价产品。如果原品牌是知名度很高的名牌，这种延伸极易损害名牌的声誉，风险很大。

③双向延伸，即原定位于中档产品市场的企业掌握了市场优势以后，决定向产品线的上下两个方向延伸，一方面增加高档产品，另一方面增加低档产品，扩大市场阵容。

三、品牌的国际化发展策划

品牌国际化是指使品牌成为国际品牌或在国际上有较大影响力的品牌的行为过程。国际化品牌并不是指对全球市场实行统一化策略或差异化策略，而是立足于全球市场发展自己的品牌，即企业要有全球战略眼光，凭借海外市场的力量，努力把企业做大，扩大影响面，成为世界知名品牌。

（一）品牌国际化发展常用方式

（1）国内生产，产品销往国外。

（2）在国外设立分公司，实现全方位的扩张。

（二）品牌国际化发展的具体战略

（1）产品无差异化，促销（广告）诉求形式多元化。在面向全球市场的营销活动中，将全球策略细分成各个小区域范围的策略，注重与当地文化的交流与沟通，这样易被当地消费者所接受，使得国际化战略容易实施。

（2）产品与服务差异化，促销国际化。不同国家之间在语言、信仰、文化、生活和消费习惯方面会有很大不同，产品的特性、属性和服务等方面应满足当地消费者的需求特性。

(3) 生产基地的无国界化、人才的本土化和社会贡献当地化。如可口可乐公司、宝洁公司等世界级的跨国公司在中国投资经营中，不仅拥有较高的市场份额，在消费者中建立了品牌忠诚度和美誉度，而且十分注重使用当地资源、积极为社会做贡献。它们聘用中国人才，提高原材料的本地化程度，为中国带来税收收入，以及在解决就业、提高中方经营管理水平和造就人才方面都做出了很大成绩，已成为中国经济发展中的重要力量。这种战略方式的不断深入，正是跨国公司品牌国际化经营的成功所在。

8.3.5 品牌保护策划

品牌保护就是对品牌的所有人、合法使用人的品牌实行资格保护措施，以防范来自各方面的侵害和侵权行为，包括品牌的经营保护、品牌的法律保护和品牌的社会保护三个部分。

一、品牌的经营保护策划

品牌形象的塑造和市场地位的确立是在一系列经营活动中完成的，因而品牌经营者要在经营过程中树立品牌保护意识，采取有效措施对品牌实施保护。保护措施要根据企业实际而定，企业的内外环境不同，保护措施也要有所不同。品牌经营者要采取措施对品牌进行自我保护，主要措施有：

（一）积极开发和利用防伪技术

有些品牌商标和包装的技术含量低，不法分子容易仿冒，这是某些品牌假冒产品屡禁不止的一个重要原因。因此必须采用高新防伪技术，有效保护品牌。

（二）向消费者宣传商品知识

品牌经营者应借助新闻媒体、公关等形式向消费者宣传有关商品的专业知识，让消费者了解产品，掌握基本的商品知识，能区分真假优劣。

（三）成立有关机构

许多知名企业都深受假冒产品之害，成立了打假机构，配备专职人员，积极参与打假，取得显著成效。企业也可以向公安或质监系统提供假冒产品线索，协助打击制假贩假。有的企业以悬赏的形式鼓励消费者提供线索，参与打假。

（四）建立品牌核心技术保护措施

外部人员的参观和考察也是品牌核心技术泄露的途径之一。国外许多知名品牌产品的研发过程、生产过程、技术资料等是谢绝外人参观的，对任何人都不例外。对于无法谢绝的参观，一般都派专人陪同，实则监视。

二、品牌的法律保护

品牌的法律保护主要是指对商标、专利权等无形资产的法律保护。包括纵向和横向全方位注册，不仅对近似商标进行注册，也对相近行业甚至所有行业进行注册。

（一）近似注册

娃哈哈对商标的注册不仅包括了"娃哈哈"，还有"娃哈娃""哈哈娃""哈娃哈"等，光是防伪注册就有70多种，确保了品牌保护的万无一失。

（二）行业注册

比如一个食品品牌，不仅在食品行业进行注册，同时在医药、地产、电器、化妆品等行业进行注册，这样就不会在其他行业出现同名的品牌，品牌在进行延伸时也不会出现法律上的麻烦。

（三）跨国注册

商标跨国注册有两条渠道：《马德里协定》缔约国的企业或个人到该协定缔约国进行商标注册，可通过世界知识产权组织国际局申请商标国际注册；到非《马德里协定》缔约国进行商标注册，一般采用"逐一国家注册"的方式，即分别向各国商标主管机关申请注册。

（四）副品牌注册

对于实施了副品牌战略的企业，有必要对各副品牌名称进行注册。

（五）包装风格注册

对独特的产品包装风格，要申请专利保护。如可口可乐的外形包装，其他饮料就不能模仿。

（六）形象注册

形象物已经为越来越多的企业所使用，如海尔的"海尔兄弟"、QQ 的小企鹅，以及我们所熟知的"麦当劳叔叔""肯德基上校"等，这些形象成为品牌识别的标志之一，对其进行注册保护，可以维护品牌识别的完整性。

（七）其他图形注册

还有一些品牌为了更好地进行识别，会设计一些新颖的辅助标识，这也是品牌注册的一部分。

三、品牌的社会保护

品牌保护不仅是企业的事，更是全社会的事，是一项综合性极强的系统工程，需要把全社会的力量动员起来，这包括新闻媒体、社会团体、政府以及消费者和法律等众多力量。

（一）新闻媒体对品牌的保护

新闻媒体应该敢于揭露不法厂商的制假贩假行为，让广大消费者了解它们，抵制假冒伪劣产品。新闻媒体的力量对企业品牌有显著的保护作用，也能促进品牌的生长、发育和不断壮大。

（二）政府对品牌的保护

政府职能部门应认真履行自己的职责，加强对市场的管理，对各类商品要建立严格的检查检验制度，依法打击制假贩假的违法犯罪活动。

（三）消费者、社会团体对品牌的保护

许多社会团体与打假活动有密切关系，应该积极参与到打假活动当中，保护品牌和消费者的合法权益。消费者要人人成为打假先锋，积极举报，让假冒伪劣产品无处藏身。

8.4 品牌重新定位策划

品牌重新定位就是对品牌进行再次定位，通过改变品牌在消费者心目中的原有位置与形象，使其按照新的观念在消费者心目中重新排位，调理关系，以创造出一个有利于产品发展的新秩序。品牌重新定位不是原有定位的简单重复，而是企业经过市场磨炼后，对市场的再认识，是对自己原有品牌战略的一次扬弃。因此，品牌重新定位不能草率从事，需要在深入细致地分析品牌特点与市场需求变化等基础上，恰当地把握时机，并运用合适的策略，实现品牌重新定位的理想目标。

8.4.1 品牌重新定位的时机

企业一般应在如下几种时机发生时进行品牌的重新定位。

一、企业的发展战略发生改变

许多企业在发展到一定阶段后，出于战略扩张的需要，采用品牌延伸或多元化策略，进入不同市场领域，此时企业就可以考虑进行品牌重新定位，以防止消费者对产品的印象变得模糊不清。例如，美国雪佛兰汽车曾是美国家庭汽车的代名词，但在雪佛兰公司把生产线扩大到涵盖卡车、跑车等车型后，由于没有适时进行品牌重新定位，消费者心目中原有的"雪佛兰就是美国家庭汽车"的印象焦点反而模糊不清，不但卡车、跑车的销售不畅，就连原来非常畅销的家庭汽车系列也出现了销量滑坡。

二、产品生命周期阶段发生变化

产品生命周期的不同阶段，市场竞争的重点不一样，企业品牌定位也应该进行相应的调整。例如，海尔、长虹在其产品的导入期，以首家引进先进技术作为自身定位的基础，但到产品成熟期来临，这样的定位就不再适合。针对这种情况，海尔、长虹进行了重新定位，打出了"海尔真诚到永远""长虹以产业报国、民族昌盛为己任"这样宣传口号，收到了极好的效果。

三、目标市场萎缩

企业品牌定位往往是在现有市场进行的，但随着时间推移，消费者的消费偏好可能会发生变化，原有市场构成的基础也可能转变乃至消失，这样企业品牌仍然按原有的定位进行市场运作，注定会失败。

四、企业产品的发展超越了既有定位的范畴

有些产品本来是针对某一目标市场生产的，但上市后却超越了定位的范畴，在其他市场也大受欢迎，此时为适应新形势，企业就有必要进行品牌定位调整。

五、企业品牌原有定位错误，无法实现既定目标

企业品牌原有定位可能因为某种错误而导致产品销量小、市场反应差，出现这些问题可能是由于当初对市场发展趋势预测失误，也可能由于竞争对手强有力的反击，或者是因为出现了新的强大的竞争对手等，总之企业既定的市场目标难以实现，此时就应该考虑进行品牌重新定位。

8.4.2 品牌重新定位的实施

企业进行品牌重新定位时，不能想当然地盲目进行，要按一定的程序操作。一般而言，品牌重新定位有以下五个基本步骤。

一、确定品牌需要重新定位的原因

品牌重新定位有多方面的原因，企业应重新认识市场，从产品的销售现状、行业的竞争状况、消费者的消费观念变化、企业的发展目标等方面来分析市场，是什么原因要求企业对品牌进行重新定位，企业应有明确的认识。

二、调查分析与形势评估

确定了重新定位的必要性以后，必须对品牌目前的状况进行形势评估，评估的依据来源于对消费者的调查，调查内容主要包括消费者对品牌的认知和评价、消费者选择产品时的影响元素及其序列、消费者对品牌产品的心理价位、消费者认知产品渠道及其重要性排序、消费者对同类产品的认知和评价等，并根据调查的结果对现有形势做出总体评估。

三、细分市场，锁定目标消费群体

细分市场有各种不同的细分方法和细分标准，但不管什么品牌，都会有它的目标消费群体，因而企业应根据消费者特点，将市场划分为不同类型的消费群体，每个消费群体即为一个细分市场。重新定位的品牌应该针对哪个细分市场，企业应根据调查来的数据和产品的特点和优势，锁定自己的目标消费群体。

四、分析目标消费群体，制定定位策略

企业确定自己的目标消费群体之后，还必须对目标消费群体进行进一步的分析，对目标消费群体的生活方式、价值观、消费观念、审美观念进行广泛的定性调查，以确定新的定位策略。新的定位策略最好制定几个不同的方案，每个方案都进行测试，根据目标消费者的反应，来确定最好的方案。

五、传播新的品牌定位

企业定位策略确定以后，要制定新的营销方案，将品牌信息传递给消费者并不断强化，使它深入人心，最终完全取代原有定位。企业制定营销方案应以新的品牌定位为核心，防止新定位与传播的脱节甚至背离。在现在的市场环境下，企业最好实施整合营销传播，让消费者通过更多的渠道接触品牌的信息，以强化其对品牌的印象。

"七喜"品牌的重新定位是一个成功的典型范例。七喜牌饮料是许多软饮料中的一种，调查结果表明，主要购买者是老年人，他们对饮料的要求是刺激性小和有柠檬味。七喜公司使了一个高招，进行了一次出色的活动，标榜自己是生产非可乐饮料的，从而获得了非可乐饮料市场的领先地位。

【经典案例】

加多宝凉茶品牌策划

一、品牌定位与品牌个性

（一）品牌定位

加多宝沿袭了其营销策划王老吉品牌的一贯的定位思想，对加多宝凉茶进行了精准、明确的定位：正宗凉茶领导者——加多宝，大张旗鼓地宣传加多宝凉茶是预防上火的正宗凉茶，直接挑战王老吉凉茶的正宗凉茶地位。同时为了有效阻击王老吉品牌，还用了这样的广

告语:"全国销量领先的红罐凉茶改名加多宝,还是原来的配方,还是熟悉的味道。"并且使用与原来的王老吉广告相似的场景画面,试图让原来的王老吉凉茶消费者相信王老吉凉茶已经改名为加多宝凉茶了。

(二) 品牌个性

加多宝同样沿袭了原红罐凉茶王老吉的品牌个性,采用红色包装,使用原来的配方,市场上加多宝凉茶的价格与原王老吉凉茶无异,是正宗的红罐凉茶。

二、品牌成长

(一) 推广加多宝品牌,做市场的领导者

对于全国的消费者而言,加多宝是一个陌生的新名字。因此,所有广告中都强调"加多宝"三个字,并且通过"全国销量领先"来做品牌宣传,让消费者相信它是一个有实力的品牌,而并不是突然杀入的二三线品牌。通过这种持续不断的重复曝光,"加多宝"三个字很快就让消费者熟悉起来,至少是让消费者知道了它是一种凉茶。同时加多宝凉茶沿袭了原销量领先的红罐凉茶王老吉的包装、配方、价格等品牌产品因素,努力把自己打造为凉茶市场的领导者角色。

(二) 留住老顾客,阻击红罐王老吉

"全国销量领先的红罐凉茶改名加多宝"这句广告词,是希望在红罐加多宝与原来的红罐王老吉之间画上等号,让老顾客们相信,这个凉茶只是改了一个名字,其他一切不变,还一样是送礼佳品、餐饮伴侣、下火良药。留住老顾客是这则广告的最主要的目的,这符合加多宝集团2012年的主要战术——"防守"。这则广告是精明的一招——"全国销量领先的红罐凉茶改名加多宝",这句广告词告诉了消费者一个信息:原来的红罐王老吉已经改名加多宝了,以后你们再见到红罐王老吉凉茶,那就是另一种产品了。留住老顾客,阻击红罐王老吉,能为加多宝凉茶这个品牌的成长发展创造一个相对稳定的环境。

三、品牌的整合营销传播

(一) 把品牌从广东地区推向全国

在2008年以前,王老吉还是个地区性品牌,仅在广东一带为人知晓,北方人没有喝凉茶的习惯,更不知道王老吉这个品牌。在2008年发生汶川地震时,王老吉认识到必须把王老吉品牌推向全国,从而抓住了这个机遇,通过"亿元捐赠"事件营销,让公众牢牢记住了王老吉这个品牌。

(二) 品牌整合营销要素传播

(1) 广告:加多宝广告词"真正的红罐,真正的凉茶""全国销量领先的红罐凉茶改名加多宝,还是原来的配方,还是原来的味道",是要努力保持住之前王老吉品牌的影响力。加多宝在冠名于浙江卫视《中国好声音》时,在第一期节目突然蹿红之后,迅速跟进,在第二期节目中明显加大了广告力度。加多宝还运用电视广告、地铁广告、网络媒体、平面媒体进行铺天盖地的宣传,全力提升品牌知名度。

(2) 促销:加多宝通过加量不加价的方式,保持原有的味道,为自己抢占更多的市场,达到品牌传播的目的。

(3) 公关:加多宝通过新闻发布会博取公众对加多宝的同情,并且加强公众对加多宝品牌的认识。

(4) 事件营销：汶川地震后的"亿元捐赠""加多宝与王老吉商标案"，加多宝都很好地把握了时机，把自己的品牌打入消费者的心里，通过情感打动消费者。

(5) 人员促销：加多宝通过各种方式的促销活动，如促销降价等措施来吸引消费者。

(6) 关系营销：通过说服以前的中间商销售加多宝，不断提高企业的知名度和销售量，从而更好地发展自己的品牌。

(7) 体育营销：加多宝继2008年北京奥运的"祝福北京"、广州亚运会的"亚运有我"活动之后，"红动伦敦·畅饮加多宝"活动再一次在国际体育舞台上展现中国民族品牌的风采。

(三) 网络营销

(1) 在汶川地震1亿元义捐后，网上爆红的一个帖子是"集体'封杀'王老吉"（此时尚未改名），意思是把货架上的"王老吉"全部买光，来感谢企业的义举。"封杀"加深了消费者对这一品牌的印象，可以说，这个1亿元的"广告费"是值得的，这个网络营销也是最成功的。

(2) 加多宝启动了"尽享加多宝""相伴加多宝""加油加多宝""随手拍加多宝"等系列线上线下互动促销活动，参与人数超过100万。同时，网站也开展了多宝币的系列活动，通过会员注册，购买产品所获得的多宝币可以在加多宝的网站上换礼品和点播电影。

(3) 加多宝注册了"加多宝凉茶""加多宝红动伦敦""加多宝学子情"的新浪和腾讯官方微博，与消费者互动，其各微博的"粉丝"均已超过30万人。在"中国好声音"的节目中，加多宝还做了很多与消费者的网络和微博互动。

四、商标管理

(一) 商标的增值管理

商标作为工业产权的重要组成部分，是宝贵的无形资产。商标增值的途径：一是运用广告策略大力宣传；二是强化产品质量；三是争创驰名商标。要想使商标这一无形资产保值增值，首先需要企业树立强烈的市场意识，这一点加多宝做到了。当出现"王老吉之争"时，加多宝快速反应，第一时间"去王老吉化"，增加广告费用和推广投入，大到超市小到小卖部，随处可以看到加多宝的宣传，有视频广告、口号宣传，当然更少不了大型海报的覆盖。为占领销售渠道，加多宝以每箱追加1元的促销力度，来换取产品渠道上的品牌切换。它的市场渠道深入二三线城市，在这些地区的良好销量证明了这一选择的正确性。商标增值是商标经营的根本。

(二) 商标的风险管理

加多宝在管理"加多宝"这一商标中的可圈可点之处：一是统一商标和企业字号。这绝对是为商标起名字的最佳选择。因为这样一来，可以有效防止其他企业把加多宝的商标登记使用。二是为"加多宝"商标注册了防御商标。2002年在广东，加多宝在总共45大类商品的43大类中都注册了"加多宝"商标。

（案例来源：https://wenku.baidu.com/view/4a014701f12d2af90342e60a.html）

【策划实战】

创业项目的品牌名称、标识设计

（一）实战目标

1. 要求学生把商品品牌命名理论运用于营销实践，联系有关项目或资料，为某一产品或店铺进行品牌名称和标识的设计，并对此设计进行分析。

2. 要求每个学生根据品牌设计思路和方法的要求，从消费者认知心理和消费模式角度出发，设计某一品牌的名称和标识，使设计的品牌具有创意性，新颖而有吸引力。

3. 要求通过"品牌名称与标识设计"课业实践操作，更好地了解品牌对企业营销的重要性，掌握品牌设计的基本技能。

（二）实战要求

1. 要求教师对"品牌名称和标识设计"的实践应用价值给予说明，调动学生课业操作的积极性。

2. 要求学生根据市场开发项目资料及品牌设计要求，完成品牌名称和标识的设计任务。

3. 要求教师对品牌设计的要求、设计思路、设计方法进行具体指导。

4. 要求教师提供"品牌名称和标识设计"课业范例，供学生操作参考。

（三）实战任务

1. 品牌名称设计及设计要求：

（1）易懂好记，易于传播沟通。

（2）鲜明、独特、富有个性。

（3）揭示产品的功能、利益。

（4）突出情感诉求，寓意美好。

2. 品牌标识设计及设计要求：

以文字、符号、图案和组合为标识内容，有创意、独特、新颖。

3. 教师鼓励学生上台陈述自我设计的方案和理念。

【本章小结】

1. 理解品牌策划。品牌策划包括品牌决策策划、品牌建设策划和品牌重新定位策划。

2. 品牌决策策划主要从品牌化决策、品牌使用者决策、品牌名称决策、品牌战略决策四个方面实施；其中品牌战略决策包括产品线品牌扩展决策、品牌延伸决策、多品牌决策、新品牌决策、合作品牌决策。

3. 品牌建设策划包括品牌定位策划、品牌设计策划、品牌传播策划、品牌提升策划、品牌保护策划，最终做好品牌资产的管理和品牌战略的规划。

4. 品牌重新定位的时机把控与实施。

【思考分析】

1. 举例说明企业常见的品牌定位策略。

2. 企业做品牌决策需要从哪些方面进行？

3. 整合品牌传播是从哪些方面开展的？

第 9 章

广 告 策 划

【学习目标】

■ 了解广告策划的含义、广告策划的特征;
■ 掌握广告策划的内容;
■ 理解广告策划评估的要求。

【开篇案例】

M&M's 巧克力 "只溶在口,不溶在手"

玛氏公司创立于 1911 年,是全球最大的食品生产商之一,也是全球巧克力、宠物护理、糖果等行业的领导者,主要业务涉及零食类(糖果、巧克力)、宠物用品、主食和电子产品的生产和营销,拥有众多世界知名品牌,价值超过 10 亿美元的品牌包括:德芙、玛氏、M&M's、士力架、UNCLE BEN'S、益达、傲白、宝路、皇家、伟嘉和特趣。

1941 年,M&M's 牛奶巧克力正式诞生。M&M's 是玛氏公司在中国推出的系列产品之一,是世界第一大巧克力品牌。

M&M's 牛奶巧克力是当时唯一用糖衣包裹的巧克力豆,玛氏公司抓住 M&M's 巧克力豆这一与众不同的特点,创作了 M&M's 巧克力 "只溶在口,不溶在手" 的广告语。这是著名广告大师伯恩巴克的灵感之作,堪称经典,流传至今。它既反映了 M&M's 巧克力糖衣包装的独特,又暗示 M&M's 巧克力口味好,以至于我们不愿意让巧克力在手上停留片刻。2004 年,M&M's 被评为美国最受喜爱的广告标识。M&M's 的广告语 "只溶在口,不溶在手" 也被《广告周刊》评为 2004 年全美第一广告名句。

在中国,M&M's 巧克力旨在树立奇趣、炫彩的品牌形象。在 2011 年 M&M's 巧克力做的电视广告中,同以往强调 "只溶在口,不溶在手" 不一样,这次广告定位为 "妙趣挡不住"。广告中 "快到碗里来" "你才到碗里去" "就不能换个大点的碗吗" 的对话,成功俘获了观众的视线，已成为脍炙人口的广告词。

随着科技的发展、时代的进步，同类产品之间的差异日益缩小，要让广告吸引眼球，与众不同是每个企业要解决的问题。M&M's 巧克力的这则广告是 USP 理论运用的经典案例。USP，即独特的销售主张。UPS 理论核心就是发现和确认产品独一无二的好处和效用，并将其有效地转化成广告传播的独特利益承诺、独特购买理由，来诱导消费者，影响消费者的购买决策，实现产品的销售。总而言之，就是找出产品与众不同的独特卖点。

同以往强调"只溶在口，不溶在手"不一样，这次 M&M's 巧克力广告定位为"妙趣挡不住"。妙趣如何体现？那就是把巧克力豆"活化"，让其变成调皮可爱的小人儿。这是背后创意的出发点。

广告通过 M 豆与男生的对话和动作，把 M&M's 巧克力的妙趣实体化，表现了性格鲜明的 M&M's 卡通形象，最后 M 豆还说了一句："就不能换个大一点的碗吗？"表达了它的妙趣不是一个碗就能装得下的，同时表现出品尝巧克力时的一种乐趣，也迎合了后面的广告语"妙趣挡不住"，使消费者对这则广告过目不忘，产生深刻印象，是一个很成功的广告创意案例。

（资料来源：http://lanxicy.com/read/48f351add91e661031a06b06.html）

9.1 广告策划概述

9.1.1 广告策划的概念

广告策划是在市场调查与系统分析的基础上，按照广告主的营销目标和营销计划，科学、合理、有效地部署广告活动的过程。具体来说，广告策划就是按照企业的营销策略，对广告运作的全过程做预先的考虑与设想，是对企业广告的整体战略与策略的运筹与规划。

9.1.2 广告策划的特征

对广告进行策划是为了给综合性、大规模的广告活动提供策略的指导和具体的计划，有其自身鲜明的特征，体现在如下六个方面。

一、目的性

广告主之所以开展广告活动，或是为了提高产品的知名度，或是为了塑造企业形象，或是为了直接促销产品，或是为了解决在市场营销中面临的实际问题，总之都带有某种特定的目的。广告主的广告目的是由企业市场营销目标、销售目标等因素限定的，企业要保证广告策划的子系统围绕一个明确的目标协调与统一，确保广告策划始终围绕主题开展，促使整个广告活动取得最佳效果。

二、系统性

广告策划包括很多环节和内容，要以系统的观点将广告活动作为一个有机整体来考虑，既要保持策划与营销整体的一致性，又要保持广告活动自身整体的一致性，从系统的整体与部分、部分与部分之间相互依存、相互制约的关系中，体现广告策划系统的特征和运动规律。广告策划的系统性体现在广告的各种发布手段相互配合、协调一致，在各种传播媒体上进行相关的广告传播内容要统一，在不同的时间、不同的场合，用统一的广告定位进行传播，广告策划的实施环节彼此密切配合，使广告活动成为一个和谐统一的整体，在统一的策略指导下进行，否则会直接影响到广告的效果。

三、调整性

市场和消费者是不断变化的，广告策划的内容应及时适应这些变化并进行调整。如果忽视市场和消费者的动态变化，继续采用旧的策划，就必然导致广告策略的僵化，不但不会对广告主的营销活动起到促进作用，反而会成为广告主营销活动的障碍。因此当市场发生变化时，广告策划的内容也要随着市场的变动而进行调整。

四、操作性

广告策划的直接目的是指导广告活动的操作过程，因此广告策划不但要为广告活动提供策略的指导，还必须遵循可操作性原则，提供具体的行动计划，使活动的环节明确、步骤具体、方法可行，即"拿出来就能用"，能够顺利实施。广告策划的操作性，包括在实际市场环境中有可操作的条件，在具体实施上有可操作的方法。

五、艺术性

广告需要具备一定的艺术性，艺术诉诸消费者的情感进而与消费者的心灵产生共鸣。集娱乐与传播信息于一体的广告更能吸引消费者。广告是在真实的基础上进行加工和创造，使之具有一定的观赏性和艺术性，通过夸张、明丽、凝重、幽默的广告宣传，引起消费者对产品的遐想，激起消费者的购买欲望。

六、前瞻性

任何广告策划都是立足于现在而着眼于未来，因此广告策划运作中需要对市场、消费者进行动态、科学的分析，以适应未来市场可能发生的变化。只有具有前瞻性，才能在市场和消费者发生变化时，及时做出反应、迅速变化，因此广告策划不但应该着眼于现实，更需要着眼于未来。

9.1.3 广告策划的内容

广告策划要对整个广告活动进行全面的策划，其内容千头万绪，广告策划的内容主要包括：对市场进行调查与分析、确定广告目标、设置广告定位、表现广告创意、选择和规划广告媒体、制定广告预算、实施广告计划、评估与监控广告效果。

一、对市场进行调查与分析

对市场进行调查与分析是广告策划和创意的基础，是必不可少的第一步。市场分析基于市场调查。市场调查的内容主要是调查广告主的营销环境、企业经营情况、消费者状况、产品情况及市场竞争性。通过深入细致的调查和一系列定量定性分析，找到广告主和竞争对手及其产品在市场的地位，了解市场信息，把握市场动态，研究消费者的需求方向和心理嗜好，并且弄清广告主及其产品在人们心目中的实际地位和形象，为后续的策划工作提供依据。

二、广告目标策划

一般地讲，广告目标就是广告主希望广告活动所要达到的目的。或者说，广告目标是指广告要达到的要求。广告策划的相关人员都需要了解并把握广告主的广告目标，并共同对此目标负责。

广告目标的确定不是随机的，应当是建立在对当前市场营销情况进行调查与分析的基础上，以企业有关目标市场、市场定位、营销组合等重要决策为依据，为企业扩大销售和增加利润服务的。由于营销活动和其他活动有千丝万缕的关系，广告目标仅属于营销目标的一部分，有时销售额的增长很难说是广告的作用，还涉及产品、通路等问题，因而广告目标的确立要有明确的衡量指标，既要符合实际，又要可操作，否则目标的制定就失去了意义。

三、广告定位策划

受人们记忆容量有限等因素限制，数量、种类繁多的产品不容易被消费者有效识别，这是广告需要定位的动因；其次，消费者有各种各样的需要，对产品抱有各种各样的期望，通过设定合理的广告定位可以满足消费者的多种需要和期望。广告定位就是要寻找产品最有利于消费者接受的信息。

四、广告创意策划

当今时代是一个"注意力经济"或称"眼球经济"的时代，作为信息传播渠道的广告，要在第一时间吸引人们的注意力，引起人们的好奇和关注，刺激他们的消费欲望，最终达到成功销售的目的，并不是一件容易的事情。大卫·奥格威曾指出："要吸引消费者的注意力，同时让他们来买你的产品，非要有很好的特点不可，除非你的广告有很好的点子，不然它就像很快被黑夜吞噬的船只。"也就是说，一个广告要有能与其他广告区别开来的闪光点，要让信息独特、新颖、好看。这就需要在创意方面下一番功夫。广告创意的作用是要把广告主题生动形象地表现出来，将广告策划人头脑中的东西从无形转为有形，也是广告策划的重点。

五、广告媒体策划

广告活动最基本的功能即广告信息的传递，选择广告信息传递的媒体是广告运作中最重要的环节之一。广告媒体是广告活动中把广告信息传播给目标受众的物质技术手段，也是沟通买卖双方的广告信息传播通道。要在既定的广告目标下，用有限的费用得到比较理想的传播效益，就需要掌握广告媒体的不同特征并加以有效选择、组合和运用，这也是广告媒体策划需要解决的问题。

六、广告预算策划

广告是一种付费活动，著名广告大师约翰·沃纳梅克曾说："我知道我的广告费有一半浪费了，但遗憾的是，我不知道是哪一半被浪费了。"广告意味着投入，广告费包括广告活动中所需的各种费用。在进行广告策划中，广告公司需要对广告活动所需费用进行计划和匡算。广告预算是规定在一定的广告时期内，从事广告活动所需的经费总额、使用范围和使用方法。准确地编制广告预算是广告策划的重要内容之一，是企业广告活动得以顺利展开的保证。

七、广告实施计划

广告要实现由观念形态变为现实形态，就必须有具体的实施策略，需要在上述各主要内容的基础上，制定具体的措施和手段，要在周密的广告策划基础上，对广告具体的每一步骤、每一层次、每一项宣传，都规定具体的实施办法，最终保证广告活动能顺利实施。

八、广告效果评估与监控

要想知道广告发布后是否达到了预期目的，只有靠效果评估。以科学的方法和手段进行广告效果评估越来越成为广告主和广告公司所关注的问题。只有通过评估，广告主及广告公司才有改进广告活动的方向和指南，才能了解到消费者对整个广告活动的反应，才能对广告策划的目标是否准确合理、创意是否符合产品设定，以及媒体组合是否合理等做出科学判断，从而有利于广告主的营销活动、广告公司的经营发展和广告水平的不断提高。

9.2 广告定位策划

9.2.1 广告定位的含义

广告定位就是指广告主通过广告活动，寻找具有竞争力和差别化的产品特点，配合适当的广告传播手段，使企业、品牌或产品在消费者心目中占据理想位置的过程。

广告定位是现代广告理论和实践中极为重要的概念。通过广告主与广告公司根据企业所设定的细分群体对产品某种属性的重视程度，把广告产品确定一定的市场位置，可为企业和产品创造、培养一定的特色，满足目标消费者的某种需要和偏爱，并在消费者心目中树立独特的市场形象，从而在与其他厂家产品竞争中占据有利位置，使产品在特定的时间、地点出售给目标消费者，最终促进企业产品销售或为顾客提供服务。

【经典案例】

米勒啤酒的定位

美国米勒啤酒刚开始曾以漂亮的小姐和豪华的场面做电视广告，而且产品外包装也采用金纸，看上去同高档香槟差不多。这样过了好长时间，销量总是上不去。后来企业在广告跟踪中发现，这种宣传给人的印象是：它是一种价格较高的女性饮料。其实，米勒啤酒是一种价格便宜的大众饮品。于是公司立即换成低定位的广告，画面改为一群劳累了一天归来的伐木工，跑到酒吧开怀畅饮米勒啤酒，同时包装的金纸也不见了。经过这样的改头换面，朴实无华的新广告赢得了众多消费者，使米勒啤酒销路大开。

(资料来源：http://www.eastobacco.com/pub/web/lszd/yxzt/201303/t20130329_292620.html)

9.2.2 广告定位的作用

一、准确的广告定位是说服消费者的关键

消费者是否有意愿购买某种产品，主要看该产品是否满足其某种需求，广告主通过广告

告知给消费者的信息应围绕该需求,打动消费者,才能真正激发其购买行为。定位理论的创始人艾·里斯和杰·特劳特曾指出:"'定位'是一种观念,它改变了广告的本质。""定位从产品开始,可以是一种商品、一项服务、一家公司、一个机构,甚至于是一个人,也许可能是你自己。但定位并不是要你对产品做什么事,定位是你对未来的潜在顾客心智所下的功夫,也就是把产品定位在你未来潜在顾客的心中。所以,你如果把这个观念叫作'产品定位'是不对的。你对产品本身,实际上并没有做什么重要的事情。"广告定位的作用体现在当顾客需要某种产品时,就会首先想到广告的产品,通过广告使该产品在消费者心目中确立一个位置。广告定位不准,也会失去促销的作用,使许多真正的目标对象错过购买该产品的机会。科学的广告定位对于广告战略的实施与实现,无疑会带来积极的、有效的作用,而失误的广告定位必然给企业带来利益上的损失。

【经典案例】

万宝路香烟

万宝路是香烟品牌的佼佼者,但万宝路香烟也经历了长达 40 年的低潮时期,在 20 世纪 50 年代才通过改变产品和广告定位,成为全球最畅销的香烟品牌之一。1924 年,万宝路被定位为女性香烟,其广告口号为"Mild As May"。可是,尽管当时美国吸烟人数年年都在上升,万宝路香烟的销路却始终平平。"二战"后,美国吸烟人数继续增多,万宝路把新问世的过滤嘴香烟重新搬回女士香烟市场并推出三个系列:简装的一种、白色与红色过滤嘴的一种以及广告语为"与你的嘴唇和指尖相配"的一种,但由于女性烟民的数量规模不是太大,因而市场增长相当缓慢,品牌的社会影响力也相对下降。1954 年莫里斯公司找到了当时非常著名的营销策划人李奥·贝纳,在对香烟市场进行深入分析和深思熟虑之后,李奥·贝纳完全突破了莫里斯公司限定的任务和资源,对万宝路进行了全新的"变性手术",大胆地向莫里斯公司提出:将万宝路香烟的定位改为男子汉香烟,变淡烟为重口味香烟,增加香味含量,并大胆改造万宝路形象:包装采用当时首创的平开盒盖并以象征力量的红色作为外盒的主要色彩。广告上的重大改变是:万宝路香烟广告不再以妇女为主要诉求对象,广告中一再强调万宝路香烟的男子汉气概,以浑身散发粗犷、豪迈、英雄气概的美国西部牛仔为品牌形象,吸引所有喜爱、欣赏和追求这种气概的消费者。这一策划使万宝路逐步走上香烟王国的巅峰。

(资料来源:http://3y.uu456.com/bp_0f5m38buge6tck19hliz_2.html)

二、准确的广告定位有利于商品识别

从营销的角度看,当消费者产生某种需求时,就会主动了解能满足自己需求的产品及其相关信息,但由于同类产品众多,要让消费者选购本企业的产品,就需要进行大量的宣传来提供满足消费者需求的信息。广告提供给消费者的信息,很多为本品牌的特有性质、功能的信息,是借助广告告诉消费者本品牌产品的不同,帮助消费者将本企业产品与其他企业产品区别开来,有利于实现商品识别。广告主在广告定位中所突出的是自己品牌的与众不同,使消费者认牌选购。

【经典案例】

百事可乐的定位选择

  百事可乐作为世界软饮料业两大巨头之一，100多年来与可口可乐上演了一场蔚为大观的"两乐之战"。"两乐之战"的前期，即20世纪80年代之前，百事可乐一直惨淡经营，由于其竞争手法不够高明，尤其是广告的竞争不得力，所以被可口可乐远远甩在后头。然而经历了与可口可乐无数次交锋之后，百事可乐终于明确了自己的定位，以"新生代的可乐"形象对可口可乐实施了侧翼攻击，从年轻人身上赢得了广大的市场。

  百事可乐配方、色泽、味道都与可口可乐相似，绝大多数消费者喝不出二者的区别，因此百事可乐摒弃了不分男女老少"全面覆盖"的策略，而从年轻人入手，对可口可乐实施了侧翼攻击，并且通过广告树立其"年轻、活泼、时代"的形象。百事可乐确定了自己的定位后，开始研究年轻人的特点。经过调查发现，年轻人最流行的东西是"酷"，而"酷"表达出来，就是独特的、新潮的、有内涵的、有风格创意的意思。百事可乐抓住了年轻人喜欢"酷"的心理特征，推出了一系列以年轻人认为最酷的明星为形象代言人的广告。

  百事可乐广告语也是颇具特色的。它以"新一代的选择""渴望无限"做自己的广告语。它认为，年轻人对所有事物都有所追求，比如音乐、运动，于是打出了"渴望无限"的广告语。百事可乐提倡年轻人做出"新一代的选择"，那就是喝百事可乐。百事可乐这两句富有活力的广告语很快赢得了年轻人的认可。配合百事可乐的广告语，其广告内容一般是音乐、运动。

(资料来源：http://brand.icxo.com/htmlnews/2008/12/18/1343938_0.htm)

三、正确的广告定位有利于进一步巩固产品和企业形象定位

  现代社会中的企业组织在产品设计、开发、生产过程中，根据客观现实的需要，必然为自己的产品所针对的目标市场进行产品定位，以确定企业生产经营的方向。企业形象定位又是根据自身实际所开展的企业经营意识、企业行为表现和企业外观特征的综合，在客观上能够促进企业产品的销售。无论是产品定位还是企业形象定位，无疑都要借助于正确的广告定位加以巩固和促进。

9.2.3 广告定位的必要性

一、正确的广告定位是广告宣传的基准

  企业的产品宣传要借助于广告这种形式，但"广告什么"和"向什么人广告"，则是广告决策的首要问题。在现实的广告活动中，不管你有无定位意识，愿意或不愿意，都必须给你开展的广告活动进行定位。科学的广告定位对于企业广告战略的实施与实现，无疑会带来积极有效的作用，而失误的广告定位必然给企业带来利益上的损失。北极绒的广告语"怕冷就穿北极绒，地球人都知道"，流传的广度之大，甚至超过了北极绒品牌自身，很多消费者分不清这句广告语究竟是说北极绒还是南极人，花巨资投入的广告让人们只记住了广告语，而不知道是什么品牌的广告，这样就造成了严重的资金浪费。

二、准确地进行广告定位有助于企业经营管理科学化

广告作为企业行为中的重要内容之一,是企业战略目标实现的重要手段。广告定位看起来仿佛仅仅属于广告活动的问题,实则属于企业经营管理中不可缺少的重要组成部分,科学的企业经营管理,有助于准确地进行广告定位,而准确的广告定位在促进企业营销目标实现的同时,又反过来促进企业管理的科学化和规范化。

三、准确的广告定位是广告表现和广告评价的基础

在广告活动中,必须以广告定位为基础进行广告视听觉表现,广告表现要以广告定位为目标与导向,体现出广告表现服务广告定位的思维逻辑。一则广告的好与坏、优与劣,要以表现广告定位的情况来进行分析和评价。这是因为对广告所进行的评价,实际上是对广告表现及产生的社会效果的评价。广告表现以广告定位为核心展开,对于广告表现进行评价,归根结底就是对广告定位进行评价。也就是说,评价广告,首先要依据广告是否准确地表现出广告定位思想,是否比较准确地表现出广告定位的主题,而不能单纯围绕广告表现形式。准确的广告定位既是广告表现的基础,又应该是广告评价的基础。

9.2.4 广告定位的方法

一、优势定位

优势定位就是在广告中直接陈述自己的优点、特点。比如丰田汽车在广告中就直白地表明自己获得过何种金奖、银奖,"领导世界新潮流""有路必有丰田车"的广告语表达出了一种行业霸气。一些欲在某行业、某品种、某产品上抢占领导者位置的实力比较雄厚的企业多采用这种定位方法,因为这种优势定位的方法可以巩固一流企业、一流产品在消费者心目中的地位。当然,最能反映产品优势的是产品的功能定位和质量定位。

功能定位是在广告中突出产品的优异功效以及在同类产品中的明显特色,从而增强产品的竞争能力。这种广告定位的诉求重点是选择与同类产品不同的功能,以便给消费者留下清晰的印象,进而吸引目标对象。比如牙膏中,重庆冷酸灵牙膏强调防治牙疼,而天津蓝天六必治牙膏则强调防治口腔疾病,广州黑妹牙膏则以清新口气为诉求重点。

质量定位是指产品通过自身良好的质量进行定位,在广告中突出产品的具体质量,运用各种表现手段让消费者体验产品的优势所在,给他们留下明确、清晰的印象,以维护自己的产品地位和形象。质量定位的关键所在是改良产品的质量,以接近消费者的理想商品形象。产品的品牌力量是由品牌特性(消费者所感觉的商品特性)与消费者理想商品形象的距离远近来衡量的。也就是说,产品越接近消费者的理想商品形象,就越具有市场竞争力。当然,在已形成印象的市场上,要通过改良产品质量来迎合消费者的心理需要或实际需要,并不是一件容易的事情,因为经过时间的推移,消费者对商品的感觉会形成定式(先入为主),所以在市场形成时期采用质量定位就有些迟了,最好是在产品未进入市场时采用,这样更容易找到理想的市场位置。

二、抢先定位

抢先定位是指企业在进行广告定位时,力争使自己的产品品牌在该类产品中第一个进入

消费者的心中，抢占第一的位置。能率先进入消费者心中，并占据领先位置的品牌，一般会比第二品牌有更高的长期市场占有率，而且此种关系是不易改变的。一般来说，第一个进入消费者心中的品牌，都是难以被驱逐出去的，如可乐中的"可口可乐"、冰激凌中的"哈根达斯"、快餐中的"麦当劳"、中央空调中的"格力"等。

三、强化定位

强化定位是指企业的产品或品牌在消费者心中占据一定位置后，还应不断地加强其在消费者心中的印象，以确保消费者产生需求后会即刻想到该企业产品或品牌。实行强化定位还需要密切注视竞争者的动向。如当百事可乐与可口可乐的竞争加剧时，可口可乐不断地强化自己在消费者心中的形象，其广告传播更加贴近日常生活中的情景，加强消费者与产品本身的联系。

四、跟随定位

跟随定位是指企业在广告定位中，不但明确自己现有的位置，而且明确竞争者的位置，然后用对比的方法找到自己的品牌与竞争者的品牌、自己想要占据的位置与竞争者已占据的位置之间的关系，使自己的品牌进入消费者的心中，或用对比的方法在消费者心中开拓出能容纳自己品牌的位置。例如，在蒙牛成立的第二年，为了打开产品的销量，提出了"创内蒙古乳业第二品牌"的广告语，通过这种方式拉近自己与伊利的距离，让消费者记住了蒙牛是内蒙古乳业的第二品牌。蒙牛还在冰激凌的包装上，打出"为民族工业争气，向伊利学习"的字样，并在广告牌上写着"千里草原腾起伊利、兴发、蒙牛乳业"。默默无闻的蒙牛借伊利在消费者心中第一的形象，出了自己的"名"。

五、逆向定位

逆向定位是指当企业面对强大的竞争对手而进行广告定位时，远离竞争者，使自己的品牌以一种与竞争者是"非同类"的、独特的形象进入消费者心中。七喜是逆向定位的典范，当七喜充分了解到可口可乐和百事可乐在人们心中已占有重要位置，并敏锐地洞察到消费者心中对可乐中含有咖啡因而萌发微小不安时，七喜激发出辉煌的定位构思——"七喜非可乐"。把"七喜"与"可乐"进行反衬，树立自身的大反差位置，使七喜成为可乐类产品以外的另一种选择，从而确定了七喜在软饮料市场上的地位。

六、差异定位

差异定位是指企业在进行广告设计时，根据自己产品的特点，寻找领先品牌产品的弱点，改变消费者对领先品牌的看法，力求在产品的大小、价位和功能等方面独树一帜。如农夫山泉在2000年宣布全面停产纯净水，而只生产天然水，并用"农夫山泉有点甜"从口感上直接体现了自己的特性，"农夫山泉有点甜"的广告词既体现了农夫山泉天然水的健康特点，又进行了目标市场定位——喜欢喝"有点甜"的天然水的顾客。

总之，广告的定位就是产品的风向标，只要有一个正确的定位就没有卖不出去的产品，但是时代发展迅速，建立在流行基础上的定位不能长久，往往是热到极致之后，企业需要适时地为品牌转换定位或推出新品。这里的前车之鉴是三株口服液，还有商务礼品"商务通"。任何广告定位都可能会被效仿，甚至会让别人钻空子，就像王老吉的"怕上火，喝王老吉",几乎没有缺点,而且竞争对手很难撼动它的地位,连模仿都不会成功,但是邓老凉茶找到了王老吉的一个缺陷,打出了"现代凉茶,去火不伤身"这一广告语,成功地把自己与对手差异化,达到空前的效果。

9.3 广告媒体策划

9.3.1 广告媒体的含义

一、媒体定义

"媒体"一词源于英语中的"media"。所谓媒体,是指传播信息的介质或工具,通俗地说就是宣传的载体或平台。我们经常接触到的电视、广播、报纸、杂志属于大众媒体,而网络、手机等属于新兴媒体。

分众传媒(Focus Media)无疑是新兴媒体中最成功的典范,2年时间从1个城市发展到40余个城市,从50栋楼宇发展至20 000多栋楼宇,月广告营业额从起初100多万元增至5 000多万元,成为十几年来中国新媒体市场中成长最快的案例。

二、广告媒体的含义

广告媒体就是指能够借以实现广告主与广告对象之间信息传播的物质工具。广告媒体是在广告主和广告信息对象之间起中介或载体作用的可视物体,这个定义包括以下八个方面的含义:第一,广告媒体是有形的物体。第二,广告媒体是广告信息的载体,对广告信息进行承载、扩张和传输。第三,广告媒体是广告传播的中心环节,在广告传播过程中不可或缺。第四,广告媒体是沟通广告主、广告发布者、广告经营者、广告受众以及广告环境的桥梁。第五,广告媒体可以是一件承载物品(如一页传单),也可以指某一种(类)甚至是全部广告媒体的总和。第六,广告媒体只是广告信息载运物体,而不是发布、拥有或者经营这些广告信息载体的机构或组织。它是一张报纸而不是一个报社。第七,广告媒体是人的劳动的产物,只有在人的作用和控制下才能发挥效用。

三、广告媒体的类别与特点

(一)按表现形式分

按表现形式可分为印刷媒体、电子媒体等。印刷媒体包括报纸、杂志、说明书、挂历等。电子媒体包括电视、广播、电动广告牌、电话等。

(二)按功能分

按功能可分为视觉媒体、听觉媒体和视听两用媒体。视觉媒体包括报纸、杂志、邮递品、海报、传单、招贴、日历、户外广告、橱窗布置、实物和交通工具等形式。听觉媒体包括无线电广播、有线广播、宣传车、录音和电话等形式。视听两用媒体主要包括电视、电影、戏剧、电视剧及其他表演形式。

(三)按影响范围分

按广告媒体影响范围的大小可分为国际性媒体、全国性媒体和地方性媒体。国际性媒体如卫星电视、面向全球的刊物等，全国性媒体如国家电视台、全国性报刊等，地方性媒体如城市电视台、地区性报刊，少数民族语言文字的电台、电视台、报刊等。

（四）按接触类型分

按广告媒体所接触的视、听、读者的不同，可分为大众化媒体和专业性媒体。大众化媒体包括报纸、杂志、广播、电视，专业性媒体包括专业报刊、专业性说明书等。

（五）按传播信息时间分

按媒体传播信息的时间可分瞬时性媒体、短期性媒体和长期性媒体。瞬时性媒体如广播、电视、幻灯、电影等。短期性媒体如海报、橱窗、广告牌、报纸等。长期性媒体如产品说明书、产品包装、厂牌、商标、挂历等。

（六）按可统计程度分

按对广告发布数量和收费标准的统计程度，可分为计量媒体和非计量媒体。计量媒体如报纸、杂志、广播、电视等。非计量媒体如路牌、橱窗等。

四、广告媒体的重要性

（一）广告媒体的择用直接决定广告目标能否实现

企业广告的目标是塑造企业与产品形象，促进并扩大产品销售。在广告媒体的选择和组合上，版面大小、时间长短、刊播次数、媒体传播时机等，都对传播有一定的影响。延长广告时间，包括广告时间的绝对延长和相对延长。一般而言，时间长比时间短更易引人注意，但是绝对延长时间即时间延长而内容枯燥乏味，反而会降低人的注意力。相对延长时间即广告反复重现、增加广告的频率也易引人注意。但是，反复出现广告也有一定限度，过多的反复会让受众会感到厌烦，甚至产生抗拒心理。因此，在广告媒体的选择上，媒体空间的大小和广告时间的长短，直接影响到广告目标能否实现。

（二）广告媒体决定广告是否有的放矢

任何一则广告其目标对象只能是一定数量或一定范围内的社会公众。广告目标对象是广告信息传播的"终端"，也是信息的"接收端"，社会公众或消费者又称为"受者""受众"。撇开"受者"也就无所谓传播，广告也就无效。如果在广告活动中对广告目标对象把握住了，但是对媒体把握不当，那么整个广告活动也会前功尽弃。

（三）广告媒体决定广告内容与采用的形式

在任何广告中都存在"说什么"的问题，在不同的传播媒体上，"说的内容"和"说的形式"就有着很大不同，这是由不同的广告媒体的特点所决定的。对于某些广告活动，在其广告内容上要注意分析和把握不同媒体的价值功效，以相适应的传播媒体去完成特定的广告信息传播。

（四）广告媒体决定广告效果

任何一个企业做广告都希望以尽可能少的广告费用取得尽可能大的效果，由于广告费用中的绝大部分用于媒体，从这个角度来分析，可以说媒体费用决定广告效果的大小。按照国际惯例，在一种正常的经济运行状态中，用于广告媒体的费用占企业广告费用的80%以上。

9.3.2 广告媒体策划的原则

一、目的原则

广告媒体策划就是在不同的广告媒体上投入不同的预算,以达到最大的宣传效果。通过整合报纸、网络、电台、电视台、移动设备等各种媒体资源,引导消费者关注,从而达到产品宣传、品牌树立的目的。

二、适应性原则

广告媒体众多,选择的广告媒体应具有广泛的消费者适应性和影响对象的大众性。市场环境、产品情况并不是一成不变的,广告策划也不可能一下子面面俱到,也总是要处于不断的调整之中。忽视了适应性原则,广告策划会呈现僵死的状态,出现广告与实际情况不一致的现象。广告策划活动要处于不断的调整之中,具有一定的弹性,这样才能与复杂多变的市场环境和现实情况保持同步或最佳适应状态。

三、优化原则

广告主可以选择的媒体众多、费用不一,在进行媒体选择时,应认真分析了解各种能够影响广告对象的媒体的性能及特征,尽可能找到对象多、公众注意率高的传播媒体及其组合方式,因此广告媒体必须从多数媒体的比较中产生。

四、效益最大化原则

某些媒体有一些自己的特性,如电视具有形象性和直观性,报纸具有时效性和说明性,广播价格便宜和具有灵活性,杂志具有选择性,直邮具有直接性和直观性,销售点具有现场性等。但同时各种媒体也有一些各自的不足与缺陷,如有的费用高,有的时间慢,有的选择性差等。为此,可以通过广告媒体组合,使各种媒体所具有的特性有机地组合起来,既使一些媒体特长得到发挥,又可弥补一些媒体缺陷,能够发挥整体效益。在资金不足的情况下,组合多种费用低、效果一般的媒体,仍可形成一定的广告优势。如电视虽然有较强的传播效果,但广告制作费用高,播出费昂贵,一般企业难以承受,如果运用多种类型的小广告,配合促销活动,花钱不多,也能取得较好的效果。根据这一原则,应选择成本低而又能够达到广告宣传目标的媒体,确保广告成本费用与广告所获得的经济利益成正比。

9.3.3 广告媒体策划的基本流程

一、确定媒体目标

每一个媒体目标都应该与一个营销目标和策略紧密相连。不同的营销目标所要设定的媒体目标也不同,要注意媒体发送的范围和时间,优先保证所选择的媒体能让目标消费者对品牌维持认知与记忆,并注意媒体所发送的信息的力度。

二、制定广告媒体策略

(一)广告媒体策略的含义

广告媒体策略(media strategy)是广告策划中的重要环节,它的目的是实现总体的广告目标。因此,广告媒体策略的目标应该与广告目标一致。在制定广告媒体策略之前,首先就要了解广告目标。结合对一般企业营销目标和广告目标的分析,广告媒体策略目标的类型有提高品牌知名度、提升品牌形象、支援促销活动、击败竞争对手等。

(二) 广告媒体策略的内容

(1) 媒体时机策略。媒体时机策略是对广告推出的时间、频率所做的具体安排,也是广告媒体策划的重要组成部分。企业竞争的环境总是处在变化之中,媒体传播必须善于抓住机会,适时推出广告信息,以取得最佳的传播效果,如利用重大活动、特定时间,或是深受欢迎的电视节目等。广告的时机是在时间上与广告商品、市场行情以及人们的注意程度等有关的一系列机会。发布广告信息的时机要注意把握商品时机、重大活动时机、黄金时机、节令时机等。把握好广告的媒体时机,可取得事半功倍的效果。时刻关注社会需求、消费心理、媒体文化,注意大的节日和引起公众关注的事件,常常可以发现意想不到的机会,取得出乎意料的效果。媒体时机策略的"时机"可以从以下几方面着眼:

①产品生命周期时机策略。产品生命周期时机策略是指根据产品的生命周期把握广告传播的媒体时机。一般情况下,在产品导入期广告的投入很大,这一时期的广告可以科学地分配到各种媒体上,运用媒体组合,加大宣传力度,整合媒体效果,最大限度地提高消费者对品牌的熟悉度和信任度。在产品成长期,随着消费者对新产品不断熟悉,可以适当地收缩广告的投放。产品进入成熟期后,同类产品竞争加剧,有必要再度提高广告投放的力度,但应保持大体的稳定。这一时期的主要任务是"深耕老市场,开拓新市场",所以媒体选择以重点媒体加辅助媒体的方式比较好。待产品进入衰退期,媒体的类别和广告投放的频次都应该有所减少或转向新产品宣传。

②季节时机策略。季节时机策略是指根据产品销售季节来把握广告传播的时机。很多产品都存在明显的销售季节性,例如酒类、饮品、食品、服装等。每年的5月到9月,白酒市场便进入了所谓的销售淡季;每年的10月末到次年的3月初,饮料市场也进入了所谓的销售淡季,出现产品销售停滞、现金流量骤减、经销商态度消极等情况;每年的农历八月十五前一段时间,月饼的销售异常火爆,而中秋节一过月饼便无人问津;服装也是如此,冬装、夏装界限分明。对于这些产品,广告应抢在销售旺季前投放,在相应的媒体上大量投放广告,让受众在视觉上先进入销售旺季。但事情不是绝对的,有些反季节广告媒体策略也取得了成功。冬季是啤酒销售的淡季,但冬季也是人们进补的好时机,于是一些酒厂纷纷推出了冬季饮用的滋补啤酒,在各种报纸、杂志以及广播中纷纷打出"暖啤""红枣啤""姜汁啤"的广告,还在火锅店门口打出"火锅啤"的招牌,在淡季创造了新的增长点。

③事件时机策略。事件时机策略是指利用重大事件、赛事等大众关注的事件进行广告宣传。如世界体育盛会奥运会,就是很好的事件时机,在奥运会期间人们的心理抵抗度很低,很容易把赛事的、运动员的某些体育品质在不知不觉中嫁接到产品上,这也是为什么每逢奥运会,企业都会大把大把地向媒体撒钱的原因。但企业这时该选择什么媒体来做自己的广告,也是需要深思熟虑的。金六福就是以奥运的名义销售金六福酒。从2004年开始,金六福就已经在黄金地段的户外广告换上了新装——"奥运福·金六福"。金六福在此次奥运营销中,通过大量的电视、路牌广告,围绕金六福一贯的"福文化"理念,使"奥运福·金六福"这一口号深入人心,确保了战略优势,达到了促进销售的短期效果。

(2) 区域分布策略。区域分布策略就是要对多个广告区域之间的关系做出安排。实际上，绝大多数产品都可以在全国各地区销售，因而都可以在全国各地区做广告宣传，只有少数产品才具有严格的地区性。但是，绝大多数产品却无力在全国各地区同时进行等强度广告宣传，这一方面是因为企业财力有限，另一方面也因为各地区的广告效果有很大差别，不宜"一刀切"地简单对待。为此，广告区域分布策略便显得十分重要。

广告区域分布策略在总体上有三种：一种是直接开展全方位广告宣传，这适用于那些产品销售区域不限且实力雄厚的大型企业；一种是先"点"后"面"，以"点"带"面"，即确定一个或几个重点广告地区，先从重点地区突破，然后再向非重点地区拓展，并逐步推广至全国；还有一种是"点""面"并重，即抓住重点地区，集中优势进行广告宣传，同时面向全国其他地区做一般性广告宣传。这三种区域分布策略中，以第二种最为常见。确定采用某种区域分布策略之后，实施时要注意结合该区域的类型特点，以求获得良好的广告效果。由于各个广告区域存在地区差别因素，因此必须根据地区特点来制定相应的广告表现策略。通常要做以下三个方面的策略考虑：首先在经济发展水平高、消费水平高、人口密度大、市场潜力大的地区，重点开展集中优势的广告宣传，增加广告频次等。相反，在经济发展水平较低的地区，广告投入要相对降低。其次，根据各地区的不同条件，确定广告媒体的覆盖面和深入程度，并选择足以覆盖该地区和足以深入该地区的媒体。比如，在乡村地区选择广播媒体，其覆盖面和深入程度都比印刷媒体更为理想。最后，根据各地区的不同人文特点，选择适合的广告表现策略，以及适合当地人文习惯的广告媒体。比如，在城市地区，广告表现手法上要力求新颖、内涵深刻，在媒体选择上则比较灵活。

（三）广告媒体选择策略

广告主在做广告时，大多以宣传自己的产品或服务为主要内容。因此在选择媒体时，必须考虑到企业或产品本身的特点。各种产品的特点、性能、用法各不相同，因而对广告的要求也不一样。比如有些产品的消费是全国性的，有些却是区域性的；有些产品销售不受时间限制，有些产品销售则具有很强的季节性；有些产品非用大量的文字说明不可，有些则非用色彩或画面不可，等等。所以，广告作品应针对产品的种类和特性来选择媒体。例如：专业性产品的广告宜选择专业性的报纸或杂志，而不宜采用综合性的报纸和杂志；妇女时装广告最好刊登在印刷精美的彩色杂志上。此外，还要考虑广告产品的特性和消费者的习惯、文化层次、生活状况等，如消费资料与生产资料、技术的复杂程度、男性与女性、成年人与青少年、固定岗位工作人员与流动岗位工作人员等。为了实现不同的销售目标要选择不同的媒体。比如，对于妇女和少年儿童来说，电视和广播较为适合，对旅客、司机来说，广播最适合。以扩大销售为目标者其媒体选择顺序依次为：电视、广播、销售点、报纸、杂志；以增加市场占有率为目标者其媒体选择顺序为：报纸、杂志、电视、广播；以提高知名度为目标者其媒体选择顺序为：报纸、户外、电视、交通工具以及公益与赞助活动。因此，从媒体角度评价一则广告作品的成功与否，要根据具体情况，不应一概而论。

三、选择媒体

（一）报纸

报纸是现代广告媒体中覆盖面较广的一种媒体，也是传统四大强势媒体之一。今天，报纸广告在我国广告业中占有极为重要的地位，全国1 700多种报纸中经营广告的有1 000家以上，其中日发行量在100万份以上的报纸都经营广告。虽然目前报纸广告受到电视和网络媒体的冲击，但报纸仍是广大广告主青睐的对象。

（1）优点：市场覆盖面大；版面大；印刷成本较低；发行对象明确，选择性强；信息传播迅速，时效性强。

（2）缺点：易导致阅读者对于广告的注意力分散；吸引力不强；色彩较差、缺乏动感；延续效果不足。

（二）电视

电视可说是当今最主要和最有影响力的广告媒体，大多数国家和地区的家庭基本都有电视，特别是在城市居民中，电视的普及率非常高，人们几乎每天都看电视。许多国家和地区还有有线电视，可以通过卫星收看世界各地的电视节目。正因为收看电视是人们日常生活中的一项基本内容，其中的广告发挥的效能也就更大了。电视是一种视听结合的传播工具，具有多种功能。自20世纪30年代问世以来，电视就不断以新的面貌面向广大观众，深入千家万户，在传播领域产生了越来越大的影响，也成为当今最为重要的广告媒体之一。

（1）优点：视听结合，传达效果好，有较强的冲击力和感染力；纪实性强，有现场感；传播迅速，影响面大；有多种功能，娱乐性强；利于激发情绪，增加购买信心和决心，有一定的社会公信力和影响力。

（2）缺点：承载广告信息有限；不易保存；成本较高；广告环境杂乱。

（三）杂志

杂志也是一种印刷平面广告媒体，尽管与报纸广告相比，它明显缺乏时效性，而且覆盖面有限，但由于它精美的印刷，具有夺目的视觉效果，故深受特定受众的喜爱。由于杂志种类繁多，雅俗均有，而且出刊周期短的杂志种类最多，影响颇大，因此它成为现代广告四大媒体之一。由于印刷技术的发展和人类思维的进步，以往的单纯平面设计模式不断被打破，新的设计形式不断出现，这都体现着杂志广告的广阔前景。

（1）优点：对象明确，针对性较强；编辑精细，印刷精美；有效使用期较长，保存时间长；读者比较固定；发行面广，不受时间、空间、地域的限制；广告费用较少；可采用跨页广告，视觉效果更具震撼力。

（2）缺点：平面广告只有画面，缺乏动感、声音，吸引力较弱；时效性较差，周期较长，缺乏灵活性。

（四）广播

由于科技的发展，新媒体不断出现，广播媒体面临着越来越多的挑战和冲击，然而广播还是有它的优越性，只有充分地了解这些特性，才能扬长避短，进一步开掘这一媒体的潜力。

（1）优点：传播迅速，时效性强；信息受众广泛，覆盖面大；感染力强；传播的周期短、容量大，不受时间限制；随时收听，广告到达率高。

（2）缺点：传播效果稍纵即逝，过耳不留，信息的储存性差，难以查询和记录；广播只有声音，没有文字和图像，听众对广播信息的注意力容易分散；广播在城市中收听率较低。

（五）网络

与电视、报纸、广播、杂志四大传统媒体以及其他各类户外媒体、直邮、黄页相比，网络媒体集以上各种媒体之大成，具有得天独厚的优势。随着网络的高速发展及完善，它日渐融入人们的工作和生活，对于现代营销来说，网络媒体是重要的媒体战略组成部分。

（1）优点：传播面广；不受时间和空间限制；便利性强；手段丰富多彩；价格便宜；内容种类繁多，信息面广；具有互动性；引起在线购买程度高。

（2）缺点：效果评估困难；网络广告覆盖率低。

（六）户外广告媒体

凡是能在露天或公共场合通过广告表现形式同时向许多消费者进行诉求，达到推销商品目的的物质都可称为户外广告媒体。户外广告媒体可分为平面和立体两大部分。平面的有路牌、招贴、壁墙、海报、条幅等。立体的有霓虹灯、广告柱以及广告塔、灯箱等。在户外广告中，路牌、招贴是最为重要的两种形式，影响甚大。设计制作精美的户外广告会成为一个地区的象征。

（1）优点：可以较好地利用消费者的在途时间，利用在公共场合经常产生的消费者心理空白；节约成本，反复诉求。

（2）缺点：区域性强，宣传范围小；可传递的信息有限；广告效果评估困难；易使消费者产生厌倦感。

四、实施媒体策划

媒体策划包括了解收集各种媒体信息，做媒体方案、推荐方案，通过媒体购买及执行，进行媒体资源整合和维护，并对媒体进行信息发布监测，定期形成监测报告。对媒体情况调研分析，定期出具调研报告。调查了解收集各种媒体信息，做媒体方案、策划，即当广告主需要投放某媒体广告时，广告公司需要制作广告方案，也就是进行广告策划，当广告主认可该方案后再由广告公司按照相关策划要求找到对应的媒体，并制作媒体投放的方案。实施媒体策划主要涉及媒体排期和媒体购买。

（一）媒体排期

（1）持续排期。持续排期是指按照广告策划的要求，在整个广告运作过程中，自始至终都均匀地安排广告。使用持续广告法的假设前提是，产品市场在不断扩大，消费者购买商品比较频繁，或者该产品属于某种短缺性的、有限的产品。这种方法显而易见的不足是，由于在排期上的一成不变，使媒体投入状况不能很好地与销售情况相结合。

（2）交叉排期。交叉排期是指在一个较长的广告周期之内，根据广告规格或媒体传播情况，对不同规格的广告相互交叉播出。由于广告发布的媒体费用较大，交叉排期法是一种常见的选择。采取这种方法，可以对不同规格的广告形成互补性冲击，同时也相应地降低了广告播出成本。它的明显不足是，有时广告显得缺乏统一性。

（3）集中排期。集中排期是指在一个较长的广告周期内，对特定媒体的广告发布，只集中在一个相对较短的时期中，以收到某种强烈反应。集中排期在使用时机上，往往选取某一特定的销售时段，如销售旺季、节假日等。其前提是在这一时期，通过集中性广告轰炸，能够形成突破性的市场影响。其不足之处是在集中广告之后，消费者很难得到广告的引导。

（4）间歇排期。间歇排期又称作脉动式，就是在一个相当长的广告周期中，广告的连续性不是通过不间断来体现，而是在连续性发布之中，有规律地间歇，用以强化广告效果。这种方法是对持续式广告的一种折中运用，它既避免了持续高强度广告发布造成的浪费和对受众所形成的信息重复，又可以保持广告的连续性，有利于广告信息效应的发挥。当然也有不足之处，就是间歇可能会造成受众信息接收的中断，不利于强化广告诉求效果。

事实上在广告运作中,各种形式的灵活排期很多,但一般都是这几种基本方法的变化和演绎。广告发布排期没有一成不变的方式,也不存在哪一种方式是最佳的选择。最有效的排期类型决定于广告的传播目标是否符合产品的特性、目标市场的消费对象、销售网络,以及是否能够为广告主所承受。比如,某位零售商想要在销售旺季到来之前推销产品,他认为只有少数人对这种产品有兴趣。在此情况下,广告的目的在于获得最大接触,而不在于重复,尽管重复可加强记忆。于是这位零售商决定,在一周之内,密集地传播有关信息,但其在每天的时段却不同,以避免同样的消费者重复获得信息。

(二)媒体购买

媒体购买是指在企业营销战略框架下科学有效地安排广告发布计划。在现代大众传媒日新月异的冲击下,广告发布的作业流程体系中,媒体购买包含了媒体广告和其他项目(如创意、物料制作、市场调查等)。

广告公司立足于媒体信息的研究,占据大量的媒体资料和信息进行专业分析,为客户提供更为全面的媒体咨询服务,可以借助公司的实力和资金实现资本运作,对媒体广告时间和版面大量或优先、集中、规模购买,从而为客户提供较好、较优惠的时段和版面,而且在付款方式上享受更多优惠。过去,许多企业的广告是由多家广告代理商承担的,擅长创意和设计的公司代理广告的策划、创意和制作业务,而媒体投放则交给媒体代理公司,这些媒体代理公司往往能够提供给客户较多的收益回报。

广告公司实现规模运作、资本运作之后,为客户提供的服务将更为全面、更为细致,为客户更科学地进行媒体投资,使客户能够获得最大的回报。广告公司依靠其强大的信息占有和专业的分析能力不仅能够为客户提供详细的媒体资料和媒体策略,同时依靠自身实力和信誉,对媒体的广告资源进行集中性和规模性控制,实行独家代理、优先代理、买断经营。而媒体代理公司能利用各种资源、各种手段对广告媒体进行选择,经营操作,发展自身,提高企业竞争力。

9.4 广告效果评估

广告界人士经常引用 19 世纪成功的企业家约翰·瓦纳梅克的一句名言:"我明知自己花在广告方面的钱有一半是浪费了,但我从来无法知道浪费的是哪一半。"为了查明究竟广告费的哪一半是浪费掉了、哪一半在起作用,广告人员每年要花费大量的时间和金钱进行调查研究工作,更确切地说,他们在设法查明某一则或一组广告是否达到了预期效果。广告效果评估或测定在整个广告活动中占有重要地位,广告活动要落实到广告效果上,只有靠效果评估,广告主及广告公司才有改进广告活动的指南针,才能选择最好的诉求,创作最有说服力的信息,选择最恰当的媒体及媒体组合,达到预定的广告目标。本节主要介绍广告效果的含义及特性,广告效果的分类,广告效果评估的原则,广告效果的事前评估、事中评估、事后评估。

9.4.1 广告效果概述

一、广告效果的含义及特性

所谓广告效果,是指广告作品通过广告媒体传播之后所产生的作用,或者说,是在广活动中通过消耗和占用社会劳动而得到的有用效果。

广告活动是一项复杂的系统工程，广告效果的取得受多方面因素的影响，这就决定了广告效果具有复杂的特性。而要对广告效果有清晰的把握，要对广告效果进行科学合理的测定，必须了解广告效果的基本特性。具体来说，广告效果的特性表现在以下几个方面。

（一）广告效果的迟效性

广告对不同消费者的影响程度，受消费者所处的社会、经济、文化、时空、地域等多种因素的制约，因此消费者对广告的反应程度也是各不相同的，有的可能快一些，有的可能慢一些。同时，广告对特定消费者的购买心理刺激也必须经过一定的反应过程，即反复的刺激过程，才能达到购买行为阶段。因此，广告对消费者的影响程度，总的来说具有迟效性，即广告效果必须经过一定的时间周期之后才能反映出来（当然，某些特殊的促销广告除外）。迟效性使得广告效果不可能在短期内表现出来，因此，要准确地测定广告效果，必须准确地掌握它的时间周期，掌握广告有效发生作用的时间期限。

（二）广告效果的复合性

广告活动是一种综合性的、复杂的信息传播活动，它既可以通过各种表现形式来体现，又可以通过多种媒体组合来传播，同时它又受到企业其他营销活动、同业竞争广告和有关新闻宣传活动的影响，所以广告效果从总体上来说是复合性的，我们只有从整体上把握影响广告活动的各种因素，才能测知广告的实际效果。

（三）广告效果的累积性

广告作用于消费者，促成其购买行为而产生促销效果，大多数情况下并不是一次、一时或一种信息和媒体作用的结果，而是广告信息的多次重复造成累积效果的体现。消费者在尚未发生购买行为之前，都可看成是广告效果的累积时期。在这一时期中，消费者的购买行为尚未发生，企业必须连续、多次地做广告，强化影响，通过量的积累转化为质的飞跃，促成消费者购买。而这种购买行为，显然不应看作是最后一次广告的效果，而应看作是在此之前多次广告信息累积的效果。正因为消费者的购买行为是多次广告信息、多种广告媒体综合作用的结果，所以很难测定某一次广告的单一效果。

（四）广告效果的间接性

广告效果不仅具有累积效果性，而且还具有间接效果性。如某消费者接受广告宣传活动的影响，购买广告的产品，使用一段时间后，觉得质量稳定、物美价廉，便向亲朋好友推荐从而激起他们的购买欲望；或者有的消费者接受广告的影响后，在自己对该产品不需要的情况下，也会鼓励别人购买。这些都是广告间接效果的表现。

（五）广告效果的两面性

所谓效果的两面性，是指广告不仅具有促进产品或劳务销售增加的功能，同时还具有延缓产品或劳务销售下降的功能。促销是广告的基本功能，促销效果是测定广告效果的一项重要内容。在市场疲软，或产品进入衰退期阶段，广告的促销效果表现在减缓商品销售量的急速下降。在这种情况下，如果再从产品销售量的提高方面来评价广告效果，显然是不客观的。因此，在评估广告效果的时候，必须充分分析市场状况以及产品的生命周期，才能较为客观和全面地测定广告效果。

以上阐述的广告效果的特性，对于正确有效地测定广告效果是十分重要的。广告效果测定的时间、对象、指标等的选取以及对测定结果的评估，都应结合广告效果的特性进行综合考虑，使测定结论更符合客观实际情况。

二、广告效果的分类

为了有效地对广告效果进行评估，必须对广告效果进行科学分类，按照广告效果的不同类型采取不同的测定方法，才能取得较好的测定效果。广告效果从不同的角度有多种分类，主要包括以下几种。

（一）按广告效果的性质，可分为广告的经济效果、广告的心理效果和广告的社会效果

广告的经济效果主要是指广告的销售效果，是广告对促进产品或劳务销售和利润增加的影响。20世纪60年代以前，销售额一直是测定广告效果的唯一尺度。

广告的心理效果是指广告在消费者心理上引起反应的程度及其对促进购买的影响。广告心理效果又称为广告报道效果。1961年，R·H·科利发表了著名的DAGMAR模式，首先提出了广告报道效果的系列指标。其主要观点是广告在传播信息时，是逐步深入人们头脑中的；人们接受信息分若干层次，每一个层次都做出相应的反应之后，又通向下一个层次，其模式是：

未知——认知——理解——确信——行动

在广告报道中，接触广告的人们心理变化基本上按"认知——（感情上）接受——行动"这种模式发展（当然，人们的心理变化并不总是直线地逐次推移，而是螺旋地迂回推移），每一个层次的目的都可以作为广告心理效果来测定，并以此来确定广告引起心理效应的大小。

广告的社会效果是指广告对社会道德、风俗习惯、语言文字等方面的影响。

（二）按广告活动过程，可分为事前效果、事中效果与事后效果

按广告每次活动的总体过程，广告效果可分为事前效果、事中效果与事后效果，与此相对应，广告效果评估可分为事前评估、事中评估、事后评估，这是在实际广告效果评估中经常采用的方法。

广告效果的事前评估除了市场营销调研中所包含的商品分析、市场分析、消费者分析之外，还可能需要探究消费者的心理与动机，以及设法测验传播信息能在传播过程中发生些什么作用。这也就是一般所指的文案测验，它的目的在于找出创作途径，选取最适当的信息。

广告效果的事中评估，主要目的在于设法使广告战略与战术能够依预定计划执行，而不至于离题脱轨，即使有之，亦可设法予以修正。

广告效果的事后评估在于分析与评定效果，从此作为管理者决策的参考，以及作为决定与分配广告预算的基础。

（三）按广告活动构成因素，可分为广告原稿效果和广告媒体效果

广告原稿效果又称为广告表现效果，它是指广告剔除媒体作用后由广告原稿本身带来的效果，即广告原稿达到预先制定的认知率、显著程度、理解度、记忆率、唤起兴趣、形成印象等具体目标的程度。

广告媒体效果是指纯粹由媒体本身给广告带来的效果。1961年，美国广告调查财团（ARF）发表了ARF媒体评价模式。这一评价模式包括六个指标：媒体普及、媒体登出、广告登出、广告认识、广告报道和销售效果。媒体普及在电波媒体里指广播和电视总的普及台

数，或者拥有收音机和电视机的总户数，在印刷媒体里指报纸、杂志发行份数或者实际销出份数。媒体登出是指潜在的听众、观众的总数。具体而言，电波媒体的情况是在特定的时间内电视观众和广播听众的总数，或者在特定的时间内打开收音机、电视机的总数。印刷媒体的情况包括传阅的读者总数。广告登出是指观众、听众接触一则广告的总数以及接触一则广告的频度总数。

媒体普及、媒体登出和广告登出这三项纯粹是媒体广告效果。而广告认识、广告报道和销售效果三项则是媒体和广告表现的综合结果。

三、广告效果评估的原则

明确了广告效果的特性及其分类后，在具体的广告评估过程中还必须遵循一定的原则，才能保证广告效果评估的科学性，才能达到广告效果评估的预期作用。

（一）目标性原则

因为广告效果具有迟效性、复合性与间接性等特点，因此对广告效果的评估就必须有明确具体的目标。如：广告效果评估的是长期的效果还是短期效果？如果是短期效果，是评估销售效果还是心理效果？如果是心理效果，是测定认知效果还是态度效果？如果是认知效果，是商标的认知效果还是产品特性的认知效果？只有确定具体而又明确的广告效果评估目标，才能选定科学的评估方法与步骤，才能取得预期的评估效益。

（二）综合性原则

影响广告效果的因素是复杂多样的，在具体评估过程中还有许多不可控因素的影响。因此，不管是评估广告的经济效果、社会效果还是心理效果，都要综合考虑各种相关因素的影响。即使是评估某一具体广告，也要考虑广告表现的复合性能、媒体组合的综合性能以及时间、地域等条件的影响，才能准确地测知广告的真实效果。另外，从全面提高广告效果来说，广告效果的评估也应该是广告的经济、社会、心理效果的综合评估。

（三）可靠性原则

广告效果评估的结果只有真实可靠，才能起到提高经济效益的作用。因此，我们在效果评估中，样本的选取一定要有典型性、代表性，对样本的选取数量，也要根据评估的要求尽量选取较大的样本。对于评估的条件、因素要严加控制，务必标准一致。评估要多次进行、反复验证，才能获取可靠的评估效果。

（四）经常性原则

因为广告效果在时间上有迟效性，在形式上有复合性，在效果上有间接性等特点，因此对广告效果的评估，就不能有临时性观点。具体而言，某一时间和地点的广告效果，并不一定就是此时此地广告的真实效果，它还包括前期广告的延续效果和其他营销活动的效果等。因此我们必须有前期广告活动和其他营销活动及其效果的全部资料，才能真正测定现实广告的真正效果。同时，广告效果评估的历史资料含有大量的评估经验与教训，对现时的广告效果评估具有很大的参考价值，而且长期的广告效果评估，只有在经常性的短期广告效果评估（并有详细的评估资料）的基础上才能进行。

（五）经常性原则

在制订广告效果评估计划时，在不影响评估要求和准确度的前提下，评估方案要尽可能简便易行。同时，进行广告效果评估时，所选取的广告样本的范围、地点、对象、方法以及评估指标等,既要考虑满足评估的要求,也要充分考虑企业经济上的可能性,尽可能地做到以较少的费用支出取得尽可能满意的评估效果。

四、广告效果评估的意义

从世界范围的广告发展来看,在20世纪50年代以前,人们对广告效果的测定与评价往往是凭经验、直觉进行主观判断。在五六十年代,世界广告业发生了一个重大变化,即一些研究人员从广告公司、媒体单位和广告主企业中脱离出来,组织独立的广告研究所,专门从事对广告效果的研究和测定工作,从而将广告业的发展推进到一个新的历史阶段。另一方面,随着市场竞争的加剧、广告投入的大幅增加和广告业务的丰富和拓展,以科学的方法和手段进行广告效果的评价也越来越成为广告主和广告公司所关注的问题。这些都说明了广告效果的评估工作对于广告主的营销活动、广告单位的经营发展和广告水平的不断提高,具有极为重要的意义和作用。具体而言,进行广告效果评估具有以下重要意义。

(一)有利于增强广告主的广告意识,提高广告信心

一般而言,广告主对广告的效用是有一定认识的,但对广告的效用究竟有多大、是否合算,却没有多大把握,这既影响广告主的信心,也影响对广告费用预算的确定。企业决策总是倾向于以事实为依据,如果能对广告效果进行评估,具体说明广告的效用,就能使广告主增强广告意识,提高对广告的信心。

(二)为实现广告效益提供可靠的保证

对广告效果的评估,可以检查和验证广告目标是否正确,广告媒体的运用是否合适,广告发布时间与频率是否得当,广告主题是否突出,广告创意是否新颖独特,等等。因而这种评估为实现广告效益提供了可靠的保证。这首先在于广告效果的事前评估可以判断广告活动各个环节的优劣,以便扬长避短、修正不足,从而避免广告活动的失误,使广告活动获得更大的效率。其次,广告效果的事后评估,还可以总结经验、吸取教训,为提高广告水平提供借鉴。最后,广告效果的评估还可以为广告活动提供约束机制,监督并推动广告质量的提高。

(三)保证广告工作朝着科学化的方向发展,促进广告业的繁荣

广告效果的评估,是运用科学方法和科技手段对广告活动进行定性与定量分析,以判定广告的传播效果和销售效果,其涉及的学科包括统计学、心理学、传播学、社会学、计算机技术等,因而这种评估必将推动广告事业的发展。这首先在于广告效果的评估必将融合多学科的专业技术,促进评估手段、技术和方法的发展进步。其次,广告效果的评估,还可以促使广告策划、设计、制作、传播水平的提高,从而使广告活动朝着更加科学化、规范化、系统化的方向发展,促进广告业的繁荣。

9.4.2 广告效果的事前评估

广告效果的事前评估,主要是指对印刷广告中的文案、广播电视广告中的脚本以及其他形式的广告信息内容的检验与测定,对于这些信息内容的检测,都是在未正式传播之前进行的,所以叫事前评估。广告效果的事前评估可以测知广告信息的心理效果和部分社会效果,因而也就可以间接地测知广告的经济效果。同时,广告效果的事前评估,可以将广告创意策略、传播策略中的某些错误及不当之处消灭在襁褓之中,可以有效地提高广告的最终效果。

因此，广告效果的事前评估对于整个广告活动的实施具有十分重要的意义。

一、进行广告效果事前评估的原因

关于广告效果是否应事前评估，意见并不一致。一方面，广告主对这种评估不重视或不愿支付费用，有的广告主仅凭他自己的直觉来对某一广告活动是否成功做出评判。另一方面，大多数创作人员都反对事前评估，他们辩称，若每则广告都加以事前评估，则等于不信任创作人员的才能，而将创作变成了机械性的制作。尽管这样，以下三个理由仍可使我们认清事前评估的意义。

（一）防止出现大的失误

一般而言，事前评估只能给予数量有限的资讯，但这种资讯却十分重要，其主要目的确定这一广告活动是否存在着致命性的缺陷，是否会给产品或企业带来灾难。如果有缺陷，事前评估则可以提供一个机会，在广告活动之前确认这些缺陷并加以改正。

（二）确定广告达成目的的程度

就达成所确定的广告目的而言，事前评估能为广告活动计划者提供一个机会，确定将要展开的新的广告活动将可能达到什么目的，以及程度如何、有没有偏离、有何偏离等。很显然，这些信息对广告主来说非常重要。

（三）评估传达某品牌销售信息的可选方法

传播某品牌销售信息，往往有多种可供选择的方法。对广告传播而言，如果不是实际对所有可选择的方法通过市场彻底加以检验，就不可能确定哪种方法最好。因此，广告主完全有必要对可供选择的创意策略、媒体组合方案等通过市场进行试验，取得消费者可能的反应，以判定哪种方法、策略或方案最优。

二、事前评估的时机

一般来说，以下四个阶段可以作为实施事前评估的机会。

（一）概念测试阶段

概念测试虽然不是一种实际测试广告的技术，但却广泛用于评估新产品构思、新产品建议以及既存产品营销要采用的新方法等。因此，它无疑是开展广告活动的第一步。

概念说明只用几句话概述产品的属性、用途及对消费者的好处。具体来说，一项概念说明应包含以下三个重点：

（1）对产品打算解决的问题所做的说明。

（2）产品所提供的解决方法的类型的定义。

（3）能对产品解决问题的能力增加可靠性而需要的支持属性（实体上的与传播方面的）。

概念说明常附有一张看起来像什么、什么时候产生或其所能提供的解决方法的插图。此插图与支持的文字称为"概念提纲"（concept board），用以帮助消费者看懂产品会是什么样子或可能怎样做。

产品概念虽然简短，却至关重要。因为广告主常从设计的角度、竞争的角度、生产制造者的角度，而不是消费者需要的角度看问题，因而概念说明常常不得要领。即便是广告主能真正做到"消费者导向"，但对消费者真正的需求动机，真正能打动消费者、激起其购买意愿的利益点却不一定能准确把握。通过事前评估，可以测知消费者对概念说明的反应，这对广告主设计出真正能满足消费者需求的产品概念是大有好处的。

（二）创意阶段或承诺陈述阶段

确定广告的基本销售信息或广告构想，也就是确定广告要向消费者提供何种利益或解决消费者何种问题，即广告承诺，这是广告创意策略的核心，也是广告活动的核心。因此，这一陈述的正确、可信对消费者的说服力关系重大，否则无论其他事情做得怎样，广告活动必然失败。为了事前评估的目的，这一陈述可采取下述形式：如果你买此品牌，你可得到此利益，或者这一品牌可解决这一问题。这一陈述常附以产品插图，或附以帮助消费者看到所提供的利益的插图。

大多数创意策略事前评估的目标，是在几个品牌可能使用的销售信息中加以选择，以确定哪一个最强有力。

（三）概略阶段

广告事前评估最普通的方式是在最后制作之前的阶段进行或以概略方式进行，即在做报纸或杂志广告评估时用"草图"，而文案可以打字或不用打字均可，在视觉上一般只需简述行动、事件或发生的情况，甚至能用简笔画表示。在广播广告评估时，常用"毛带"，这一"毛带"只是概略录下近似广播广告完成的形式。在电视广告评估时，通常以故事板的方式测试，在这种测试时，可以请受访者看草图，或以某种方式照相来说明在广告影片中将出现什么画面。许多电视广告片都以故事板草图方式表现，然后把声音录在称为"毛片"的磁带上，再把声音与故事板说明加以合成，即可代表广告片最概略的版本。

（四）完成阶段

大广告主们对其较大的广告活动主要用完成的广告做事前测试。评估时使用印刷广告的完稿或电视广告正片，它们和消费者将要看到的正式发布的广告几乎完全相同，其理由是，许多信息与广告制作，特别是那些利用影像或气氛的广告，如不用完稿形式就不可能将要传达的销售信息完整或正确无误地表现出来。

三、事前评估的目的

任何广告事前评估的首要法则是为评估确定目的，换言之，必须清楚地说明要测试的是什么，以及要测试的是些什么目标，很明显，事前评估的目的常是由广告以何种形式或在哪一阶段接受评估的情形来决定。如果要评估的是新产品各个不同概念的重要性，那么评估就是要确定概念所描述的产品是否能真正解决消费者的某个问题，或者是否提供了足够的利益而诱使消费者试用；而如果是毛片，那么广告目的很可能是灌输品牌名称、建立对品牌或产品的认知、让人了解销售信息是什么，评估也要针对这一目的进行。

（一）知觉

广告的知觉是指人们了解这是一个广告，其中包含某一个销售信息，仅此而已。这是广告传播要达到的最起码的目的。也就是在杂乱的媒体上，在许多广告主向消费者发出有关同一产品的类似销售信息的情况下，广告主必须使其广告与背景刺激物明显区分开来，以吸引消费者无意间的注意力，使消费者对广告主刊播的广告及销售有所知觉。

（二）理解

广告的理解是指广告所用的文字与图片是否切实地传达了销售信息，即消费者是否了解广告主正试图传播的是什么，或者说，消费者从广告传播中所得到的信息与广告主想要传达的信息是否一致。如果两者完全一致，那么可以肯定广告完整地实现了理解效果。对"理解"的测定，通常以播放或描述广告力图传达的信息去询问消费者，并将结果与广告陈述的目的相对比。

（三）反应

在事前评估中，最后的测定通常是测定消费者对广告的反应。换言之，如果消费者"知觉"这一广告并"理解"广告的主要内容，那么他们对这一信息的"反应"如何？最常见的评估是确定这一信息在受访者看过（听过）之后，是否会被说服而改变他们对某品牌的态度或行为。如果广告的目标是以刺激来改变其态度，则事前评估"反应"就主要看广告是否能改变受众的态度，如果广告目标是导致试用，则事前评估"反应"就要确定广告导致试用的情况。在事前评估中，受访者的反应常是最重要的评估事项。

四、广告效果事前评估的方法

（一）事前评估概念说明、创作策略或承诺陈述的方法

（1）亲身访问。做亲身访问是事前评估概念说明、创作策略或承诺陈述的传统方式。其程序有许多形式，最常用的访问场所是在家中、在百货商店，或者在机场、码头等。不管在哪里，关键在于要寻找适合目标市场所描述的人士，然后再做访问。例如，在为某一新食品概念做评估时，可以在食品店中对排队等候结账的人做访问，这些潜在顾客通常都有时间回答问题，同样他们对食品也都较为熟悉。

（2）焦点小组。亲身访问之外的另一种方法为焦点小组。之所以如此称谓，是因为整个小组注意力的焦点都集中于所评估的产品类别、概念或策略上。从可能的目标市场中请来8~12人组成受访者小组，该小组由一位训练有素的访问者指导，集中讨论一个特定的题目，如产品概念或创意策略等，以寻求受访者对于这一特定题目的印象或态度方面的信息。讨论情况一般都加以录音，会后由这位访问者或一位解释者对讨论录音加以分析，并写成摘要或该小组的共同意见。这种解释很有价值，它通常能洞察小组各成员的内心感受，同时也能确定他们对某产品是如何描述的及所使用的语言表达方式。

亲身访问与焦点小组这两种方法评估的结果，通常只能指导方向，由于样本小并受到误差的限制，只能被认为是一种"防止重大失误"的评估，或为将来调查研究提供方向上的指导而非绝对真理。

（二）事前评估广告草图或完稿的方法

事前评估广告草图或完稿有以下几种方法：

（1）内部检核表、评分量尺及可读性测试法。这是最容易、最常用的广告事前评估方法之一，尤其被工业产品的印刷广告所普遍应用。这些方法统称为内部评估法。

①内部检核表。内部检核表是广告主或广告代理商将评估标准按细目列成一张表，然后对照广告草图和完稿进行检核。内容一般包括：广告全部组成要素，如尺寸大小、颜色、折价券、订货信息等；产品的主要特色等。

②评分量尺。评分量尺是用于评估并比较可选择的广告的一种方法。评估的内容包括：第一段有没有很好地承上启下、遵循广告标题并引导广告正文，产品名称在布局中能否让人一眼看到，等等。对上述问题的具体评估使用一个以五点为标准的评分量尺，即：

很好——好——一般——不好——很不好

使用这种量尺评估不同的广告的不同项目，然后将每一广告所评估的结果加总，就可选择出最优的广告草图或完稿。

③可读性测试。这种测试的目的在于确定广告易于阅读和易于理解的程度。最常用的是由佛莱齐（Rudolph Flesch）所提出的"佛莱齐公式"。这一公式的计算基于以下各点：语句平均长度，音节平均数目，使用涉及人称的文字的百分比，在撰写的一百字样本中涉及人称的语句的百分比。

佛莱齐公式指出，最易读的文案为每句有 14 个字、每 100 个字有 140 个音节、10 个涉及人称的文字和总计 43% 的涉及人称的语句。

内部检核表、评分量尺及可读性测试花费都不多，易于应用，并且通常都能发现某些显著的错误。然而这种事前评估对于评估广告对消费者的效果，作用并不明显。

（2）消费者固定调查户评估法。消费者固定调查户只是一群可能购买某产品或劳务的消费者，把这些人暴露于广告草图、毛片或完稿、完成的影片之下，并请其对广告加以评估。消费者固定调查户选择灵活。

（3）评定等级测试法。评定等级测试是由受测者把所要测试的一些广告，按某种评价顺序排列出来。例如，请受测者观察几个可选择的广告，然后以某种方式将这些广告按顺序排列出来。顺序标准可以是多样的，但最普遍使用的是按广告说服能力的高低排序。

在评定等级测试法中通常使用的问题如：你认为这些广告中哪一个最可能被你阅读？这些广告中哪一个最能使你信服某产品是高品质的？哪一个广告在说服你购买上最有效果？在排列顺序之外，还可要求受测者说明为何选某广告，或他们为何认为这则广告比其他的好，这有助于调研者或计划者了解他们做出这些决策的理由。

（4）搭配测试法。这是指将一些未被认定的测试广告放入一个卷宗内，并和一些其他未经测试的广告放在一起。有时把卷宗模拟制作成像一本普通杂志或报纸的样子，甚至还可以包括编辑的内容，然后把卷宗交给受测者看，并允许受测者依自己的时间长短来看它。在受测者看过卷宗后，就询问他们所看的那些广告，他们对每一广告记住了些什么，他们最喜欢哪一则广告以及为什么，等等。这些资料有助于确定在把广告刊于正常环境中时应该怎样评估。

在搭配测试中，必须用完整的广告，否则其他一切材料就必须减至和受测广告一样不完整的程度，以便做公平的评估。搭配测试法一次可评估 6~10 则广告。在事前评估中，搭配测试法较评定等级测试法可能更为有效。

（5）语义差异法。语义差异法，即以意义相反的形容词去描述广告，或确认在广告中所做的说明。例如，表 9-1 是为测试对某一广告的印象所设计的两极化形容词。受测者在阅读广告之后，对照不同尺度可以回答出他们从广告中得到了什么资料信息，或者怎样描述某品牌。调查者则可以从评估结果中判断广告是否达到了预定的目的。

表9-1 语义差异法

在阅读此广告后,你会说某品牌是							
	非常	相当	稍有	0	稍有	相当	非常
	-3	-2	-1	0	+1	+2	+3
难以使用							易于使用
低品质							高品质
不愉快							愉快

表9-1可以用两极化形容词来描述的,可以是产品、劳务、品牌或广告,对每一广告及其传播力评分,即可在一组受测试广告中确认出最好的广告。

(6)成对比较法。这种方法是用几个广告的固定样本,请受测者将每一广告与其余各广告分别对比,并加以评分。例如,对三个广告加以测试时,以广告1针对广告2评分、广告1针对广告3评分、广告2针对广告3评分,这样就会使每一广告都与其他广告进行了比较。使用这种方法经过成对比较后,就会选出较好的广告来。通常这种方法限于在8个广告内使用,8个广告即需比较28次,如超过此数,工作量过大,就会使受测者感到疲惫。

(7)模拟杂志法。在这种方法中,要在配销之前先取得印刷的特制杂志,或取得已知杂志的正常版本。把样本广告刊在正常广告版位以代替原来的广告,或刊于正常广告以外的版位,然后把这些特制杂志分发给读者,经过一段时间后,再与收到过这些杂志的受测者接触,并询问他们有关杂志与广告的问题。

这种事前评估技术使用"回忆"作为衡量成功的尺度。其优点是在一种自然阅读的情况下测试广告,而不是"强制阅读",但不足之处在于只能用完稿做测试,因而在测试前必须在制作上投资,如果测试结果被认为不合格,则可能浪费设计制作费。

(8)投射法。投射法有各种不同的方式,如字谜拼图、字词联想、填句,以及角色扮演等。

以字谜拼图为例,给受测者一个不完整的广告,比如广告除标题外都已完备,或只缺插图,然后给受测者几个标题或插图,并要求他们根据这些东西,选择他们认为最适当的标题或插图完成这一广告,假定选中次数最多的标题或插图最为有效。其他方式的投射法,是要求受测者填空或抽出对他们有吸引力的图片。

(9)故事板测试。常用电视故事板对消费者判断小组加以测试,所用方法与上述大致相同。但是受测者通常所看的不只是布局,可以以幻灯片的方式配以事先录制的声带来表现电视广告片。这种方法成本低廉。受测者一般为30~60个。

(10)通信测试。通信测试虽然应用不广,但不失为一种有效的方法。这种方法是将可能选择的文案诉求印于明信片上,寄给潜在顾客,明信片上均印有酬谢方法。得到最多回收的诉求则可断定为最好的诉求。因为这种方法需要提供酬谢并需相当长的时间等候回答,通常只用于在发重要的广告信函之前测试广告信函。

(11)焦点小组。这种技术在广告草图和完稿的事前评估中相当有效,对电视广告尤其如此。这种方法对小孩或年轻人似乎相当有效,因为他们在单独表达方面常遇到困难,但在焦点小组中却表达得相当好。

(12) 仪测法。这是指运用一些心理测试仪器进行事前评估的方法。

五、事前效果评估中应注意的问题

如上所述，事前评估的主要优点是消费者通常都能将不好的广告与好的广告分开。由于所测试的广告都是针对消费者而非针对广告专家或其他群体，因而基本上能了解这些广告在市场上产生的效果。同时由于样本容量有限，使用这些测试方法都快速而容易，通常成本也较低。

但对于任何事前评估和测试而言，以下几点仍值得注意：

(1) 事前评估只在众多测试广告中判断出较好者，但不是一切广告中的最好者，如果所测试的广告事实上都相当不好，那么只能在最不好中选出其中较好者，而不可能是最好的广告。

(2) 事前评估应该是既实际又实用的。在事前评估中请消费者做许多评估常是很诱人的事，但要弄清楚消费者能从给他们的广告中做什么判断以及不能做什么判断。例如，受测者不能告诉你一个广告能否使某品牌的销售转向，也不能告诉你一个广告能否产生计划者所预想的"知觉"或"理解"水平。受测者只能告诉你某广告对他们自身产生些什么，以及他们怎样反应。

(3) 设法阻止受测者的偏见。在事前评估中，一个困难的任务是阻止受测样本变成"广告专家"。这是指受测者不尽消费者评价广告的本分，而建议广告应怎样改进，而通常所给的意见又是毫无价值的。因此，测试者应限制受测者的意见与评论，使其回归广告消费者的地位，而非广告指导者。

(4) 事前评估不能够测试广告活动。一切事前评估都是在某一特定情况下对个别广告的测试。因为受测者不能告诉你在历经多少次暴露后会发生什么效果，也不能告诉你当同一策略同时有其他市场活动配合时，何种不同的运作可能影响他们。切记，你所测试的只是个别广告，而不是一个广告活动。

(5) 要了解在事前评估中的一些固有问题。在事前评估前常会发生一些共同的现象，例如：①否定的广告诉求在事前评估中一般都会不佳，然而却在市场上颇为成功。②有娱乐性、幽默或轻松的广告通常在事前评估中获得分数较高。广告的娱乐价值通常在事前评估中远比在媒体通路上更受欢迎。③在一切事前评估中，有关产品或劳务"硬销"的一些事实，通常得分最低。但是，有充分的证据显示，"硬销"的广告在所想达到的观众、听众的传播方面可能最有效果。

9.4.3 广告效果的事中评估

广告效果的事中评估是在广告作品正式发表后直到广告活动结束前的效果评估与测试。它的目的是检测广告计划的执行情况，以保证广告战略正常实施。它虽然不能对整个广告活动的最终效果进行评定，但是它却可以检验事前评估和预测事后测定的结果，并为事后评估广告积累必要的数据和资料，以保证广告效果事后评估的顺利进行和取得较科学的鉴定结果。

由于广告媒体费用高昂,营销状况各有差异,以及市场竞争加剧,越来越多的广告主在广告活动的进行中不断对广告活动进行测定、评估和修正。采用的方法大致有以下几种。

一、销售地区试验法

销售地区试验法也称试测市场测验,是实地试验法的一种,同时也是一种比较直接的预测广告效果的方法。

其具体做法是,先将销售地区分为试验城市与控制城市,在新的广告活动发动的一个月或一个半月前,在实验城市进行新的广告活动。而在控制城市控制住与试验城市大体相同的环境条件,但并不发布新的广告。最后将试验城市与控制城市在广告活动前后的销售量加以统计比较,便可测定新的广告活动或新的广告的相对效果。

这种方法的优点在于能够比较客观地实际检测广告的促销效果,尤其是对一些周转率极高的商品,如节令商品、流行商品等更为有效。但这种方法也存在缺陷,这主要是检测时间长短不易确定,如果检测的时间太短,可能广告的真正效果还未发挥,如果时间过长,市场上各种可变因素又不易控制。再者,要找到与试验城市条件大致相同的控制城市也相当困难。因此,要想采用销售地区试验法,就必须舍去一些次要变数,但这些次要变数的取舍恰当与否又在相当程度上决定了评估效果的有效性。

二、函索测定法

函索测定法是邮寄调查法的一种,其目的是检测不同的广告作品、不同广告文案的构成要素在不同广告媒体上的效果。

具体做法是,在不同的印刷媒体上刊登两个或两个以上的广告,其中有一个广告构成要素(例如文字、图画、标题、布局、色彩或口号等)是不同的。每个广告中含有两个项目:①广告主希望消费者对其广告产生反应而做的邀请或提供物。②便于核对广告及刊登媒体的编号。最常见的提供物是赠券,赠券中含有表格,以备消费者填妥寄回索取样品、赠品或其他资料,而编号可以是门牌或信箱号码,也可以是函索表格上的一个暗记。函索的表格寄回后,由于上面有不同的编号,所以可以查知是在哪一家印刷媒体上刊登的广告产生的效果。最后进行统计,就能判断哪个广告、哪种标题或哪家印刷媒体最有效果。

这种方式的评估适合报纸、杂志及直邮类印刷媒体,若是再附上"回邮由厂商代付"或"回邮邮资已付",再不然直接在信函中夹附"商业回信卡",回收率可能更为显著。而每个广告的函索回收率越高,每个广告所负担的成本也就越低。

这种方法的优点是简便易行,可以在各种印刷媒体上同时进行,而且可以用来比较广告任何构成要素的相对功能与效果。其缺点是只适合印刷媒体,回函期较长,而且若广告主提供的赠品具有高度注意价值,则儿童、竞争者、搜集样本者等这些回函者并不一定都具有广告目标市场意义,因而测定结果的准确性会受到影响。

三、分割测定法

分割测定法是邮寄调查法的一种,它的目的是检测同一媒体上唯有某一构成要素不同的广告的效果。实际上它是函索测定法的分支。

其做法与函索测定法基本相同,只不过一个广告刊登在同期媒体一半份数上,另一个广告刊登在同期媒体的另一半份数上。然后将两者寄给各市场的读者,这就意味着每个市场的读者有一半人可看到第一个广告，而另一半人可看到第二个广告。每个广告附有编号和商品说明书，根据回函统计后，即可得出两个广告销售效果的比较值。

这种方法的优点是测试的对象比较明确，测试的条件比较一致，即除了被测者之外，其他所有的变数都在控制之中；杂志、报纸分别寄给读者，两个广告几乎同时出现，刊在同样页次、同样版位，但彼此互不影响。同时，读者也不会觉察，而会在自然情况下接受测试，回收率可能比较高，而且迅速。当然，采取这种方法可能要花上一笔相当大的费用，同时愿意提供这种服务的媒体也十分有限，这些都是在进行测试前须加以考虑的。

四、追踪研究法

该种方法是指在广告活动期间对消费者进行一系列访问，其目的是确定广告活动已达成的暴露和效果的程度。由于广告效果一般都具有迟效性，所以追踪研究都在事前决定的广告活动的日程表上依据"波浪状"执行。

例如，假设从9月1日起对雅倩亮发保湿摩丝进行一项新的广告活动，该活动到次年6月1日结束。于是，确立11月1日和次年3月1日进行电话访问式的追踪研究计划。

在11月1日选择代表性样本对消费者做一系列的随机电话访问。首先问受访者在雅倩所选择的媒体中是否看过或听过摩丝类的广告，如果是，是哪几则，一旦受访者指出记得的广告，继续问受访者以下问题：

①那则（些）广告内容说了些什么？
②当您看完（听完）这则（些）广告后，心理有何反应？
③当您看（听）完这则（些）广告后，购买该产品的欲望是增加还是减少？
④广告中，什么因素影响您购买的欲望？
⑤您最近购买了什么品牌的摩丝？

在对这些问题的答案综合分析整理后，可大致衡量出该广告下列三种效果：
①吸引受访者记住或想起某些广告的能力。
②受访者对某广告的心理反应或对销售重点的了解程度。
③说服购买产品的能力，受访者看了某广告后，购买该产品的欲望、受影响的程度。

到6月1日进行第二次一系列的随机电话访问，询问同样的问题。在样本是可比的前提下，对两次调查结果进行比较或研究，以确定可能发生的任何改变。此外，还可以了解到，第一次调查所发现的问题，在采取措施改正后，是否已得到了相应解决。

这种追踪研究，一般可以在广告活动约2个月的正常间隔期内的任何时间进行，而针对不同情况、不同产品，追踪研究的间隔时间可做相应调整。

追踪研究法除采用电话访问外，还可采用消费者日记和家中食品室查核两种方式进行。这是在广告目标是产生迅速的实际销售或力图有直接回应时所经常采用的追踪研究方法。消费者日记被用来记录在广告活动进行中，其目标市场中人们的行为。顾客或潜在顾客可能记入日记的活动有：所买产品的品牌、为不同活动所使用的品牌、品牌转换、媒体使用习惯、对竞争推广的暴露、使用折价券及其他的类似行动。广告主查看这些日记，可以了解广告信息是否被暴露于目标市场，以及这一暴露获得了什么效果。

家中食品室查核是让调查研究人员亲自到目标市场人士家中，询问其最近买了或用了什么品牌的产品，在某些情况下，还可以实际计点在其家中的产品或品牌并加以记录。这种查核可以在广告活动期间进行几次，并注意其购买习惯的变化情况。家中食品室查核方式还可以延伸出另一种相类似的被称为"垃圾箱法"的方式，即要求消费者保留他们使用过的产品的空包装，然后由调查小组收集、点数并评估这些空包装，以此判定广告对消费者行为有无直接的影响。

9.4.4 广告效果的事后评估

广告效果的事后评估是指在整个广告活动进行之后所做的效果评估。广告效果的事后评估，是整个广告活动效果测定的最后阶段，是评价和检验广告活动的最终指标，是人们判断广告活动效益的依据。

广告效果的事后评估，是对整个广告活动成果的测定，即对广告活动达成预定计划与目标的测定。因此广告效果的事后评估，基本上是采用目标测定法。我们知道，就企业而言，一项广告活动要达成的目标可分为两大类：一是提高产品的销售额，二是改进产品或企业在消费者心目中的形象，即改进消费者对产品品牌或企业的态度。因此，广告效果的事后评估基本上也就是对广告销售效果的评估和对广告心理效果的评估。

一、销售效果的事后评估

广告销售效果的事后评估，基本上采取的是实地调查法，也就是根据广告产品在市场上的占有率、销售量及使用状况等的记录资料与同期广告量进行分析比较，以时间序列或相关分析来把握广告的总体效果。在实际广告评估中，应用较广的是事前事后评估法和小组比较法：

（一）事前事后评估法

事前事后评估法，就是实际调查广告活动前后的销售情况，以事前事后的销售额、利润额结合广告费等因素，作为衡量广告效果的指数。具体包括以下几种方法。

（1）广告费用比率法。

销售（或利润）费用率＝本期广告费总额/本期广告后销售（或利润）总额×100%

单位费用销售（或利润）率＝本期广告后销售（或利润）总额/本期广告费总额×100%

从公式可看出，销售（利润）费用率越小，单位费用销售（利润）率越大，就说明广告效果越好，反之，则广告效果越差。

（2）广告效果比率法。

销售（或利润）效果比率＝本期销售（或利润）额增长率/本期广告费用增长率×100%

例如，某公司为配合旺季销售，第四季度投放的广告费比第三季度增长了40%，同时，第四季度的销售额比第三季度增长了20%。由此，我们可以计算出该公司广告销售效果比率为50%。

销售效果比率越大，说明广告效果越好，反之，则广告效果越差。

（3）广告效益法。

单位费用销售（或利润）增加额＝［本期广告后销售（或利润）总额－上期广告后（或未做广告前）销售（或利润）总额］/本期广告费总额

例如,某企业第三季度销售额为180万元,第四季度投入广告费0.8万元,销售额上升为200万元,则该企业单位费用销售增加额为25元,即每元广告费取得25元效益。

由此可见,单位费用销售(或利润)增加额越大,说明广告效果越好。

(4) 盈亏分界点计算法。

由销售费用率 = 广告费用额/销售额,用符号代入推导:

$$R = (A + \Delta A)/S \qquad RS = A + \Delta A$$

所以,$\Delta A = RS - A$

式中,A 为基期广告费;ΔA 为报告期广告费增加额;S 为报告期销售数;R 为平均销售费用率。

计算结果如果 ΔA 为正值,说明广告费使用合理,经济效果好,如果为负值,则说明广告费未能有效使用,需考虑压缩广告开支。

例如,有甲、乙、丙三家公司,其广告费投入和销售额情况如表9-2所示。

表9-2 广告费投入和销售额情况表

公司	平均销售费用率/%	报告期销售额/万元	基期广告费/万元
甲	1.3	1 000	15
乙	1.1	2 000	18
丙	1.2	1 800	14

则各公司 ΔA 值为:

甲公司:$\Delta A = 1\,000 \times 1.3\% - 15 = -2$(万元)

乙公司:$\Delta A = 2\,000 \times 1.1\% - 18 = 4$(万元)

丙公司:$\Delta A = 1\,800 \times 1.2\% - 14 = 7.6$(万元)

由此可见,丙公司广告费利用情况最好,乙公司次之,而甲公司的广告费投入超过了前期平均投入,但销售效果却没有太大的变化,因此需压缩广告费用。

(二) 小组比较法

小组比较法中常用的有广告效果系数法和相关系数法。

(1) 广告效果系数法。在广告推出后,调查以下两种情况:看没看过广告;有没有购买广告产品。假定调查结果如表9-3所示。

表9-3 广告效果系数法

项目	看过广告	未看过广告	合计
购买广告产品	a	b	$a + b$
未购买广告产品	c	d	$c + d$
合计	$a + c$	$b + d$	n

表中,a——看过广告而购买的人数;

b——未看过广告而购买的人数;

c——看过广告但没购买的人数；

d——未看过广告又未购买的人数；

n——被调查的总人数。

从表 9-3 可以看出，即使在未看过广告者当中，也有 $b/(b+d)$ 的比例购买了广告产品，所以要从看过广告而购买的 a 人当中，减去因广告以外影响而购买的 $(a+c) \times b/(b+d)$ 人，才是真正因为广告而导致的购买效果。用这个人数除以被调查的总人数所得的值，称为广告效果指数（Advertising Effectiveness Index，AEI），即：

$$AEI = [a - (a+c) \times b/(b+d)]/n \times 100\%$$

例如，某企业为提高产品销售量，共发起两次广告活动，每次广告活动后，经调查所得资料，分别如表 9-4、表 9-5 所示。

表 9-4 第一次广告活动   人

项目	看过广告	未看过广告	合计
购买广告产品	85	48	133
未购买广告产品	101	166	267
合计	186	214	400

表 9-5 第二次广告活动   人

项目	看过广告	未看过广告	合计
购买广告产品	96	44	140
未购买广告产品	91	169	260
合计	187	213	400

现分别计算两次广告活动的广告效果指数如下：

AEI1 = [85 - 186 × (48/214)]/400 × 100% = 10.82%

AEI2 = [96 - 187 × (44/213)]/400 × 100% = 14.34%

由上看出，第一次广告效果指数为 10.82%，第二次广告效果指数为 14.34%，第二次显然比第一次效果要好。

(2) 相关系数法。

相关系数法的公式为 $\beta = (ad - bc)/\sqrt{(a+b)(c+d)(a+c)(b+d)}$

式中，β 为相关系数，a、b、c、d 的含义与广告效果指数法相同。

一般来说，相关系数 β 在 0.2 以下为低效果，在 0.2~0.4 为中等效果，在 0.4~0.7 为较好效果，在 0.7 以上则为高效果。

二、心理效果的事后评估

我们知道，一种新信息的接受起码要经过三个过程，即注意、理解和接受。广告对消费者心理活动的影响程度，也就反映在对消费者认识过程、情感过程和意志过程的影响程度上。

广告信息作用于消费者而引起一系列心理效应,这些心理效应是相互联系、相互促进的。一个广告的成功与否,与它是否有力地促进了消费者的心理效应有直接关系。因此,我们对广告心理效果的测定,可以直接在上述各种心理活动中进行。

广告心理效果的事后评估,是建立在广告心理目标的基础上,即接触率、知名率、理解率、好感率与购买意图率等目标的基础上。根据广告心理目标的不同要求,可以采取许多不同的测定方法。较常用的方法有:

(一)认知测定法

消费者购买商品的心理活动,首先是从对商品的认知开始的。认知商品的过程,就是消费者对商品个别属性的各种不同感觉加以联系和综合的反应过程,这一过程主要是通过消费者的感觉、知觉、记忆、思维等心理活动来完成的。消费者的认知过程是购买行为的重要基础。认知测定法主要用来测定广告效果的知名度,即消费者对广告主及其产品、品牌的认知程度。其中,最有名的方法是丹尼尔·斯塔齐所倡导实行的读者率调查。该调查方法是随机抽样选出调查对象,由调查人员访问,如果所调查的是报纸,必须于该报发行次日实施,因为时间拖久,会受另一天报纸的影响,使记忆减弱。而如果是杂志则在下期出版之前实施调查。调查人员出示报纸或杂志,询问是否看过广告,如果回答肯定,再问:"是否读过这个广告的某一部分?"就这样,针对广告的各要素,即标题、插图、文案等,都加以询问,然后根据调查结果将被调查者分为三类:

①注目者:指该读者称在该报纸或杂志之该期曾见过某广告,即广告主所刊发的广告。
②阅读者:指该读者称已充分看过该广告,知道广告中的产品及广告主企业为何企业。
③精读者:指该读者称已将广告中的文字浏览过50%以上。

最后加以统计,便可决定这三类被调查者在广告费单位成本中每类所占的人数。当然,如果精读者项目下的读者人数最多,自然就表示广告的效果最佳。

这种测定法的结果,全得视被调查者对广告的认知与兴趣而定,当然,这种认知和兴趣与广告的各个组成要素都有极大的关联,调查者可以因此推断被调查者对标题、布局、色彩等要素的偏爱程度。这种方法也有严重的缺陷,这一方面表现在其结果的有效性上,即调查结果完全建立在被调查者的记忆力及忠实程度上,另一方面表现在被调查者对广告信息是否了解和接受,如果不了解、不接受,这种方法就无法得出令人满意的答案。

(二)回忆测定法

这种测定法较认知测定法向前推进了一大步,其目的在于了解广告的冲击力及渗透力。换言之,也就是要查明消费者能够回忆起多少广告信息,以及他们将产品、厂牌、创意与广告主联想在一起的能力,甚至于他们相信广告的程度。

这种测定的基本方式,是由调查人员询问受访者所能记得其所见所闻关于某位广告主或其产品的情形。有时调查人员给予受访者某种辅助,这就成了辅助回忆测定。最常见的方式便是让受访者在用来测定的杂志上,可以看到他所被问及的广告,再不然就是只让他看到杂志封面,并请他说出他记得的广告,然后再让他看列有品牌名或广告主企业名称的卡片,请他指出哪些是他能记得的。对他所记得者,再询问其所知的广告布局及内容等。然后调查人员将杂志打开,对该受访者做一番查证工作。这种询问越复杂,越见深度,所得情报也越多,也越能证实已刊发的广告是否有效果。

但是这种方法也有缺点,因为很少人有极强的记忆力,因此这种测定仍旧可能是强调广告引人注意的力量,而不是广告的说服力。

(三) 态度测定法

这种方法主要用来测定广告心理效果的忠实度、偏爱度及厂牌印象等。态度测定法所采用的具体方式有问卷、内部检核表、语义差异法、评分量尺等。其中语义差异法是比较常用而又简便易行的方式。此法是美国伊利诺伊大学的奥斯吉等研究制定的。其原理是,根据广告刺激与反应之间必有一联想传达过程的原理,通过对这种过程作用的测定,就可以得知消费者对广告所持的态度。它主要是用来判断消费者对广告的印象是否和广告创作者的原意相符。如测定广告作品中的人物给人的印象如何,可令消费者在一系列相反的评语中进行挑选,如:美丽——丑恶、健康——衰老、快乐——忧伤等(并从反义词中标出若干等级)。最后根据结果进行统计。

【策划实战】

广告策划方案设计

(一) 实战目标

1. 提高市场营销专业学生广告策划动手和实践能力,使所学的理论知识能够熟练地应用于实际,提高学生的整体广告策划水平。

2. 使学生自觉地把所学理论知识融会贯通,用于具体操作中,增强其动手能力。同时还让他们体会到,广告策划是一门实践性极强的学科。

3. 为某企业产品上市、产品促销或企业形象进行专业的广告策划,包括广告调查与分析、制定广告目标、确定广告任务、广告媒体策划、编制广告预算、编制广告计划书、广告创意表现,并根据需要完成广告创意作品(主要是平面广告或者 Flash、动画广告、广播广告)的设计制作,最终编制一份翔实全面的广告策划书。

(二) 实战要求

1. 要求教师对广告策划的实践应用价值给予说明,调动学生课业操作的积极性。

2. 要求学生根据广告策划设计要求,完成广告策划的设计任务。

3. 要求教师对广告策划的要求、设计思路、设计方法进行具体指导。

4. 要求教师提供广告策划课业范例,供学生操作参考。

(三) 实战任务

为某企业新产品上市、产品促销或企业形象进行整体广告策划,内容包括:制定广告目标、确定广告任务、广告媒体策划、编制广告预算、编制广告计划书、广告创意表现。

【本章小结】

1. 广告策划就是按照企业的营销策略,对广告运作的全过程做预先的考虑与设想,是对企业广告的整体战略与策略的运筹与规划。广告策划具有目的性、系统性、调整性、操作性、艺术性、前瞻性等特点。

2. 进行广告效果评估具有重要意义,有利于加强广告主的广告意识,提高其广告信心,为实现广告效益提供可靠的保证，保证广告工作朝着科学化的方向发展，促进广告业的繁荣。广告效果评估分为事前评估、事中评估和事后评估三种形式。

【思考分析】

1. 广告定位的作用有哪些？
2. 广告定位的方法有哪些？
3. 广告效果评估的原则是什么？
4. 按广告活动过程，广告效果的评估可以分为哪些内容？
5. 广告效果的事前评估应该注意些什么问题？

第 10 章

企业形象系统策划

【学习目标】

- 了解企业形象的作用、企业形象的含义；
- 理解企业形象策划的要求；
- 掌握企业形象策划的方法。

【开篇案例】

星巴克：企业形象策划史上最赚钱的咖啡

星巴克（Starbucks）咖啡公司成立于1981年，是世界领先的特种咖啡的零售商、烘焙者和星巴克品牌拥有者。旗下零售产品包括30多款全球顶级的咖啡豆、手工制作的浓缩咖啡和多款咖啡冷热饮料、新鲜美味的各式糕点食品，以及丰富多样的咖啡机、咖啡杯等产品。长期以来，公司一直致力于向顾客提供最优质的咖啡和服务，营造独特的"星巴克体验"，让全球各地的星巴克店成为人们除了工作场所和生活居所之外温馨舒适的"第三生活空间"。鉴于星巴克独特的企业文化和理念，公司连续多年被美国《财富》杂志评为"最受尊敬的企业"。

从一杯杯咖啡开始，星巴克已经改变了世界各地人们喝咖啡的习惯。更了不起的是，它让一种沿街叫卖的商品变成了高档商品。它开创了一种星巴克式的生活方式，这种生活方式在美国内外正被越来越多的人所接受。星巴克已从昔日西雅图一条小小的"美人鱼"进化到今天遍布全球40多个国家和地区、连锁店近1万家的"绿巨人"。

1. 星巴克理念识别系统

（1）目标市场定位：不是普通的大众，而是一群注重享受、休闲，崇尚知识，尊重人本位的富有小资情调的城市白领。

（2）星巴克六大使命宣言：

提供完善的工作环境,并创造相互尊重和相互信任的工作氛围;

秉持多元化是我们企业经营的重要原则;

采用最高标准进行采购、烘焙,并提供最新鲜的咖啡;

高度热忱满足顾客的需求;

积极贡献于社区和环境;

认识到盈利是我们未来成功的基础。

(3) 星巴克人认为:他们的产品不单是咖啡,咖啡只是一种载体。而正是通过咖啡这种载体,星巴克把一种独特的格调传送给顾客。咖啡的消费很大程度上是一种感性的文化层次上的消费,文化的沟通需要的就是咖啡店所营造的环境文化能够感染顾客,并形成良好的互动体验。

(4) 经营理念:星巴克公司以心对待员工,员工以心对待顾客,顾客在星巴克享受的不仅是咖啡,而是一种全情参与活动的体验文化。一杯只需价值3美分的咖啡为什么在星巴克会卖到3美元?星巴克为什么既能为顾客带来期望的价值,又能让企业获得更可观的利润?

一个重要的原因就是,星巴克始终坚持"尊重员工,从顾客出发,与员工及客户多赢"的经营理念。

(5) 星巴克的诉求:顾客体验是星巴克品牌资产核心诉求。就像麦当劳一直倡导销售欢乐一样,星巴克把典型美式文化逐步分解成可以体验的元素:视觉的温馨,听觉的随心所欲,嗅觉的咖啡香味等。

(6) 星巴克的价值观:"星巴克出售的不是咖啡,而是人们对咖啡的体验。"这是星巴克的价值主张。星巴克创造出的"咖啡之道"使每个光临的顾客都有独特的体验。通过咖啡这种载体,星巴克把美国文化中比较细致的中产阶级的一面和特殊的格调传送给顾客,展示了美国生活中轻松友好的一面。

(7) 经营定位:

①第三生活空间:在美国,人们每天例行的交际活动逐渐丧失。星巴克探察出这种趋势,在忙乱、寂寞的都市生活中把咖啡店装点成生活的"绿洲",让附近民众有休憩的小天地、静思的环境和交际的场所,为人们塑造了一个除了家和工作场所之外的"第三生活空间"。

②小资体验:很多顾客花费5~10分钟的时间到星巴克品尝异国情调的咖啡,体验雅皮的感觉,为乏味的日子增添了浪漫情趣。在这里,他们要的不是喝一杯咖啡,而是享受喝咖啡的时刻。

③始终坚持品质、保证品质,星巴克坚守四大原则:拒绝加盟,星巴克不相信加盟业主会做好品质管理;拒绝贩售人工调味咖啡豆,星巴克不屑以化学香精来污染顶级咖啡豆;拒绝进军超市,星巴克不忍将新鲜咖啡豆倒进超市塑胶容器内任其变质走味;选购最高级的咖啡豆,做最完美烘焙的目标永远不变。

④始终保持风格:星巴克的过人之处在于既创造了统一的外观,同时又加入变化,利用风格体现美感,创造了视觉冲击。星巴克结合不同的地点使每家店都有自己与众不同的特色,但是丰富多彩的视觉享受、浓郁咖啡香味的嗅觉享受、美妙音乐的听觉享受是不变的

经典。

2. 星巴克视觉识别系统

星巴克的标识很有神秘色彩,是根据一幅 16 世纪斯堪的纳维亚的双尾美人鱼木雕(版画)图案设计出来的。

标识上的美人鱼传达了原始与现代的双重含义,她的脸很朴实,却用了现代抽象形式的包装,中间是黑白的,只在外面用一圈彩色包围。

设计风格严谨,有大家风范,对称的标识造型和对色彩严格的把握,从标识延伸出来的是一个横跨欧亚、覆盖全球的王者形象。

秩序化手法很成熟地应用到设计中来,有秩序、有节奏、有规律、有韵律地构成图形,给人以规整感。

没有抢眼的色彩,却有着丰富的造型,深刻而又含蓄。

3. 星巴克行为识别系统

(1) 星巴克的员工教育:

星巴克的每一位工作伙伴在每天的营运过程中,就是不断地实践"one cup at time",这种一次务实地做一个选择的积极态度,正是展现"个人责任"改变世界的方法。星巴克伙伴通过每一次和顾客在店里相遇的机会与瞬间,创造独一无二的服务与体验价值,承诺用自己的智力、心力和劳力,热情地解决问题,而且绝不争功诿过。

(2) 星巴克人力资源管理:

①文化与理念:星巴克总是把员工放在首位,坚持"员工第一"的理念和价值观。

②员工招聘:星巴克在选员工时,重视人的本质。

③员工培训:核心训练是培训员工具备为顾客服务的理论和技巧。

④薪酬福利制度:薪资锁定在业界前 25%。

⑤员工激励制度:创新激励、报酬激励、鼓励授权。

(3) 星巴克企业广告行为策划:

环境宣传:星巴克以咖啡制作的四大阶段衍生出以绿色系为主的"栽种",以深红和暗褐系为主的"烘焙",以蓝色为水、褐色为咖啡的"滤泡",以浅黄、白和绿色系诠释的咖啡"香气"。

感官宣传:嗅觉、视觉、听觉、触觉和味觉共同塑造了星巴克咖啡店浪漫的情调。

包装宣传:星巴克的美学不仅是借鉴,还融合了自己的风格。不同的标识在基本统一的风格下又显示出其多样性和变化性。

(资料来源:http://www.globrand.com/2010/369983.shtml)

10.1 企业形象策划概述

10.1.1 企业形象策划的概念

企业形象(Corporate Identity,CI)策划,即从形象的角度对公司和企业进行理念

(Mind)、行为（behavior）和视觉（Visual）方面的系统规划和管理，有目的、有计划地规范企业的价值观、目标、公关策略、服务营销、品牌标识、广告等，将企业的内部文化和外部表现结合起来，内外兼修，构成形象的合力，从而冲击市场，赢得消费者的信任与支持。CI策划是一个社会组织为了塑造自己的形象，通过统一的视觉设计，运用整体传达沟通系统，将组织的经营理念、企业文化和企业经营活动传递出去，以凸显企业的个性和精神，与社会公众建立双向沟通的关系，从而使社会公众产生认同感和共同价值观的一种战略性的活动和职能。

企业形象策划的历史最早可追溯至20世纪初。1908年，德国著名建筑设计师彼得·贝伦斯（Peter Behrens）为德国的AEG公司设计了简明的字母化的标识，并将其应用到公司的系列产品以及便条纸、信封、建筑、店面上，贝伦斯的这一设计实践被公认为企业形象策划的雏形。自企业形象策划产生以来，欧美和日本的知名企业导入并成功地使自己以破竹之势在业中建立声誉。企业形象策划在20世纪50年代被IBM率先引进；在中国首先引入企业形象策划的是广东太阳神集团，该集团从企业理念、企业文化、企业经营宗旨到企业标识、企业广告，进行全方位导入，引起了巨大反响，并取得成功。

10.1.2　企业形象策划构成要素

企业形象策划包括理念识别、行为识别、视觉识别三个方面。

（1）理念识别（MI）：是企业经营管理的指导思想，是整个系统的基础，也是企业发展壮大的动力。

（2）行为识别（BI）：是企业的实践经营与创造企业文化的标准，是企业实际行动的表现。

（3）视觉识别（VI）：通过标准的视觉传达系统，把企业产品的特点和个性传递给消费者。

10.1.3　企业形象策划作用

企业形象策划通过对MI、BI和VI的协调，可以增强企业的向心力和凝聚力。同时，通过标准化、系统化的规范管理，可以增强企业的适应能力，提高企业信誉。对外可以让社会公众更清晰地认识企业，为企业未来的发展创造竞争优势。

一、企业形象策划可以提高企业的知名度

企业的知名度是企业市场占有率的强大支撑和保障，企业通过实行企业形象策划，塑造良好的企业形象和品牌形象，使之留在社会公众的心中，可增强消费者对品牌的信任和认可。企业形象策划通过规范化的理念对企业进行全方位的整合，正是为了提高企业的知名度，并把这种印象传达给社会公众，使更多消费者可以重复使用企业所生产的产品，使企业获得更加广阔的市场。

二、企业形象策划可以塑造良好的企业形象

良好的企业形象不仅可以提高市场占有率，赢得更多的消费者的信任，也可以为企业带来经济效益和社会效益。而良好的企业形象需要企业形象策划的支撑，企业形象策划能塑造良好的企业形象，进而赢得更多消费者的信任，创造有利于企业发展的内外部环境，使企业不断扩大市场，在市场竞争中处于有利位置，取得更好的经济效益。

三、企业形象策划可以增加企业内部员工凝聚力

企业员工是构成企业的基本要素，企业员工为企业的发展带来强大动力。企业形象策划通过企业的经营理念、企业文化、企业精神等影响企业员工，使员工对企业产生认同感和忠诚度，使员工对企业有家的感觉，形成强大的凝聚力，自觉自愿地为企业服务。

四、企业形象策划可以使社会公众了解企业的产品和服务

企业形象策划通过各种媒体把企业的理念、文化、视觉传达给社会公众，可以使社会公众更好地了解企业的产品和服务，这是一种有效而便捷的途径。在这个过程中，企业对自己的产品和服务进行了宣传，使消费者更容易接受企业的产品和服务，企业不仅实现了经济效益，也带来了社会效益。

10.1.4 企业形象策划的重要性

一、企业形象策划的内部功能

企业形象策划的内部功能是指 CI 系统对企业内部经营管理的作用，主要表现在促进企业文化建设、企业凝聚力提高、产品竞争力增强，以及企业多元化、集团化经营优势的取得等方面。具体来说，导入 CI 系统对于提升企业内部功能表现在以下几个方面。

（1）导入 CI 系统有利于企业文化的建构。企业文化是企业员工所追求的固有价值、思维方式、行为方式和信念的总和，它是企业员工在企业长期的经营中逐渐吸取经验和教训而发展起来的。作为企业生命的一个重要因素，它对企业的当下和未来有着巨大影响，是企业对付挑战和变化的力量源泉。企业文化的最大作用是强调企业目标和企业员工工作目标的一致性，强调群体信念、价值信念的共同性，强调企业的吸引力和向心力，因此它对企业成员有着巨大的内聚作用，使企业成员团结在组织内，形成一致对外的强大力量。

（2）导入 CI 系统有利于产品竞争力的增强。CI 系统给人印象强烈的视觉识别，有利于创造名牌，建立消费者的品牌偏好。

（3）导入 CI 系统有利于多元化、集团化、国际化的实现。

二、企业形象策划的外部功能

企业形象策划的外部功能有利于企业经营资源的利用，有利于消费者的认同，有利于企业的公共关系。企业形象策划的应用能为企业创造一个良好的经营环境，使企业与政府、供应商、推销商、股东、金融机构、大众传媒、地方社区、消费者等企业相关的组织和个人都保持良好的关系，所以它有利于企业向着良性方向发展。

（一）有利于企业经营资源的利用

企业的经营资源主要包括人、财、物三个方面，企业形象策划使企业能充分利用外界的各种经营资源，并实现合理配置。

（1）有利于企业员工的稳定和招揽优秀人才。

（2）有利于企业的融资和股东投资信心的增强。

（3）有利于企业扩大流通渠道。

总之，企业形象策划所创造的优良企业形象，形成的统一的识别系统，可以增强供应商和推销商的供销信心，促进供销商更为勤奋地工作，能使企业建立长期稳定的供销网络和良好的供销关系，不断扩大产品的销售。

（二）有利于获得消费者的认可

名牌在消费者看来，是一种信任的标志，也是一种荣誉的象征。名牌所引申的气派和身价，让消费者认为即使花费比同类商品高出很多的钱也值得购买。

（三）有利于企业公共关系的运转

企业的公共关系是直接为企业的经营发展服务的，它通过传递企业的有关信息来协调企业与公众的各种关系，有利于信息传递的可信性、真实性和统一性。

企业形象策划使企业信息的传播简单化，更易于公众识别和认同，从而达到最佳的沟通效果。同时，企业形象策划本身创造的优良企业形象，也使公共关系的运转有了更为坚实的基础。

10.1.5 企业形象设计原则

企业形象设计关系到企业经营的各个方面，必须与企业总体战略相一致。在企业形象设计中，应遵循以下原则。

一、战略性原则

企业形象的导入和实施是一个长期的过程，所以在设计企业形象时，不应只把它当作简单的视觉设计问题或行为规范制定的问题。企业形象设计一旦完成，就成为企业运作的依据，对企业未来的经营起方向性的指导作用。因此，企业形象设计应立足于长远规划，从战略的高度来实施。

二、民族化原则

从企业形象战略的发展可以看出，各国企业在进行企业形象设计时，都具有自己的民族特色。企业形象民族化，能使企业在国际化经营中展现自己的民族特色。

三、个性化原则

CI系统的特征就是个性化，不论企业理念，还是企业标识，都要具有自己的鲜明个性。只有个性化，才能使公众对企业容易识别，形成牢固的记忆。个性化首先是行业的个性化，即企业形象设计必须体现行业特点；其次是个体个性化，即体现出本企业的特点。不同企业的形象设计要有不同的个性，这样才能把自己与其他同类企业区分开。

四、社会化原则

企业作为社会系统中的一员，其根本利益与公众利益应该是一致的，因而企业形象设计应遵循社会化原则，使企业形象能得到社会的认同，把企业利益和社会利益结合起来，从而得到公众的支持，促使企业取得更大发展。

五、系统性原则

企业形象是一个系统工程，必须从企业的经营理念、宗旨、行为规范和视觉识别等方面进行全方位的系统设计，疏忽任何一方面，都将损害企业形象设计的整体效果。

六、同一性原则

企业形象的一个显著特征是同一性，也就是企业向外界传达的任何信息都必须突出同一形象。同一性首先表现为企业名称、商标、品牌名称的同一性，其次表现为企业理念、视觉识别和行为识别三个系统的同一性。只有具备同一性，才能更加突出企业的个性，强化企业在公众中的形象。

七、规范性原则

企业形象设计必须规范，不论理念识别设计、行为识别设计，还是视觉识别设计，都必须规范化，在确定之后不能随意更改。

八、操作性原则

企业形象设计只有具有可操作性，才能实际应用。如果企业形象设计手册的内容多是华丽的词句，而没有实际的操作价值，则企业形象的导入就无法取得应有的效果。

10.1.6 企业形象策划步骤

企业形象策划步骤是指从调查分析到执行实施、反馈评估的全过程，主要分为提案阶段、调研阶段、开发设计阶段和实施管理阶段。

一、提案阶段

（一）明确导入 CI 系统的动机

确定企业内部、外部的需求背景，针对企业的营运与设立状况选择时机，同时明确导入的目的与目标，及时立项。

（二）组建负责 CI 系统的机构

由发起人召集参与人员，委托专业公司，由企业、专家顾问、专业公司三方组成 CI 系统委员会，并设常务机构。

（三）安排 CI 系统作业日程表

按照 CI 系统作业的四大阶段，根据企业的具体情况拟定作业项目与进度安排，提交讨论并最后确定、制表。

（四）将预算导入 CI 系统的提案书

仔细进行各项作业的预算，写出 CI 系统预算书，提交企业主管与财务主管审核。

（五）完成 CI 系统提案书

按规定完成 CI 系统提案书，充分说明导入 CI 系统的原因、背景、目的、负责机构的设想、作业安排、项目预算，使推进方针与期待成果明确化。

二、调研阶段

（一）确定调研总体计划

制订调研计划，其中包括调研内容、调研对象、调研方法、调研项目、调研程序与期限、调研成果形式。

（二）分析与评估企业运营状况

分析企业各种相关的报表与调研资料，走访有关人士，诸如企业主管、财务主管、营销人员，充分掌握资料，分析研究。

（三）企业总体形象调研与视觉形象项目审核

采取定性、定量两种形式，就企业的基本形象、特殊形象对企业内外进行采访与问卷调查，收集视觉形象项目，分析比较，广泛征求意见，得出审查意见。

（四）调研资料的分析与研究

对经营情况与形象调研的所有资料进行整理、统计，对企业经营实态与形象建设现状做综合的研究与评估，明确企业目前的问题点，在这一前提下初步构想CI系统导入战略。

（五）完成调研报告书

将调研成果记述在系统的报告书中，提交企业主管、相关部门主管、CI系统委员会全体人员讨论、审议。

三、开发设计阶段

（一）总概念的企划

根据调研结果导入CI系统的基本战略方针，对企业理念识别系统的开发设计提出基本设想，对企业主管或董事会解释总概念书的内容并确定总概念书。

（二）创立企业理念

提出具有识别意义的企业理念，其中包括企业使命、经营理念、行动准则与业务范围等，并提供理念教育规范的行为特征，创作企业标语、口号、座右铭、企业歌曲等。

（三）开发设计视觉识别系统

确定企业命名或更名策略；将企业形象识别概念体现在基本要素的设计中，再以基本设计为准，开发应用设计要素；开发商标与包装设计；对新设计方案进行技术评估与形态反应测试、修改，举一反三，最后确立；编印CI系统设计手册。

（四）办理有关法律、行政管理手续

进行企业名称登记或更名登记、商标核准与注册登记。

四、实施管理阶段

（一）实施内部传播与员工教育

完成CI系统委员会的改组与工作交接；制订内部传播计划；准备教材教具，实施员工CI系统教育；定期发行CI系统简讯，动员大家参与普及CI系统知识的企业内部公关活动。

（二）推行理念与设计系统

按计划举办各种公关活动，对外树立企业新形象、扩大知名度与提高好评度；对内贯彻理念、鼓舞员工士气、发扬敬业精神；同时向企业有关部门宣传新设计系统，督导应用，并定期进行检查。

（三）组织CI系统的对外发布

制订对外发布计划，选择媒体，安排发布时间与频率，确定发布内容，进行合理预算，完成发布计划。

（四）CI系统测试评估

导入效果测试与评估，制定督导与定期测试评估制度，定期完成对内对外企业形象建设效果测试，进行效益统计，并制定改进方案。

10.2 企业理念识别系统策划

10.2.1 企业理念识别系统的含义

企业理念识别（MI）系统，是企业文化战略整合的核心识别系统。它由企业宗旨、企业目标、企业使命、企业作风、企业经营理念、企业精神、主题价值观、系列价值观、企业经营哲学、企业道德体系等几部分组成。理念识别系统主要用以确定企业的战略发展追求，以及为实现这一战略追求所规定的指导思想、精神规范、道德准则和价值取向。

企业理念识别系统策划，首先要对企业发展战略定位进行准确把握，进而提炼出能够推进这一战略实施的企业文化的核心，这是指导企业理念识别系统策划的原点和依据。其设计理念是：揭示本质、抓住规律、产生效果。设计的原则是：适用即管用、有效即最佳，既要体现企业发展的传统，又要体现现代企业的经营观念。设计的方法是：正确把脉、理性思考、双方结合、科学推断。

一、企业宗旨

企业作为从事经营活动的社会单位，对内、对外、对社会、对国家都承担着责任和义务。企业宗旨是企业存在于社会的主要目的、意图和志向，是企业的最高理想，因此，企业宗旨的设计必须能够显示企业的博大胸怀和远大志向。对内，它是引导和规范企业和企业员工的强大思想武器；对外，它是企业向社会发出的宣言和承诺，反映了企业存在的价值，是引导消费者和社会公众的一面鲜明的旗帜。如光明电力集团的企业宗旨：动力永恒，创造繁荣。表明光明电力集团的发展生生不息，通过提供源源不断的动力，为祖国、为社会、为人民带来繁荣、发展和幸福，这是光明人始终不渝的情怀，也是光明人崇高的精神境界。

二、企业目标

企业目标就是实现其宗旨所要达到的预期成果，没有目标的企业是没有希望的企业。美国行为学家J·吉格勒指出：设定一个高目标就等于达到了目标的一部分。气魄大，方可成大业；起点高，方能入高境界。在竞争激烈的市场经济时代，优胜劣汰是唯一的法则，企业不进则退，只有那些具有远大目标的企业，才能长盛不衰。上海大众的企业目标：不断创新。天津中远公司的企业目标：创国际一流企业，跻身世界500强。长安汽车的"三三三"目标：创造名牌、推出名人、争当知名企业的"三名企业"；降低成本、激活资本、以人为本的"三本主义"；用好权力、获取智力、开发潜力的"三力思想"。四通公司的企业目标：中国的IBM，世界的四通。方圆集团的企业目标：双业拓展，永创一流。表明方圆致力于建材主业和多种辅业的共同发展，并以创造一流企业为目标，显示了方圆人不甘落后、自强不息的精神和创造辉煌的远大志向。

三、企业使命

企业使命即企业应该承担的重大责任，使命感是激发自觉性的强大动力。企业使命是指企业依据什么样的使命在开展各种经营活动。企业使命是构成企业理念识别系统的出发点，也是企业行动的原动力。没有这个原动力，企业将会处在瘫痪状态，企业即使在营运，也将是没有生气的。

对于企业而言，企业使命至少有两层含义：其一是功利性的、物质的要求。也就是说，企业为了自身的生存和发展，必然要以实现一定的经济效益为目的。如果企业丧失了这一使命，就失去了发展的动力。其二是企业对社会的责任。因为企业作为社会的一个细胞、一个组成部分，必须担负社会赋予它的使命。企业如果只知道经济效益、追求利润，而逃避社会责任，必然遭到社会的报复，直至被社会所抛弃。

要使企业取得成功与成就，企业领导人所具有的事业理想、社会责任感是十分重要的，企业的理念往往是这种理想和责任感的延伸，仅仅靠发财的欲望是无法支撑一个真正成功的大企业的。

如著名的蓝天集团就把"为社会进步助力"作为企业的使命，这既是企业的一种现实选择，也是企业实现宗旨和目标的根本保证。企业的发展要依靠良好的社会环境，同时企业的发展也必须承担社会责任和义务，企业的发展是一种与社会、客户、员工的良性互动、相互协调、和谐共荣。

四、企业作风

国有国风，家有家风，企业作风是企业表现出来的态度、行为。良好的企业作风，能够协调企业的组织与管理行为，有助于建立科学规范的企业运行秩序，提升企业员工的工作境界，达到提高工作效率与经济效益的目的。如海尔集团的企业作风：迅速反应，马上行动。长安集团的企业作风：今天的事今天完，明天的事今天想。

五、经营理念

经营理念是企业对外界的宣言，表明企业觉悟到应该如何去做，让外界真正了解经营者的价值观。如果说企业的存在意义（企业使命）还有一定的抽象性，那么经营理念就无法停留在抽象的概念上。

（一）企业的经营方向

企业形象的好坏在很大程度上取决于企业经营方向是否正确，以及对目标市场需求的满足程度。企业一定要依据自身的经营条件和能力选定目标市场，根据目标市场的需求状况变动趋势，生产经营适销对路的产品，不断调整产品结构，使消费者的需求得到最大限度的满足。

（二）企业的经营思想

企业的经营思想，即企业的经营战略，这是企业经营理念的最核心的部分。经营战略，简单地说，就是企业根据自己的内部条件和外部环境，来确定企业的经营宗旨、目的、方针、发展方向、近远期目标的规划，以及实现经营目标的途径。

企业经营战略是指导一个企业全部经营活动的根本方针和政策，是企业各方面工作的中心和主题。它规定企业的经营方向和业务活动范围，从而确定企业的性质和形象，规定企业的经营目标、长远发展目标和中短期目标，提出达到经营目标的战略方针、途径和重点，还决定具体的行动计划和实施方案。

（三）企业经营战略的原则

企业经营战略的原则主要有竞争原则、盈利原则、用户至上原则、质量原则、创新原则和服务原则。

10.2.2 企业理念设计须遵循的基本原则

一、个性化原则

个性化原则是指企业理念设计应展示企业的独特风格和鲜明个性，提升企业的识别力。

二、简明化原则

企业理念设计应遵循简洁明了和高度概括的原则。

三、民族化原则

企业理念的民族化设计原则要求在进行理念设计时，必须充分考虑到民族精神、民族习惯、民族特点，体现民族形象。中华民族有崇尚仁义、人和、中庸、诚信、勤俭、忍让、谦恭、进取等民族精神和特征，这既是激励中华民族发愤图强的精神财富，又是企业精神和理念设计不可脱离的深厚的民族文化土壤。

10.2.3 企业理念设计程序

企业理念设计程序包括如下步骤。

一、明确企业理念的诉求方向

通过企业内部的调查分析，把握企业的经营方向、行业特点及运营状况。通过企业外部的调查分析，了解企业的社会地位及角色扮演状况，确认社会对企业的基本期望。然后，根据企业内外情况，明确企业理念的诉求方向。

二、确立企业理念设计的基本要素

在理念设计时，必须将企业经营的基本宗旨，企业价值观，企业的经济行为、社会行为等加以归类整理，再根据企业理念诉求方向，确定其基本含义和象征意义。

三、陈述企业理念要素

一旦确定了企业理念设计的基本要素，就要对其进行恰当的语言表述。语言表述要求准确无误，避免产生歧义。

四、对语言表述进行提炼

在运用语言表述企业理念后，必须用最精练的语言对所要表达的企业理念再进行高度概括，要做到言简意赅、易读易记、朗朗上口，并具有非常强的感染力。

10.3 企业行为识别系统策划

CI战略是通过企业全体员工的共同努力与主动参与，共同塑造企业形象的整体活动与系统工程。企业经营理念、企业价值观、企业精神、企业文化等均须通过对内的管理教育，对外的一切经营活动，渗透到企业经营管理的每一个层面、每一个环节中去发挥作用。因此，企业行为识别（BI）系统的设计，是CI三大系统设计的重要内容之一。

10.3.1 企业行为识别系统的构成

企业行为识别系统设计涵盖了企业的经营管理、业务活动的所有领域,可以分为内部和对外两大部分。企业内部系统包括企业内部环境的营造、员工教育及员工行为规范化等。企业外部系统包括产品规划、服务活动、广告活动、公关关系、促销活动等内容。

一、内部系统

(一)企业环境

企业内部环境的构成因素很多,它主要分为两部分内容:第一,物理环境,包括视听环境、温湿度环境、嗅觉环境、营销装饰环境等。第二,人文环境,主要包括员工精神风貌、领导作用、合作氛围等。

企业营造一个整洁、积极向上、温馨融洽、团结互助的内部环境,不仅能保证员工的身心健康,而且是树立良好企业形象的重要方面。因为这是给社会公众留下的第一印象,第一印象给人的感觉最强烈,一旦形成就难以改变。

(二)员工教育

企业员工来自不同的社会阶层,学识修养、脾气秉性各不相同,员工教育的目的是使员工行为规范化,符合行业行为系统的整体要求。员工教育分为干部教育和一般职工教育。两者的内容有所不同。干部教育主要是政策理论教育、法制教育、决策水平及领导作风教育。一般员工教育主要是与其日常工作相关的一些内容,如经营宗旨、企业精神、服务态度、服务水准、员工规范等。

(三)员工行为规范化

一个企业要在经营活动中步调一致、令行禁止,必须有一定的准则规范。行为规范是员工共同遵守的行为准则。行为规范化既表示员工行为从不规范转向规范的过程,又表示员工行为最终要达到规范化的结果。它包括的内容有职业道德、仪容仪表、见面礼节、电话礼貌、迎宾礼仪、宴请礼仪、舞会礼仪、谈话态度、谈话礼节和体态语言等。

此外,内部系统还包括福利制度、公害对策、废弃物处理、发展战略等内容。

二、对外系统

(一)产品规划

这是塑造企业产品形象的第一步。产品形象包括的内容有产品名称、包装、功能、质量、价格、营销手段等。产品规划首先是要进行市场调查,以求得与消费需求的一致,即企业根据消费者的需求进行产品的开发设计,并且利用产品的销售策略加深消费者对产品的印象。产品形象的核心是产品的质量。因此,产品规划活动的关键是保证产品的质量。

(二)服务活动

服务是直接与社会公众打交道,优良的服务最能博得消费者的好感。服务活动包括三个阶段的内容:售前、售中和售后服务。服务活动对塑造企业形象的效果如何,取决于服务活动的目的性、独特性和技巧性。服务必须以诚信为本,来不得半点虚伪,它必须是言必信、行必果,给消费者带来实实在在的利益。

(三)广告活动

广告可以分为销售广告和形象广告,对于企业形象策划来说,应更加重视形象广告的创作，以获得社会各界对本企业及产品的广泛认同。

形象广告就其制作手法而言，与其他广告并无显著不同，但它有自身较为独特的目的。企业形象广告的主要目的是树立商业信誉，扩大企业知名度，增强企业的凝聚力。产品形象广告不同于产品销售广告，它不再是产品本身简单化的体现，而是创造一种符合目标消费者的追求与向往的形象。通过商标本身的表现及其代表产品的形象介绍，让品牌给消费者留下深刻记忆，以唤起社会公众对企业的注意、好感、依赖与合作，使越来越多的社会公众由潜在的消费者成为企业现实的消费者，促进企业的发展。

（四）公关活动

公关活动是企业行为识别系统的主要内容。因为任何一个企业都不是一个孤立的客观存在，而是一个由各种社会关系包围着的社会存在。通过公关活动可以提高企业的信誉度、知名度，通过公关活动可以消除公众对企业的误解，免除不良影响，取得公众的理解和支持。

10.3.2 企业行为识别系统建立的原则

企业行为识别系统包括的内容非常庞杂，它涉及市场营销学、广告学、公关学、传播学、管理学等多方面的内容，但行为识别系统并不是这些内容的全盘照搬。建立行为识别系统的目的在于通过各种有利于社会公众认知、识别企业的特色活动，塑造企业的动态形象，并与理念识别系统、视觉识别系统相互交融，树立起企业良好的整体形象。

因此，行为识别系统的建立应在总体目标的要求下，综合运用相关学科的思想与技巧，加以整体策划。建立企业行为识别系统，塑造动态形象并为社会公众所接受，不仅仅是公关部门的事，而是关系到企业自上而下的每一个员工、企业运营的每一个环节和每一个部门的事。要使之发挥应有的效应，需要长期规划以及全体员工的共同努力。它不是短期的举措就能立竿见影的。行为识别系统传达的对象，不单是指向客户和消费者，还必须针对企业内部员工，社会公众，相关机构、团体。企业行为识别系统的规划、设计、建立是一项系统工程，应遵守以下原则。

一、立足长远

建立企业行为识别系统，塑造企业形象，是企业长期的战略目标。其塑造过程，可以说是企业系统工程的组织过程，需要通过长期的艰苦努力，有目的、有步骤、有组织地开展各种有利于树立企业形象的活动，把企业各项点点滴滴的具体工作统一到树立良好企业形象这个总目标上来，并持之以恒。即使已经在社会公众中建立了良好形象，也还需要经常组织有针对性的活动加以维护、发展和调整，不断改进和更新企业形象。

二、以诚取信

企业举办任何活动都要出自真心实意，不能哗众取宠、夸大其词、弄虚作假。真诚是企业形象的生命。企业必须对消费者有实实在在的承诺，并且加以兑现。企业必须用真挚的感情去感染公众，用发自肺腑的语言叩开公众的心扉，用实际行动实现对公众的承诺，以达到感情的共鸣和公众的支持。那种违反真实客观的原则，靠虚假失真的广告、制造噱头的公关活动，是不可能赢得公众的信任和支持的，其结果必然是以害人开始、以害己告终。

三、内外兼顾

企业开展活动，既要考虑企业内部员工的需要，又要顾及社会公众对企业的总体印象和评价。衡量企业形象好坏的主要标准是能否满足公众的利益，公众是企业形象的主要感受者。"当局者迷，旁观者清"，对企业的缺陷往往社会公众最容易发现。如果一个企业在经营管理活动中，始终把公众利益放在应有地位，以公众利益为导向，那么这个企业在社会公众心目中的良好形象，最终会树立起来。因此，在CI战略中，行为识别系统的运作过程要随时根据公众的利益和要求加以修正和调整。

四、广泛传播

企业举办活动要取得良好效果，除了精心设计之外，很重要的是要把活动信息广泛地传播给公众，取得大众传媒的配合。对新闻媒体的利用是树立企业良好形象所必需的，在大众传媒高度发达的今天，利用新闻媒体对企业举办的活动加以多角度、多层面的正面报道，为企业扩大宣传服务，是行为识别系统发挥作用的一项重要工作。企业凡举办大型活动，如产品订货会、信息发布会、厂庆、专题促销活动、社会公益性活动等，都应事先与有关记者取得联系，让他们进一步了解企业、扩大宣传；还要主动向新闻媒体提供准确、有价值的新闻线索，为扩大企业宣传提供素材。有条件的企业，还可以定期或不定期举行记者招待会，以加强沟通，增进友谊。

五、防微杜渐

企业是一个有机体，机体的运动必然会产生各种问题。问题的出现并不可怕，关键是对待问题的态度。不论出现什么问题，对企业形象都有或大或小的影响，有的甚至会带来难以挽回的损失。因此，防止企业形象发生危机是树立、保证和维护企业形象的重要原则之一。一旦出现企业形象危机，就应采取有效对策挽救，以重新赢得公众的理解和支持。

10.3.3 企业内部活动设计

一、员工培训

企业员工是企业形象的活化和对外部传达的重要媒介，他们素质的高低以及是否能够具体表现企业的经营理念、方针和价值观，将给企业的整体形象带来影响。因此，企业CI战略的实施，不仅需要全体员工的协助，而且需要激发他们积极参与的热情。

企业CI战略的实施，首先要从员工的一言一行、待人接物等细微之处切入，有声有色、规范系统的宣传教育和培训，能为统整和规范企业的整体行为打下坚实的基础，最终实现企业整体提升。

通常情况下，对企业员工的教育和引导工作，可采取如下措施：

(一) 编印CI系统说明书和员工手册

通过编印CI系统说明书，向员工阐明企业导入CI系统的背景、动机、规划以及企业理念和企业行为识别的意义，增强员工的认同感和前瞻意识。

通过编印说明企业理念、行为规范和企业标识的员工手册，让员工了解自己在企业导入CI系统过程中担负的使命，处处以此规范自己的行为，达到CI系统导入全员运作的最佳状态。

(二) 制作员工教育视频、幻灯片

在条件许可的情况下，应尽可能利用电视、幻灯等设备和手段，将企业导入CI系统的背景、动机及企业理念和标识等更有效地传达给员工，提高宣传教育的效果。

（三）利用企业内部各种宣传手段制造舆论

在企业内部的刊物、通讯、简报、海报、广播和有线电视等宣传媒体上，大张旗鼓地宣传导入 CI 系统的动机、意义和对企业未来发展的积极作用，不仅能使员工具有必要的心理准备，而且还可以提高员工的士气。

（四）加强企业内部沟通

一些企业成功的做法有：

（1）晨日会议：主要增加员工参加企业会议的机会，使其制度化；或举办"说真话会议"，增加内部交流与沟通的渠道。

（2）设置留言板：促使企业内部信息、意见和建议的传达与联络。

（3）实施教育研习：通过举办企业员工与主管讲习会和非正式研修聚会，调动员工自我教育的积极性。

（五）开展全员公关

通过全员公关活动的开展，提高员工的形象意识、参与意识和实践机会，创造一种良好而和谐的合作气氛，培养员工积极健康的心态。

（六）倡导各种有意义的活动

企业导入 CI 系统的目的，就是要通过统整员工的行为活动，提升企业的整体素质。因此，企业行为识别系统设计的重要内容之一，就是要从企业出发调整和改善员工的日常行为状态，使员工的一举一动都能展示出企业风貌。对此，切实可行的做法有：

（1）改善电话应对态度。

（2）推行礼貌运动。

（3）推行最佳仪表活动。

（4）开展积极向上的文娱活动等。

在开展员工培训与 CI 宣传活动方面，深圳康佳和中山嘉华集团做得尤为出色。比如康佳开展了"拥抱康佳明天"环城长跑、"爱祖国爱康佳"升旗仪式、"丰碑颂"厂庆、"康佳职工艺术节"等活动。中山嘉华集团开展了全员 CI 系统培训，上至总经理，下至每一名员工，见诸行动。他们还将 CI 系统的理念画成漫画，张贴在宣传栏上、走廊上，职工抬头可见，受到潜移默化的教育。

二、干部教育

这里所说的干部，是指企业中担任一定领导工作或管理工作的人员。厂长、经理、总裁等，又可称为企业家。

如果把企业比作金字塔，那么企业家即为金字塔的塔尖，企业家这种特殊的角色，使其定位显得十分重要。企业家的定位可以设计为：

（一）企业形象的主要代表者

应该说，一个优秀企业形象的塑造，是企业家与企业所有员工共同努力的结果，企业的每一个人都与之息息相关。然而，外界更关注企业家的形象。事实上，一些著名企业的卓越形象，都是与其领导者的名字紧紧联结在一起，有的企业干脆直接冠以企业家的大名，如日本的松下电器公司，美国的玛丽·凯化妆品公司、耐克运动鞋、中国的李宁运动服等。

（二）企业精神的主要塑造者

企业家和一般管理者的重要区别之一，就是企业家要负责提炼企业的共同语言，也就是说，企业的某种崇高的追求是企业家从本企业的特点中概括出来的，亦即企业精神。它一旦为全体员工所认同，就会产生强大的精神力量，为企业的发展提供生生不息的动力。一个企业之所以形成区别于其他企业的独特的企业精神，归根结底是因为这个企业的领导者有着自己独特的思想和见解，以自己特有的价值观、道德观、个人素质影响并决定着企业精神。

（三）企业兴衰的主要决定者

企业能否在激烈的市场竞争中生存、发展、壮大，领导者的因素具有决定性的作用。不论是什么样的企业，最能左右资本的运作并使之不断增殖和对企业实行有效管理的第一人，都是企业领导者，他们的状况直接影响企业的盛衰兴亡。

三、行为规范

企业形象的塑造需要企业的所有员工共同努力，员工的一举一动、一言一行都体现着企业的整体素质。可以说，没有良好的员工行为，就不可能有良好的企业形象。但人的经历、所受教育、性格、兴趣、特点等都是各不相同的，这就需要有一个大家共同遵守的行为规范。行为规范是企业员工必须接受和执行的基本行为准则，对员工行为具有约束、引导、指导的效力。行为规范的约束机制可以使人的行为趋于一致，并与企业的总体目标相适应。因此，在企业行为识别（BI）系统的设计中，员工行为规范是重要内容之一。

10.3.4　企业对外行为识别系统设计

企业对外行为识别系统是企业动态的识别形式之一。企业的各种行为都体现出企业理念，才能塑造出良好的企业形象，才能使企业形象具有统一的内核。因此，企业对外行为识别系统的设计必须在企业理念识别系统的指导和制约下进行。企业对外行为识别系统大致包括：新产品规划开发、服务活动与服务形象、企业形象广告策划、公共关系活动策划。

一、产品形象

产品形象，是指产品的命名、外形、功能、质量、商标、价格和包装以及营销等给公众留下的整体印象。产品形象的好坏直接关系到公众对企业的总体印象，良好的产品形象会给企业的生存和发展带来理想的外部经营环境。消费者对某一产品具有良好的印象，其原因并不仅仅是产品有良好的外观、性能等，还涉及有关的质量、服务、信誉、附加值等，这些都是产品形象的重要体现。

我们先以海尔的产品形象设计开发为例。

海尔产品形象追求个性化。海尔非常注意产品命名的文化味、形象感、可视性，例如电冰箱系列中的海尔冰箱"小王子"、海尔冰箱"大王子"、海尔冰箱"双王子"、海尔冰箱"美王子"、海尔冰箱"帅王子"，所有的王子系列与海尔的儿童吉祥物相融合，传递出产品可爱、可亲、可视的形象，这对于引发消费者的购买欲无疑具有重要作用。

再以康佳产品开发为例。

自1990年以来，康佳便在"康佳"品牌中推出一级商标"彩霸"电视，以后又推出"劲力"音响、"好运通"通信产品，既突出了康佳的老品牌，又体现了不断推陈出新的强劲趋势,每推出代表性的产品便冠以三级商标,诸如"双星"超薄、"天幕"阔屏幕彩电等,既保持了产品的连续性,又体现了快速更新换代的实力,产生了良好的社会效应,使"康乐人生,佳品纷呈"的康佳电子产品形象显得实实在在。

二、服务规范制定

制定服务规范的目的,是通过它的贯彻实施,树立企业良好的服务形象,提高产品的市场竞争力。

松下电器公司是日本电器行业的佼佼者,1990 年在世界 20 家大企业中名列第 17 位,其创始人松下幸之助被誉为"经营管理之神"。松下一条成功的经验,就是为用户提供良好的服务。企业制定了"销售服务三十条",以提高服务质量。这些服务规范,既是一种理念,又是一种完整的服务方式和服务艺术,同时也具有很现实的可操作性。"销售服务三十条"的具体内容如下:

(1) 销售贩卖是为社会人类服务,获得利润是当然之报酬。
(2) 对顾客不可怒目而视,亦不可有讨厌的心情。
(3) 注意门面的大小,不如注意环境是否良好;注意环境是否良好,又不如注意商品是否良好。
(4) 货架漂亮,生意不见得好;小店中虽较杂乱,但使顾客方便,反而会有好生意。
(5) 对顾客应视如亲戚,有无感情决定商店的兴衰。
(6) 销售前的奉承,不如销售后的服务,只有如此,才能得到永久的顾客。
(7) 顾客批评应视为神圣的语言,任何批评意见都应乐于接受。
(8) 资金缺少不足虑,信用不佳最堪忧。
(9) 进货要简单,能安心简单地进货,为繁荣昌盛之道。
(10) 应知一元钱的顾客胜于百元钱的顾客,一视同仁是商店繁荣的根本。
(11) 不可强行推销,不可只卖顾客喜好之物,要卖顾客有益之物。
(12) 资金周转次数要增多,百元资本周转十次,则成千元。
(13) 遇有调换商品或退货时,要比卖出商品更加客气。
(14) 在顾客面前责备小职员,并非取悦顾客的好手段。
(15) 销售优良的产品自然好,将优良产品宣传推广而扩大销售更好。
(16) 应具有"如无自己推销贩卖,则社会经济不能正常运转"的自信。
(17) 对批发商要亲切,如此则可以将正当的要求无所顾虑地向其提出。
(18) 虽然一张纸当作赠品亦可得到顾客的高兴,如果没有随赠之物,笑颜也是最好的赠品。
(19) 为公司操劳的同时要为职员的福利操劳,可用待遇或其他方法表示。
(20) 不断用变化的陈列(橱窗)吸引顾客止步,也是一种方法。
(21) 即便是一张纸,若随意浪费,也会提高商品价格。
(22) 缺货是商店不留心,道歉之后,应询问顾客的住址,并说:"马上取来送到贵处。"
(23) 言不二价!随意减价反会落得商品不良的形象。
(24) 儿童是福禄财神——带着儿童的顾客,是为了给孩子买东西,应特别注意。
(25) 时时应想到今天的盈亏,养成今天盈亏不明,则无法入睡的习惯。

（26）要赢得"这是××公司的产品吧"的信誉和赞赏。

（27）询问顾客要买何物，应出示一两种商品，并为公司充当宣传广告。

（28）店铺应造成热烈气氛，具有兴致勃勃的工作、欣欣向荣的表情和态度的商店，自然会招徕大批顾客。

（29）每日报纸广告要通览无遗，有人订货而自己尚且不晓，乃商人之耻。

（30）对商人而言，没有繁荣萧条之别，无论如何必须赚钱。

这30条就是松下公司积累几十年经验写成的一本生意经，也是值得营销服务借鉴的成功诀窍。

营销服务是一门多种学科交叉渗透的科学，内容十分丰富，但其中最重要的还是必须树立良好的服务精神。企业领导人必须成为树立服务精神的核心与指导者，还要善于把优质服务的精神注入企业经营理念中，对员工进行培训、教育，调动员工的积极性，把提供优质服务作为每位员工的宗旨。

服务并不能完全以量化的客观标准加以衡量，它最终必须以消费者的满意为标准。但一般来说，迅速、热情、方便、诚意、亲切、独特是优质服务所必须具有的，也是消费者所要求的。

再以海尔为例。海尔为追求产品的强大竞争力和品牌形象力，在表现产品质量形象、技术形象、外观形象的同时，不遗余力地树立海尔特色的优质服务形象，以"真诚到永远"为经营理念和统一的广告词，以一以贯之的全方位传播，在全国家电行业独家推出"国际星级服务"，提出"用户永远是对的"服务理念和这样的服务目标——"产品零缺陷，使用零抱怨，服务零烦恼"。海尔完善的服务体系获得美国优质服务科学协会授予的"五星钻石奖"；海尔集团总裁张瑞敏被授予"五星钻石个人终身荣誉奖"。"真诚到永远"的深入人心与国际服务形象的树立，将海尔在全国家电的白热化竞争中，同对手区别开来，明显高出一个层次。

三、促销活动策划

所谓促销，就是营销者将有关本企业及产品的信息通过各种方式传递给社会公众，促进其了解、信赖并购买本企业的产品，以达到扩大销售的目的。由此可见，促销的实质是营销者与社会公众之间的信息沟通。

促销活动的策划，就是通过各种促销方式的选择、运用与组合搭配的策划，有效地实现企业与社会公众之间的信息沟通。

在对各种活动进行策划时，如何树立企业形象十分重要。因为企业具有良好的社会公众形象，可以使企业和社会公众之间的信息沟通更顺畅、更持久，它对企业发展的影响也是深远的。

1997年8月，北京赶上多年未有的酷暑天气，一时间各大商场空调被抢购一空，出现脱销现象。好多市民即便是买了空调，也要排队等候好几天，才能轮上维修人员上门安装。这时，素以"迅速反应，马上行动"作风著称的海尔集团，马上派遣一支300人的安装服务队伍增援北京，并通过大众传媒大做广告，真可谓"雪里送炭"，受到北京消费者的欢迎。这是一次非常成功的促销活动策划，同时对海尔的企业形象、产品形象又是一次有力的提升。

围绕着企业营销所开展的公关活动，我们称为营销公关活动，诸如现场免费咨询、公益广告、公益活动等。同时，现场促销也是塑造企业形象、产品形象的最好场所与良机。促销现场统一视觉形象的POP、广告、吊旗、宣传品、促销小姐等的设计，是塑造良好企业形象与产品形象的必要手段；与此同时，围绕营销开展一系列公关活动，也尤为重要。

营销公关的核心是争取社会各方面的理解、信任和支持，在公众中树立良好的企业形象和产品信誉，达到促销的目的。它的着眼点不是企业的眼前利益，而是从企业战略目标及长期利益出发的。营销公关活动本身不是做买卖，而是通过公关活动促进销售。具体地讲，企业营销公关活动可选择的目标主要有以下几个。

（一）建立和提高企业及企业产品的知名度

知名度是企业的产品、名称、宗旨、任务、方针、政策、规模等被公众了解的程度。知名度、信任度和美誉度三者可以反映出一个企业在社会公众心中的大致形象。企业知名度的高低，直接影响企业自身的经济利益，决定着企业的生存和发展。因为公众很难甚至不可能去一个他不知道的商店购物，也不太可能购买他没听说过的品牌的产品。

（二）建立并提高企业及企业产品的信誉度

信誉度就是公众对企业及产品的信任程度。要通过公共关系，用各种媒体使社会了解企业及产品的信誉，使公众与本企业打交道放心，购买本企业产品踏实。

（三）建立并提高企业及企业产品的美誉度

美誉度表示社会对企业的赞许程度。现代市场的发展，已由过去商品美誉的竞争转向企业美誉的竞争。较高的美誉度，可以吸引更多的目标消费者，开拓更大的企业目标市场，是企业得以生存和发展的重要因素。通过公共关系宣传优质产品、优质服务、企业的经营管理水平与科技水平，可以树立企业良好的市场形象。

（四）取得社会谅解

现代企业处在复杂的社会环境之中，各种矛盾交织，比如工商企业间，厂家之间，产销之间，买卖之间，国家、企业和职工之间等，都有着复杂的经济利益关系和矛盾冲突。良好的公共关系能够预防各种可能产生的矛盾和冲突，取得相互谅解与支持。

（五）建立信息沟通网络

应广泛进行企业外部的信息交流，建立企业同社会各界的信息网络，及时测报社会环境变化和对企业行为的反应，取得社会各界的理解和支持。

此外，营销公关活动的目标还有许多其他选择，如联络感情、改变态度、引起行为等都可以作为公关活动目标。

总之，公共关系目标实际上就是企业通过公共关系策划和实施所希望达到的形象状态和标准。确定公关目标对搞好企业的营销公关活动是十分重要的，它可以使公关活动主题明确，使公关活动针对性强，从而达到树立企业形象的目的。

四、社会公益活动策划

社会公益活动是以赞助社会福利事业为中心开展的公关促销活动，比如赞助慈善事业、资助公共服务设施的建设等，通过这些活动，能在社会公众中树立企业注重社会责任的形象，提高企业的美誉度。

社会公益活动往往不会给企业马上带来直接的经济效益，而且企业还要付出额外的费用，但是从长远来看，通过这些活动，企业能树立较完美的社会形象，使公众对企业产生好感，能为企业创造了一个良好的发展环境。

策划社会公益活动，可以从以下几个方面考虑。

（一）社会公益活动策划的准备工作

在着手进行社会公益活动策划之前，应首先做好以下两项准备工作：

（1）企业形象现状及原因的分析。它要求策划人员在进行策划之前，对策划所依据的材料进一次分析审定。调查材料必须真实可靠，否则，再好的策划也不会取得成功。

（2）确定目标。这是社会公益活动策划的前提。社会公益活动的具体目标同调查分析中所确认的问题密切相关，一般来说，所要解决的问题也就成了社会公益活动的具体目标。

（二）社会公益活动的对象选择

企业促销的具体目标不同，选择社会公益活动的对象也不一样。虽然社会公益活动总体上是以资助或赞助某一项活动为主要特征的，但是社会公益活动的对象不同，其资助或赞助的内容、形式、特点及效果也不同。下面对目前几种主要的社会公益活动进行分析。

（1）赞助体育活动。体育运动目前成为全民运动，特别是一些国际性的体育盛会，可以超越国家、民族和文化等各种界限，吸引成千上万的人关注。企业向这类活动提供赞助，可以迅速地提高企业知名度，扩大产品销售。健力宝正是靠大力赞助全运会、亚运会、奥运会等举世瞩目的大型体育活动打响品牌、创立名牌，塑造善尽社会责任的良好企业形象的。因此，健力宝在这方面堪称最典型的一例。

（2）资助灾区、贫困地区。资助灾区、贫困地区是社会公益活动的一个重要方面。中华民族素有"一方有难，八方支援"的传统美德，当灾难到来之际，企业能够适时地组织此项公关活动，就会极大地触动社会公众的情感，使社会产生共鸣。科龙集团对革命老区江西采取的千万元扶贫行动，建设"科龙村"，既扶持了贫困地区的经济发展，又扩大了企业的社会影响。

（3）资助社会福利事业。企业选择对各项社会福利事业进行资助，比较容易获得社会各界的普遍好感。金利来、康佳、健力宝等企业在这方面均有出色表现。

（4）资助文化教育事业。文化教育是一个国家的立国之本，中国人对资助文化教育事业的人和事赞为"尊师重教，功泽三秦"。企业通过资助"希望工程"、设立教师或教学奖励基金等各种资助活动，可以使企业形象中具有民族大义和社会责任感的内涵。这种社会公益活动不是肤浅的、稍纵即逝的，它对企业的影响是深远的。

（三）社会公益活动的运作技巧

虽然上述各种社会公益活动不会给企业带来直接经济利益，但是在实施过程中，企业还是要运用各种有效的公共关系技巧，来扩大社会公益活动在社会上的影响。

（1）举行隆重的赞助仪式。

（2）召开新闻发布会。

（3）利用大众传媒传播传奇故事。

（4）邀请社会名流给予评价。

我们以康佳为例。康佳在营销、公益活动等方面，将产品宣传融入形象之中，提高了广告宣传的品位档次，产生了更加轰动的社会效应。如把"康佳产品遍四方，售后服务到府上"作为企业理念的延伸,也是对广大用户的承诺,通过举办"康佳质量万里行"等大型活动来增进与用户之间的感情;通过捐资在延安建设"深圳康佳希望小学"、参加电视扶贫活动,树立良好的企业形象;通过开展"全国家电维修技术能手大赛"等,对潜在的市场起到导向作用。

康佳这一系列活动的目的在于,在社会公众心中树立良好的企业形象,即康佳不仅生产高品质的彩电,而且提供优质服务,具有一个大型企业振兴民族经济及回报社会的高度责任感。

总之,企业在进行社会公益活动运作时,可以采取各种技巧和方式,大造声势,以此引起社会公众的关注,从而使社会公益活动产生最大效果。

10.4 企业视觉识别系统策划

人们所感知的外部信息,有83%是通过视觉通道到达头脑中的,也就是说,视觉是人们接受外部信息的最重要和最主要的通道。企业形象的视觉识别系统,就是将CI系统的非可视内容转化为静态的视觉识别符号,以无比丰富多样的应用形式,在最广泛的层面上进行最直接的传播。

设计科学、实施有力的视觉识别系统,是传播企业经营理念、建立企业知名度、塑造企业形象的快速便捷之途。因此,视觉传播成为企业传达信息的最佳手段。它是企业表层形象的载体,可以最直接、最迅速地给公众留下第一印象。要让公众在第一印象中迅速了解企业的行业特点和经营特色,了解企业的优势,就必须对企业感性的外观形象进行设计。视觉识别系统,是CI系统中最具传播力和感染力的层面。

10.4.1 企业视觉识别系统概述

一、企业视觉识别系统概念

企业视觉识别(VI)系统是企业所独有的一整套识别标识,它是企业理念外在的、形象化的表现,理念特征是视觉特征的精神内涵。企业视觉识别系统是CI系统的具体化、视觉化。它包括企业标识、企业名称、企业商标、企业标准字、企业标准色、象征图形、企业造型等。根据专家的研究,在信息社会中,企业的视觉识别系统几乎就是企业的全部信息载体。视觉识别系统混乱就是信息混乱,视觉识别系统薄弱就是信息含量不足,视觉识别系统缺乏美感就难以在信息社会中立足,视觉识别系统缺乏冲击力就不能给顾客留下深刻的印象。在这个意义上,缺乏视觉识别系统,整个CI系统就不复存在。

二、企业视觉识别系统设计的基本原则

(一)有效传达企业理念

企业视觉识别系统的各种要素都是向社会公众传达企业理念的重要载体,脱离企业理念的视觉识别系统设计只是一些没有生命力的视觉符号而已。最有效、最直接地传达企业理念、突出企业个性是企业视觉识别系统设计的核心原则。广东太阳神集团的企业标识就十分成功地体现了企业理念。太阳神集团根据自身的行业特征和追求目标,制定的企业理念是:

振兴民族工业,提高中华民族健康水平;制定的精神口号是:真诚理解,合作进取;制定的经营策略是:以科技为依托,以市场为导向,以人才为中心。这些健康、明朗、蓬勃向上的理念、口号和策略从此开始支配公司的一切生产、经营、销售、宣传工作,也决定了公司在进一步实施 CI 战略时采用何种风格的视觉识别和行为识别系统。

(二) 突出人性化

现代工业设计越来越重视人性化,以消除现代工业所带来的人性异化。与人产生关系,使人感到被关心,创造出互相信任、彼此融洽的亲和感和人文环境,是企业视觉识别系统设计应追求的目标。著名的苹果标识,在设计上就表现出一个充满人性的动态画面。苹果一直被认为是智慧的象征。苹果公司最早的徽标是牛顿坐在苹果树下读书的图案,后来才改成一个被咬了一口的苹果,是由 Regis McKenna 公关公司的艺术总监 Rob Janov 设计的。Janov 开始设计了一个苹果的黑白剪影,但是总感觉缺了些什么,"我想简化苹果的形状,并且在一侧被咬了一口[taking a bite——a byte(一个字节)],以防苹果看起来像一个西红柿",Janov 解释道。然后,Janov 增加了六条彩色的水平色条,原始设计有黑色的细线分开不同的颜色条,可以减小印刷时的压印问题,但是 Janov 没有同意这个建议。这样就产生了我们今天所熟知的彩色苹果徽标。

(三) 实现强力视觉冲击

企业视觉识别系统设计所要做的,是通过设计使社会公众对企业产生鲜明、深刻的印象,因而所设计的视觉形象必须具有强烈的视觉冲击力和感染力,达到引人注目和有效传播的目的。日本三菱公司的企业标识就是一个成功的典范。三菱的标识是岩崎家族标识三段菱和土佐藩主山内家族标识"三柏菱"的结合,后来逐渐演变成今天的三菱标识,于 1910 年以现在的形式用于三菱合资公司的英文版营业指南书上。三菱的三个菱形标识原为九十九商会的船旗志,这是 19 世纪 70 年代的一家轮船公司,许多三菱所属公司都是靠该公司发展起来的。现在,这个标识是三菱组织中各公司全体职工自豪的象征;并且对世界各地的消费者来说,这个标识是产品质量和服务的保证。

(四) 保持风格统一

设计风格的统一性是充分体现企业理念、强化公众视觉的有效手段。强调风格统一并不是要求千篇一律、没有变化,而是一种有变化的统一,是在基本原则不变的前提下的统一。可口可乐公司在全世界 100 多个国家都建有装瓶厂,但在全世界可口可乐的视觉识别系统是统一的。

(五) 具有艺术表现力

视觉符号的识别功能的发挥,与人的情感有着密切关联。视觉符号是一种视觉艺术,而接收者进行识别的过程同时也是审美过程,因此,企业视觉识别系统设计必须具有强烈的美学特性。如果企业视觉形象缺乏美感和艺术表现力,就不能唤起接收者的美感冲动,则识别的作用就无从发挥。

三、企业视觉识别系统的基本要素设计——标识设计

标识分为企业标识和产品标识两种。

(一) 企业名称

企业名称是用文字表现的识别要素。任何一个企业从诞生之日起,就像人一生下来一

样，必须先有一个名字，以区别于其他企业。

在设计企业名称时，须考虑以下几方面因素：

①企业所在行业的特点。

②企业所生产的产品的特点。

③企业应有的独特个性。

企业名称是企业个性的文字表现，它不仅对企业经营活动产生深远影响，而且对树立企业独特形象具有重要意义。当人们第一次听说某一企业时，首先接收到的信息就是企业名称，通过这一名称在脑海中形成第一印象。好的企业名称会给人一种耳目一新、过目不忘的感觉。

企业的品牌名称也是同样。"康师傅"的老板并不姓"康"，"康师傅"是 1992 年台商为进军大陆市场而设的品牌。在 20 世纪 90 年代初，由于大陆消费者害怕速食食品有损健康，所以这类食品在大陆不太受欢迎。顶新集团为标榜其速食面不含防腐剂和人工色素，所以用"康"字显示其是健康食品，加上当时的目标市场是北方，而北方人会尊称别人为"师傅"，所以便在品牌名称上加上"师傅"二字。这便是"康师傅"的由来。

一个关注自己企业形象的企业家，必须重视企业名称、品牌名称的作用，不能简单地冠以地名，使企业失去特色、失去个性。目前，不管在中国还是在其他国家，存在一种企业名称与品牌名称合二为一的趋势，这对企业整体形象的树立不无好处。

（二）企业名称的设计原则

（1）个性化原则。

（2）简易性原则。

（3）名实相符的原则。

（4）民族性原则。

（三）企业标识

企业标识是指代表企业特征、个性和形象的特定造型、图案、符号、色彩或其他设计，是企业的代表和象征，借此人们可识别企业。在 CI 系统的视觉设计要素中，应用最广泛、出现频率最高的是企业标识。

（四）设计企业标识应注意的问题

（1）识别性。企业标识设计题材丰富，表现形式多样，造型符号必须具有独特的风貌和强烈的视觉冲击力，同时还必须与企业实态相符合，与企业经营理念相统一，才能获得社会公众的认同。

（2）造型延展性。标识图形要针对印刷方式、制作工艺技术、材料质地和应用项目的不同，采用多种相对应和延展性的变体设计，以产生适当的表现效果。

（3）系统性。企业标识的重复使用要求必须对其进行系统化管理，以求得使用上的标准化、规范化。

（五）企业标识的设计原则

（1）以企业理念为核心的原则。企业标识是传达企业理念、企业精神的载体，因此其图形设计应在企业理念的基础上，以巧妙的构思、精练的构图将企业理念、企业精神予以表现。

（2）人性化原则。企业标识是以生动的造型图案构成视觉语言，这种造型图案通过观众的眼睛传到神经系统，起到刺激、吸引视觉的作用。所以这种设计应力求富有人性、活泼生动，以易于识别、便于记忆。

（3）习惯性原则。随着全球经济一体化，各国企业逐渐融入全球经济之中，因此在设计企业标识时，应注意各国各民族的禁忌图案和颜色。

（六）企业标识设计的程序

基于以上特点以及应遵循的原则，在设计企业标识时，应按以下阶段进行：调查分析、主题开发、设计完稿、精细化作业、标准作图。

（1）调查分析。此阶段是对企业情况进行广泛而深入的了解，主要包括在对企业经营理念、经营规划、产品特性、行业特点、竞争对手的情况进行全面调查的基础上，对企业CI战略期望值及视觉识别标识期望值进行详尽的分析，以整理出设计创意与表现重点。此阶段实际是依据MI对视觉标识的前期定位。

（2）主题开发。在调查分析的基础上提炼出企业的基本形象关键语，由基本形象概念转变为设计概念。

标识的设计选择有以下几类：一是以统一的企业名称和品牌名称作为企业标识，如BENZ、Nestle等；二是以企业名称、品牌名称为基础勾画出新的组合图案作为企业标识，如麦当劳的"M"等；三是以企业经营理念为核心，依据上述不同方向进行设计，产生不同个性和形象特征的标识。一般而言，对于规模较大、市场占有率较高的企业，较适合采用文字标识，若是企业和品牌知名度不高，则通过图形标识能增加标识的识别性和亲切感，较易被认同。

（3）设计完稿。设计完稿阶段主要是确定标识的基本造型要素和恰当的构成原理。确定是以点、线、面、体单一因素造型，还是综合多因素加以造型。另外，要确定标识的比例大小、空间分割、对称状况等。在这当中需要运用美学原理，根据企业经营理念，创造符合企业精神、具有企业个性、有较大应用灵活性的标识视觉图形。

例如，车麦耶夫和盖斯玛尔为美国曼哈顿银行设计的标识，就是一个极好的例子。这个标识的内部是一个正方形，外形是一个八边形，这样一种构造产生的是对称的图形，给人以镇定自若、紧凑连贯的感觉。它四周严密，似乎是大块大块的石块砌成，看上去像是一座壁垒森严的工事，任何干扰都不能妨碍它，同时又表现了极强的生命活力，因为它包含的每一个单位的顶部都是尖利的，蕴含着能动的力量。这是一个包含着永恒的自转运动的静止体。

（4）精细化作业。标识的精细化作业，是指对设计的标识进行视觉修正和进一步完善，以确保造型的完整性和将来在各种传播媒体中应用的一致性。主要包括造型的视觉修正、造型的数值化、运用尺寸的规定和放大、缩小等。这一阶段以视觉原理为依据，应注意抓住设计的主题，在突出主题特征的前提下平衡各种要素，形成集中统一的视觉式样。国际奥委会选择五个相连的圆环作为其标识，并选择了相应的色彩。五个圆环代表五大洲，更深一层的意思是代表着全世界的运动员都聚集在奥林匹克运动会上。朴素的白色背景寓意着和平。五种颜色从左到右分别是：上方蓝、黑、红，下方黄和绿。黄色代表亚洲，黑色代表非洲，蓝色代表欧洲，红色代表美洲，绿色代表大洋洲。五环环环相扣，象征着五大洲人民团结在一起，共振奥运精神。在奥运五环中，红、蓝、绿三种颜色的环宽相同，黑色为上述三个圆环宽度的 0.92 倍，黄色则为 1.3 倍，这主要是由于视觉效果有偏差，需要对这两种颜色圆环的宽度进行修正，以使观众看起来宽度一致。这充分体现了精细化作业，即通过改变线条宽度，使之符合人的主观感觉，创造出有生命力的标识。

（5）标准作图。标准作图是将标识图形、线条规定成标准尺度，便于正确复制和再现。通常可用的方法有：方格法——在正方形的格子线上绘制标识图案，以说明线条的宽度和空间位置关系；比例表示法——以标识图案的总体尺寸为依据，设定各部分的比例关系，并用数字予以表示；圆弧角度表示法——即为了说明图案的造型和线条的弧度和角度，用标准圆心的位置、圆弧的半径或直径以及参照水平或垂直线等来加以表示。三种方法可以单独使用，也可以综合使用，目的在于准确作图，避免随意性，以体现标识设计的一贯性。

10.4.2 企业视觉识别系统设计程序

一、准备阶段

（1）成立视觉识别系统设计小组。

（2）理解消化 MI，确定贯穿视觉识别的基本形式。

通过对企业内部调研，及对高层管理人员访谈，结合品牌定位结论，将多方收集的信息加以分析、讨论、总结，并明确企业核心价值观、核心竞争力，深入挖掘、提炼"关键"点，寻求品牌定位于视觉表现的结合方向。

（3）搜集相关资讯，以利比较。

企业视觉识别系统设计的准备工作要从成立专门的工作小组开始，这一小组由各具所长的人士组成。一般应由企业高层担任负责人。成员以美工人员为主，以行销人员、市场调研人员为辅。如果有条件，还可邀请美学、心理学等学科的专业人士参与部分设计工作。

二、设计开发阶段

（一）品牌标识创意设计

品牌标识是企业视觉识别系统中的核心要素，品牌在对外视觉传播中，标识的使用及展示率是最高的，因此品牌通过标识这个"窗口"向公众展示出品牌核心价值观、品质、信赖感是至为重要的，是建立品牌形象的第一步，也是品牌最重要的资产。

品牌标识设计工作流程如下：

（1）第一步：前期调研。

了解并明确企业的特质、战略规划、核心竞争力、核心价值观等。

与决策层深入交流（电话、访谈、问卷）。

总结、分析前期调研结果，确立标识创作方向。

（2）第二步：明确视觉表现方向。

综合多方面调研资料，明确品牌形象表现的战略方向。

形成创意，深入挖掘并提炼表现元素。

（3）第三步：展开具体设计工作。

确定品牌标识初稿。

探讨、测试品牌标识（初稿）的各种表现方式。

（4）第四步：标识的应用表现设计。

启动标识法律保护工作（向国家相关机构申请商标注册）。

建立标识规范系统（标准色、复色、单色等）。

品牌标识设计工作结束，进入视觉识别基础要素系统设计阶段。

（二）基础要素系统

基础要素系统包含六个组成部分，即品牌标识、品牌标准字、品牌标准色、品牌辅助（象征）图形、标识与品牌传播基本信息组合、专用字体。六个组成部分环环相扣，缜密、严谨、系统，是视觉形象在应用延展中风格保持高度统一、协调一致的保障。

（1）品牌标识。品牌标识是通过意义明确的统一标准的视觉符号，将经营理念、企业文化、经营内容、企业规模、产品特性等要素传递给社会公众的图案和文字，是建立企业形象和品牌形象的第一步，也是企业重要的形象资产。

（2）品牌标准字。中英文标准字的设计制定，是将标准字的字体结构、角度、比例等空间关系经过精细化设计，强化与图形标识的一致性，使其在传播过程中具有等同图形标识的识别作用。

（3）品牌标准色。品牌标准色由标识的基本色彩而来，在此基础上为满足标识的多元表现形式、制作工艺及在各种媒体、各种环境中的表现形态，需设定品牌辅助色系。为保证标准色及辅助色后期执行的精确度、色彩还原度，特将色彩划分为三种模式并具体数值化。三种色彩模式分别为：CMYK模式、RGB模式和PANTONE（专色）模式。

（4）品牌辅助（象征）图形。辅助图形的设定强化了品牌视觉核心标识的视觉感染力，辅助图形的提炼来自标识自身基本元素或品牌理念。辅助图形辅助品牌标识传播，有等同标识视觉识别的作用。

（5）标识与品牌传播基本信息组合。标识与品牌传播基本信息——名称、地址、电话、传真、邮编、E-mail、网址等要素组合，以满足不同媒体传播的应用需求。

（6）专用字体。品牌专用字体的制定是强化视觉信息的完整性，此部分设计包括各种印刷专用字体。

（三）应用系统设计开发

应用系统设计需根据具体项目数量制定。应用系统开发依照基础要素设计的原理性、缜密性、科学性、艺术性，在其基础上延展视觉风格，提升视觉识别的表现力，是基础系统规范化的进一步升华。两者相互依托，确保视觉形象通过艺术化延展到各个媒体中，保持高度协调一致。

三、反馈修正阶段

（1）调研与修正反馈。

（2）修正并定型。在视觉识别系统设计基本定型后，还要进行较大范围的调研，以便通过一定数量、不同层次的调研对象的信息反馈来检验视觉识别系统设计的各个细部。

（3）编制视觉识别系统手册。编制视觉识别系统手册是视觉识别系统设计的最后阶段。

【策划实战】

创业项目的企业形象系统设计

（一）实战目标

1. 要求学生把企业形象系统设计理论运用于营销实践，联系有关项目或资料，为某一产品或店铺进行企业形象系统设计，并对此设计进行分析。

2. 要求每个学生根据企业形象系统设计思路和方法的要求，从消费者认知心理和消费模式角度出发，设计某一企业的名称和标识，使设计的形象具有创意性，新颖而有吸引力。

（二）实战要求

1. 要求教师对企业形象系统设计的实践应用价值给予说明，调动学生课业操作的积极性。

2. 要求学生根据企业形象系统设计的要求，完成企业形象系统设计任务。

3. 要求教师对企业形象系统设计的要求、思路、方法进行具体指导。

4. 要求教师提供企业形象系统设计课业范例，供学生操作参考。

（三）实战任务

以标准标识、标准字、标准色为基础，做形象系统的延展，设计并制定专属办公用品（必须包括的物品有名片、信纸、信封、便签等）样式，以及公关用品（必须包括的物品有纸杯、手提袋）样式。

【本章小结】

1. 理解企业形象系统策划的核心。企业形象系统策划包括企业理念识别系统策划、企业行为识别系统策划、企业视觉识别系统策划。

2. 企业理念识别系统策划主要从明确企业理念的诉求方向、确定企业理念识别系统设计的基本要素、陈述企业理念要素、对语言表述进行提炼等方面进行；企业行为识别系统策划主要从企业对外行为设计和企业内部行为设计两方面进行；企业视觉识别系统策划的程序主要有准备阶段、设计开发阶段、反馈修正阶段。

【思考分析】

1. 企业形象系统策划有哪几个构成要素？
2. 企业形象系统策划的作用是什么？
3. 企业行为系统由几个部分构成？
4. 企业视觉识别系统策划的程序有哪几个阶段？
5. 设计企业标识应注意的问题有哪些？

第 11 章

公 关 策 划

【学习目标】

- 了解公关策划的基本概念；
- 掌握公关策划的流程；
- 掌握公关活动策划的实际操作；
- 理解危机公关策划的核心内容与意义。

【开篇案例】

澳大利亚艺术系列酒店：打破常规

创意之一：免费续夜

为了拉升淡季订房率，吸引更多商旅客户，澳大利亚艺术系列酒店集团策划了一场名为"免费续夜"的体验活动。澳大利亚艺术系列酒店拥有三家五星级艺术主题酒店，每家都是受某个澳大利亚当代艺术家的启发而设计的。

活动是从 2012 年 12 月 16 日至 2013 年 1 月 13 日，凡是入住集团旗下三家酒店中的任何一家的旅客，均可享受"免费续夜"服务。也就是说，只要没有其他客人入住，就无须退房，繁忙的旅客完全可以交一天房费（165 澳元），在酒店里想睡多久就睡多久。

提出这一创意的是墨尔本传播策划公司。"延迟退房，让客人免费续住并不会给酒店造成任何损失，因为这些客房只是未售出的存货。我们希望以小博大，引起媒体宣传推广，酒店又不必自掏腰包。"对于这个点子，该公司创始人亚当·费瑞尔道出了创意的初衷：很多客人抱怨他们必须在上午 11 点前匆匆收拾行李退房。我们问酒店，假如没有其他人立刻入住，为什么还要设立这样的规定？结果没人能给出答案。我们似乎无意间发现惯性思维下的漏洞。于是，"免费续住"的想法就此产生。对于那些乐不思蜀还想多留一会儿的客人，只需在活动期间的每天上午 8~11 点"懒洋洋地"打电话到前台询问，酒店工作人员便会告知最晚退房时间，可能是下午 1 点或 3 点，倘若第二天没人住，那就意味着还能多蹭一晚。

酒店官网称,活动期间客人能够续住的天数没有上限。

创意之二:偷走班克斯

2011年,费瑞尔为艺术系列酒店策划的"偷走班克斯"品牌推广活动成为行业内的佳话。该活动有个"不像话"的规定,只要客人能够在严密的摄像监控和工作人员眼皮底下将挂在酒店墙上的班克斯名画成功偷走,即可将"赃品"据为己有。

在"偷走班克斯"活动中,供顾客盗窃的宝贝是价值高达15 000澳元的名画《没有球赛》。不过,你得先找到它才行——它被轮流安放于三家艺术系列酒店中。

尽管这幅名画最后被偷走了,但活动令澳大利亚艺术系列酒店声名大噪。"偷走班克斯"斩获了两项艾菲金奖和一项当年的戛纳公关金奖。

(资料来源:https://sanwen.net/a/wzjlvoo.html)

11.1 公关策划概述

11.1.1 公关策划的概念与目的

"公共关系"一词是舶来品,其英文为"public relations"。公共关系(简称"公关")是一种科学的现代管理方法,是协调、处理现代组织与公众之间的各种关系、保证事业成功的一门不可缺少的学问。公共关系学诞生于20世纪初,在当今许多国家已经把公共关系应用于政治、经济、军事、文化等社会的各个方面,以指导各类社会组织的社会实践活动。对公共关系的定义五花八门,可以说有多少研究公共关系的著作,就有多少公共关系的定义。但是综合来讲,公共关系都离不开三个要素,即公共关系组织、公众及传播。如图11-1所示。

有一种对公共关系的定义十分具体直观、简洁明了。

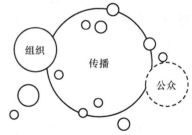

图11-1 公共关系三要素

假设一位青年追求伴侣,他可以有许多种方法:买鲜花向少女献殷勤,这是推销;修饰自己的外貌和风度,让自己更加吸引人,这是广告;如果该青年经过周密的研究,制订计划,埋头苦干,以成绩博得众人赞赏,并想方设法让少女听到他人对自己的优良评价,这就是公共关系。

总体来讲,公共关系可以理解为组织运用有效传播手段,使组织适应公众需要,使公众适应或者接受组织要求的一种思想、政策和管理行为。它既是一门科学,又是一门艺术,公共关系的科学性和艺术性的统一,最集中、最明显地体现在公共关系策划中。

公共关系策划是公共关系和策划两层含义的结合,专指策划在公共关系领域的延伸所形成的新概念,与一般策划不同的是,它特指公共关系领域的活动项目形式以及所有其他公共关系的相关内容。公共关系策划指根据组织形象的现状以及目标要求,分析现有条件,谋划设计公共关系战略、专题活动和具体公共关系活动最佳行动方案的过程。

公共关系策划是整个公共关系工作的核心和关键环节。它根植于公共关系调研的基础上，针对组织需要解决的主要公共关系问题，分析相关信息和因素，按照科学和艺术的方法、原则，最大限度地发挥公共关系人员的创造才能，确定公共关系的目标、主题和战略，制定出最佳的活动方案，所以说，策划水平的高低从一定意义上决定着公共关系活动的成败，反映了公关人员的素质和能力。

11.1.2 公关策划涵盖范围

从公关策划的定义出发，我们可以概括出组织进行公关策划的五大要素：公关策划者、公关策划对象、公关策划环境、公关信息、公关策划方法。

一、公关策划者

人们通常把公关人员分为三个层次：一是具体操作者，其主要任务就是做好礼仪接待工作；二是组织指挥者，其主要任务是沟通内外信息，协调各种关系，塑造组织良好形象；三是公关专家顾问，他们是公关的主要策划者。顾问既可以由本组织管理者担任，也可以请专门的公关公司的人员担任，其主要的任务就是充当组织的智囊和参谋，为组织达成既定的目标、解决重大的难题提供咨询，设计高水平的公关策划方案。

二、公关策划对象

这是策划的客体，是根据现实的公关目标或所解决的公关问题而确定的传播沟通对象。它既可以是公关策划所要针对的某一组织，也可以是需要了解策划主体有关信息的一般公众。只有抓住了公众，才能体现公关的价值。

三、公关策划环境

任何策划都是在一定的环境中进行的。公关策划环境既包括对策划有利的条件，也包括对策划不利的条件。在进行公关策划之前，组织必须弄清楚自己所处的具体境况，这是公关策划的出发点和依据。只有进行周密的境况审视，才能发现有利的公关策划条件并加以利用，才能发现问题并予以及时的关注和解决，从而顺利地进行公关策划。

四、公关信息

公关调查的目的是获得公关信息。公关信息是指一切与公关活动有关的，通过文字、数据、信号、图像或声音等形式表现出来的，可以传播、传递、复制和处理的对象。公关策划通过对信息的收集、传输、加工，把信息作为公关策划原材料加以应用。公关信息必须是准确、及时、全面、可靠的，其中及时最为重要。

五、公关策划方法

公关策划作为一项高难度的专门性工作，有其独特的工作方法。它包括遵循公关策划原则和流程，以及采取相关的策略和方法等。

11.1.3 公关策划的特征与原则

一、公关策划的特征

从公关策划定义来分析，公关策划应该表现出以下特征。

（一）目的性

公关策划工作具有明确的目的性。一般的公关策划工作的目的在于促进公关活动从无序转为有序,从模糊转为清晰。具体的公关策划工作的目的视环境、条件和所追求的目标而定。

因此,在进行公关策划设计时,要着手研究组织应该树立什么样的形象,在公关活动中应重点解决什么问题及其解决的先后次序。公关策划设计所确定的目标分为总目标和具体目标。总目标是指任何公关活动都希望达到的最终目标。一般来说,这个最终目标就是具有理想的知名度和美誉度的组织形象。但任何理想的目标均不能一蹴而就,在一定的时间内,受一定的人力、物力、财力的约束,任何组织只能就某个具体目标进行公关策划设计,具体目标逐项实施、实现,才有可能一步步实现总目标。因此策划设计的目标性的体现就是总目标与具体目标的统一。

(二)创新性

公关策划思维是一种创新性思维。策划设计往往追求独创性,以新颖的策划设计方案提高公关活动成功的概率。因为公关策划设计既是一门科学,又是一门艺术,而创新正是一切艺术的生命源泉、价值所在。离开了创新,艺术也就失去了魅力,无法称之为艺术。

公关策划依靠公关人员的创新性素质,遵循公关的基本原则,通过辩证的思维过程,开拓新的境地,并使之产生别具一格、标新立异的结果。创新性是公关策划的生命,它集知识、智慧、谋划、新奇于一身,不断放射出耀眼的光芒,因而备受青睐,成为当今组织谋求发展的一大法宝。

(三)计划性

计划性,即按照组织的公关目标,根据公关活动的特点,有计划、分步骤地实施公关策划,使公众的观点与行为朝着对组织有利的方向发展。凡事预则立,不预则废。由于现代社会瞬息万变、错综复杂,一个组织政策的实施在行动开始时都会受到各种主客观条件的限制。因此,要想顺利地实现组织目标,就必须有一整套经过周密运筹而制订的计划。如果说策划中的"策"体现在创新性上,"划"自然就是计划性了。

(四)思想性

公关策划过程是一种思维过程,它依赖受到思想特质支配的人脑,并通过策划者对社会环境、企业组织的条件和策划目标的分析来完成。

思维方式是人类运用思维规律、思维方法进行思维活动的综合表现形式,是人类进行思维的具体模式。思维方式不是固定不变的,它是历史的产物,随着人类社会物质生产活动和精神生产活动的发展而不断变化,随着科学技术的进步、社会生产方式的变革而变革。不同的文化背景会出现不同的思维方式,不同的思维方式会产生不同的谋略策划。

(五)针对性

公关策划没有一个统一的、一成不变的模式,它受制于组织所处的外部环境、自身条件和公关状态,以及策划者本身的创新性思维方式。不同的组织需要策划不同的公关方案;同一组织在不同的外部环境条件下,需要策划不同的公关方案;同一组织在同一个外部环境但不同的自身条件下,也需要策划不同的公关方案。这说明公关策划工作一定要有针对性。

(六)调适性

进行公关策划设计时,应考虑条件的变化,适时适度地调整公关策略,必要时还可能要调整公关目标。由于公关活动是一项复杂的综合性活动,它的成功与否受诸多外界条件的影响,这就要求策划设计者时刻关注条件变化对实现公关目标的影响,使策划设计方案具有一定的灵活性，以随时根据条件的变化进行灵活的调整。

公关策划方案应该具有一定的弹性，以便随着环境的变化和方案的实施而进行有针对性的调整。这种调整应围绕公关策划目标，适应市场经济发展的大潮，考虑公关策划方案实施的环境、目标公众的需求动机和心理承受力。调整后的公关方案应更具有可行性和创新性，其内容包括：范围的调整，即在方案实施过程中扩大或缩小所涉及的范围；程序的调整，即在方案实施过程中调整程序的复杂度；手段的调整，即在方案实施过程中变换采取的手段；目标的调整，即在方案实施过程中修正原来的目标。

进行公关策划，首先要了解构成公关策划的基本要素。目前，国内研究者对公关策划要素主要有三种观点：①"三要素论"，即策划者、策划对象和策划方案；②"四要素论"，即策划目标、策划者、策划对象和策划方案；③"五要素论"，即策划者、策划依据、策划方法、策划对象、策划效果测定和评估。

二、公关策划的原则

公关策划是制定组织公关战略的重要环节，需要理性的思考以及艺术的提升，因此，需遵守从大量公关实践中提炼出来的以下原则。

（一）价值导向原则

价值导向原则是公关策划最重要的原则，它的含义是：组织进行公关策划时，必须以组织的价值观念为导向，不可以无视或者偏离价值观念，否则公关策划就失去其灵魂和意义，甚至会损害组织形象。

组织的价值导向也称为组织的经营理念，它是组织对"顾客—员工—企业（或组织）"三角连锁关系的一种价值陈述，是组织"社会定位"的结果。一个组织所倡导或推崇的价值观念，如"顾客至上""以人为本"等，实际上是组织形象的理念要素。组织形象的行为要素和视觉要素必须以理念要素为依托，这是组织形象得到公众有效认同的基础。组织形象只有同组织的价值追求相吻合，亦即表里如一、内外相符，才能获得公众的理解与好感。例如，麦当劳把"最清洁的快餐"作为企业的价值追求或理念要素，在策划或设计企业形象时，就时刻以这一追求和要素为基点。从 CI 战略的高度出发，它要求前台员工必须穿戴整洁，必须由手脚利索的 20 岁上下的年轻人充任，借以体现麦当劳快餐的快节奏与活泼的个性；它对顾客的就餐环境也有特殊的要求，对选料、制作的工艺要求也都体现着"最清洁的快餐"这一价值追求。

（二）真实性原则

真实性原则也称科学性原则或客观性原则。它包括两个方面的含义：其一，在进行公关策划时，必须尽可能全面地收集各类信息，客观地整理、分析各种信息；其二，策划程序和步骤必须符合科学的规则与逻辑。

【经典案例】

大亚湾不是切尔诺贝利

我国开始在大亚湾修建核电站的时候，从苏联传来一个令世人震惊的噩耗——切尔诺贝利核电站发生了核泄漏事故，造成 2 000 人死亡。各国新闻媒体从不同渠道获得了各种消息并纷纷报道，一时间世界舆论哗然，核电这一与人类生存攸关的重大问题因此受到世界各国人民的广泛关注。大亚湾核电站也成为香港地区公众议论的热点问题，报纸专门辟出版面，电台、电视台播出专题节目，一时间闹得满城风雨、人心惶惶。有人慷慨陈词，极力反对在与香港毗邻的大亚湾修建核电站；一些人为此还组织了反核电站的专门机构，并发起了香港各界100万人的签名运动，派出请愿团赴京请愿。面对这种不利舆论，究竟应该怎么办？政府有关部门通过研究采取了如下对策：

(1) 全面了解这种不利舆论产生的原因和传播的范围，以及已经产生和可能产生的影响。

(2) 立即组建核电站公关处，由一位高级工程师任处长，以增强公关宣传的针对性。

(3) 通过新华社、中新社等新闻机构如实报道苏联切尔诺贝利核电站事故调查及救援工作开展情况，特别是及时详尽报道调查结果——由于操作人员操作不慎所致，并非技术问题。

(4) 由权威核科学家和核电专家在香港举行核电站知识讲座。在宣传中，针对香港公众所担心的问题，给予了耐心的解释和说明。所有这些有针对性的公关活动大大缓解了香港公众的核恐慌心理，成功地引导了舆论。

(案例来源：https://wenku.baidu.com/view/c1ab3e91dd88d0d233d46a40.html)

在公关策划中，仅有信息资料是不够的，还需要对信息资料进行客观的分析和科学的评估。分析和评估信息资料，必须进行科学判断和推理，而不能仅凭主观感受，否则就不能做到公正、客观，其结论的正确性也就值得怀疑。

(三) 新奇性原则

公关策划是一种创造性活动，而不是一种重复的机械性劳动，它与因循守旧、墨守成规、不思进取的行为是格格不入的。它推崇的是标新立异、独辟蹊径、大胆创新、奇中取胜，也就是所谓的新奇性原则。

【经典案例】

全球最大的衬衣——碧浪大衬衫清洗

1999年国庆节前夕，在北京东三环附近的一幢大楼上悬挂着一件高40.6米、宽30.8米、重930千克的大衬衣，约有12层楼高。这件衬衣在此悬挂了半个月。这是爱德曼国际公关有限公司为宝洁公司策划实施的一次公关活动。此前，宝洁公司碧浪品牌的经理和同事们坐在广州的办公室里冥思苦想，怎样在50周年国庆节到来之际，做一件令公众惊奇的事情。一位中方经理提到，既然中国是世界上最大的国家之一，宝洁公司是世界上最大的洗涤用品公司，碧浪又号称世界销量最大的洗衣粉品牌之一，为什么不能再创造一个世界第一？

于是，经过几个月的筹备，1999年7月8日，这件巨大的衬衣终于诞生在世界最大的城市之一——北京。在大衬衣的揭幕仪式上，宝洁公司宣布，洗涤这件世界最大衬衣的挑战倒计时正式开始。宝洁公司的代表、吉尼斯世界纪录申报见证代表以及近百名新闻记者参加了全球最大衬衣的揭幕仪式。

这件向吉尼斯世界纪录发起冲击的巨大衬衣，如果用制作它的布料来制作正常尺寸的衬衣，可制作2 350件。在大衬衣上印有"全新碧浪漂渍洗衣粉"的醒目文字，其中巨大的两个红字"碧浪"高5.8米、宽9.8米，在雪白的衬衣衬托下，分外鲜明。

这件衬衣经历了半个月的风吹雨淋和空气污染，而且在大衬衣的揭幕仪式上，来宾们还用墨汁等泼在这件大衬衣上，使其"污秽"不堪。7月23日，碧浪用其推出的全新突破性产品成功地洗涤了这件世界上最大的衬衣。这件大衬衣是成衣制造史上的一次突破，这次碧浪除渍活动是宝洁公司公关策划的一次创新。

要想在公众心目中塑造鲜明持久的品牌形象，必须首先引起公众的注意，然后才会得到公众对品牌的理解，产生持久的记忆和忠诚。碧浪的形象塑造首先使用"最大""第一"来引起公众注意，树立了自己在洗衣粉品牌中的领先地位；"悬挂半个月"不仅能提高衬衣的显露度，引起社会关注，产生悬念，而且随着衬衣渐渐变脏，会强化人们的理解和体验，引导人们去想：如此脏又如此大的白衬衫怎么洗？接着顺理成章地推出"碧浪除渍活动"及突出"碧浪洗衣服特别白"的卖点，给人留下深刻的印象。

(案例来源：https://wenku.baidu.com/view/05b0e486680203d8ce2f2463.html)

(四) 灵活性原则

公关策划是建立在对现有信息的收集、分析基础上的。它对信息的分析及对情境发展趋势的预测，受策划者的经验、知识和认知方式的影响，因而具有不可避免的局限性。同时，外部环境的变化总是使人们对这种变化的感知处于被动地位，这就要求在进行公关策划时，必须遵循灵活性原则，即应使所选定的公关方案具有充分的回旋余地，并尽量在方案中考虑到各种未知的或不确定的因素，对各种可能出现的新问题、新情况、新动向，要制定具体的应对措施和应变手段，从而使公关策划既周密可行，又灵活主动。

【经典案例】

奥利奥100周年：饼干上的历史

周年庆，是公关和营销的宝贵资源，这个品牌年轮的分割点让品牌可以超越产品本身，用更自然和更人性化的方式去讲述故事，拉近和消费者的距离。奥利奥的100周年庆典活动，不仅有效地利用了社交媒体实现好玩的互动，同时也很好把产品有机地融入互动和营销活动中。

奥利奥迎来了100岁生日。在这100年里，奥利奥陪伴许多人度过美好的一天。以此为活动主旨，以年轻消费者和"辣妈""潮爸"为目标对象，品牌创建了一个"Dailytwist"（每日一扭）项目，从推特中择取每天的热点事件结合奥利奥进行创作。在持续100天的时间里，每一天为"粉丝"们进行奥利奥创作，"粉丝"们可以分享讨论，再从中筛选出最佳创意。

奥利奥100周年庆典首先从平面广告开始，和一般品牌只强调自己的品牌历史和文化不同，奥利奥更懂得什么样的内容更容易打动消费者——用一堆奥利奥饼干、牛奶和玻璃杯拼出过去100年的历史。而且，奥利奥知道什么样的历史讲述具有让你目光停留3秒的魔力。100年的历史不过是扭一扭、舔一舔和点一点。这组平面广告在平面媒体、户外广告牌和脸书上发布和传播，核心是吸引大家到其官方网站 www.oreo.com/birthday 浏览，而奥利奥的官方网站也没有落入"送祝福送大奖"的俗套，奥利奥明白该如何把这一品牌的节日变成大众的节日——一起分享你心中的童趣。

(案例来源：综合网络有关报道)

11.2 公关策划的程序

11.2.1 公关策划的内容与流程

公关策划是一项系统工程，它包含许多层次的内容与步骤，主要有以下内容。

一、综合分析、寻求理由

公关策划人员被称为"开方专家"，如同医生拿到一系列检查化验报告，要想开出一个理想的治疗方案，首先必须对这些资料进行一次综合分析，确定问题之所在，然后对症下药一样，公关人员进行公关策划的第一步工作，就是综合分析在公关调查中收集的信息资料，对组织进行诊断，找出问题。

二、确定目标、制定方案

（一）确定目标

确定目标是公关策划中重要的一步，目标一错，便一错百错。所谓公关目标，是公关策划所追求和渴望达到的结果。目标规定公关活动要做什么，做到什么程度，要取得什么样的效果。公关目标是全部公关活动的核心，它是公关策划的依据，是公关工作的指南，是评价公关效果的标准，是提高公关工作效率的保障，也是公关人员努力的方向。

（二）制定公关方案

一旦确定公关目标，便可制定具体的公关方案。一个完整的公关策划方案应包括以下几个方面的内容。

（1）目标系统。公关目标不是一个单项的指标，而应有一个目标体系。总目标下有很多分目标、项目目标和操作目标。长期目标要分成短期目标；总目标要分成项目目标、操作目标；宏观目标要分成微观目标；整体形象目标要分成产品形象目标、职工形象目标、环境形象目标。

（2）公众对象。任何一个组织都有其特定的公众对象，确定与组织有关的公众对象是公关策划的首要任务之一。只有确立了公众对象，才能选定需要的公关人才、公关媒体及公关模式，才能将有限的资金和资源科学地分配使用，减少浪费，取得最大的效益。

（3）选择公关活动模式。公关活动模式多种多样，不同的问题、不同的公众对象、不同的组织都有相应的公关活动模式，没有哪一种公关活动模式可以解决所有问题。究竟选择哪一种公关活动模式，要根据公关的目标、任务、公关对象分布、权利要求具体确定。常见的公关模式有以下几种：

①交际型公关活动模式。这种模式主要以面对面的人际传播为手段，通过人与人直接交往，广交朋友，建立广泛的联系。这种活动模式富有人情味，主要适用于旅游服务等第三产业部门。

②宣传型公关活动模式。这种活动模式重点是采用各种媒体向外传播信息。当组织要提高自己的知名度时，一般采用此种模式。发新闻稿、开记者招待会、新产品展览、广告、演讲、板报等都属于这种模式。

③征询型公关活动模式。这种活动模式目的是为组织决策收集信息。如民意测验，有奖征文，问卷调查，建立信访制度，举报中心，专线电话等都属于征询型公关活动。这种活动

模式有助于增强公众的参与感，提高组织的社会形象。

④社会型公关活动模式。这种活动模式是通过开展各种社会福利活动来提高组织的知名度和美誉度。如赞助各种文化体育活动、公益性和慈善性事业等都属于这种类型。社会型公关活动模式不局限于眼前的利益，而是进行长远利益的投资，一般实力雄厚的组织可以开展此类活动。

⑤服务型公关活动模式。这种活动模式主要以提供各种服务来提高组织的知名度和美誉度，如消费指导、售后服务、咨询培训等。

⑥进攻型公关活动模式。这是在组织与外界环境发生激烈冲突、处于生死存亡的关键时刻采用的以攻为守、主动出击的一种公关活动模式。

⑦防御型公关活动模式。公关部门不仅要处理好已出现的公关纠纷，还要预测、预防可能出现的公关纠纷。如及时向决策部门反映外界的批评意见，主动改进工作方式、争取主动，就是防御型公关活动模式。

⑧建设型公关活动模式。这是在组织创建初期，为了给公众以良好的"第一印象"，提高组织在社会上的知名度和美誉度而采用的一种活动模式。如举办开业庆典、奠基仪式、免费参观等活动。

⑨维系型公关活动模式。维系型公关活动的主要目的是通过不间断的宣传工作，维持组织在社会公众心目中的良好形象。这种模式一方面通过各种优惠服务吸引公众再次合作，另一方面通过传播活动把组织的各种信息持续不断地传递给公众，使组织的良好形象始终保留在公众的记忆中。

⑩矫正型公关活动模式。这是一种当组织遇到风险或组织的公关严重失调、组织形象发生严重损害时所采取的一种公关活动模式。这种活动模式的特点是及时发现问题，及时纠正错误，及时改善不良形象。

（三）分析评估、优化方案

经过认真地分析信息情报，公关人员确定了公关目标，制定了公关行动方案，但这些方案是否切实可行、是否尽善尽美，这就需要对方案进行分析评估和优化组合。对公关方案评估的标准只有两条：一是看方案是否切实可行，二是看方案能否保证策划目标的实现。

方案的优化过程，是提高方案合理性的过程。方案的优化可以从三个方面去考虑：一是提高方案的可行性，二是增强方案的目的性，三是降低经费开支。

常见的方案优化法是综合法，即将各种方案加以全面评估，分析其优点和缺点，然后将各方案的优点移植到被选中的方案中，使被选中的方案好上加好，达到优化的目的。

（四）审定方案、准备实施

公关策划经过分析评估、优化组合，最终形成书面报告，交给组织的决策层做审定决断。任何公关策划方案都必须经过本组织的审定和批准，使公关目标和组织的总目标一致，使组织的公关活动和其他部门的工作相协调，从而得到决策层和全体员工的积极配合支持。

策划方案能否得到决策层的认可，并最终组织实施，取决于三个因素：一是策划方案本身的质量，这是根本；二是策划方案的文字说明水准；三是决策者本身的决断水平。

决策者在进行决断时，一要尊重公关人员的意见，但不要受其左右；二要运用科学的思维方法，对策划方案和背景材料进行系统的科学分析；三要依靠自己的判断，不被表象所迷惑。

策划方案一经审定通过，便可组织实施了。

11.3 公共关系专题活动策划

11.3.1 企业内部公关策划

企业内部公共关系是内部纵向公共关系和内部横向公共关系的总称。纵向公共关系是组织机构上下级之间的关系；横向公共关系是组织机构同级职能部门之间、班组之间和员工之间的关系。现代组织是一个相互联系、相互依存的开放系统，内部关系是否融洽、团结、目标一致，决定着组织能否充满生机，能否具有竞争优势和发展潜力。建立良好的内部公共关系，是组织开展各类对外公关活动的基础和前提。

搞好企业内部公关的意义在于以下几点：

一、有助于增强员工的凝聚力

员工是企业赖以生存的细胞、发展壮大的基础。面向员工开展公关活动，可以消除内部人员之间的隔阂，协调内部关系，激发员工斗志，增强内部团结，增强企业的凝聚力和员工的向心力。

二、有助于坚定股东的信心

股东是企业的投资者，股东关系是股份公司所特有的一种内部公共关系。如果股东对企业失去信心，转让或抛售股票，企业内部就不稳定，如果企业形象受到损害，就很难吸引更多的新股东。通过内部公关活动，如股东年会和其他信息沟通、联谊活动，能体现对股东权利的尊重，加深股东对企业的感情。

三、有助于培育企业文化

企业文化是企业在生产经营和管理活动中所创造的具有企业特色的精神财富。企业内部公关活动对企业文化氛围的形成有极为重要的作用。公关部门开展这方面的活动应围绕企业的价值观来策划。

四、有助于实行全员公关管理

全员公关管理就是通过企业的公关教育与培训，增强全员的公共意识，加强整体的公关协调配合，发动全员的公关努力，产生有助于塑造企业良好形象的自觉的公关行为。

11.3.2 公关活动策划

公关活动是企业策划部、公关公司、策划公司、广告公司在工作中常用的技术手段。成功的公关活动能持续提高品牌的知名度、认知度、美誉度、忠诚度、顾客满意度，提升品牌形象，改变公众对企业的看法，积累无形资产，并能不同程度地促进销售。

公关活动的主要类型：

路演：是指在公共场所进行演说、演示产品、推介理念，即向他人推介自己的公司、产品、想法的一种方式。

巡展：分静态展和动态展，所谓静态展一般就是产品的静态展示，主要就是通过视频、文字、图片等方式展示产品的各类特点，并由销售人员进行互动讲解。动态展是让客户亲身体验产品的实际使用，比如试乘试驾、电脑试用等。

新品发布会：即发布新产品。
新闻发布会：是以某个事件为话题，通过互动的方式来宣传。
座谈会、论坛：邀请一些专业人士对产品的特性进行深入研究探讨。
晚会：比如客户答谢会，主要是拉近彼此的距离，提高关联性。
公关活动策划方案主要包括以下内容。

一、企业形象现状及原因的分析

分析企业形象现状及原因，就是在公关策划之前，对本企业形象进行诊断，从而为企业选择公关活动目标与方法提供依据。

二、确定目标要求

一般来说，企业所要解决的问题就是公关活动的具体目标，它要服从树立企业形象这一总体目标。公关活动目标应明确、具体，并且具有可行性和可操作性。

（一）设计企业主题

企业公关活动的主题其实是对公关活动内容的高度概括。它不仅对整个公关活动起着指导作用，而且对公关活动成效影响很大。公关活动主题的表现方式多种多样，可以是一个口号，也可以是一句陈述或一个表白。

（二）分析企业公众对象

公关活动是以不同的方式对不同的公众对象展开的，不同的公众对象有不同的要求，只有确定了公众对象，才能确定选择哪些公关活动方案最有效。

（三）选择活动方式

公关活动方式的选择是策划的主要内容。通过什么方式开展公关活动关系到公关工作的成效。选择活动方式是一个具有创造性的工作，企业的公关活动是否新颖、个性化，关键取决于策划人员的创造性思维是否活跃。所以，在选择活动方式时，要充分发挥策划人员的独创能力和潜在能力。公关公司全套详细活动策划执行方案如表11-1所示，详细执行方案如表11-2所示。

11-1 公关公司全套详细活动策划执行方案

（一）接洽流程				
任务分工	准备工作	主要工作要求及内容说明、洽谈重点	参与人员	完成时间
初步接触	★公司宣传册及相关资料 ★本公司自有优势资源、活动经验	★了解项目规模、场地及其可操作性 ★了解合作方关键人物、组织机构、合作意向、资金条件 ★了解对方的想法和建议		
细节洽谈（多次）	★自有资源、案例介绍PPT文档 ★项目初步策划案框架（包括：活动主题、形式、主要内容、建议；执行流程安排；大体预算）	★讨论策划案，获取客户对活动的具体要求及意见 ★获知项目的着重点及难点 ★客户的倾向性		

续表

(一)接洽流程			
项目汇报	★根据客户意见修改后的策划案（包含策划执行方案、宣传策划案、详细预算） ★汇报用的投影仪、笔记本电脑、方案PPT文档 ★策划文案打印、装订成册 ★汇报流程安排：开场人员、主要讲述人员、答疑人员	★项目汇报 ★合同条款认定	

(二)策划流程			
任务分工	参与部门	讨论重点	会后工作
初次策划会议	联络人、活动策划、执行统筹、活动部负责人	★项目背景、需求 ★是否值得继续跟进 ★活动概念和形式	★撰写初步策划案 ★报策划总监与分管副总
谈判后协调会议	联络人、活动策划、执行统筹、活动部负责人；制作统筹、设计师、信息专员、媒体负责人	★客户意见 ★策划案大体框架 ★形式和内容设计 ★项目基本成本 ★宣传炒作重点	★撰写策划执行方案初稿（含策划方案、宣传方案、预算方案） ★方案由设计师进行精包装
细节谈判后协调会议	联络人、活动策划、执行统筹、活动部负责人；制作统筹、设计师、信息专员、媒体负责人、部门总监	★客户意见 ★内容、执行细节确定 ★现场效果图 ★宣传方案确定 ★物料方案 ★预算方案（成本/报价）	★撰写策划执行方案定稿（包括活动内容、执行流程、人员分工、宣传计划及预算） ★拟定合作协议 ★确定需外包工作并开始联络（演艺、制作、场地等） ★确定执行工作组
合同签订后协调会议	执行工作组成员	★项目分解及完成时间图表（甘特图*） ★安排各项工作	★项目正式立项 ★落实各项资源、外包 ★执行管控

(三)管控流程			
管控环节	主要工作要求及内容说明、洽谈重点	参与人员	完成时间
时间管控	时间安排表和节点控制。活动进行的时间是不可更改的，时间管理必须根据活动进行的时间来倒推		
供应管控	主要是指对活动的服务、设备及物质资料供应的管理，对外包服务的管理，比如在活动执行过程中会涉及食宿、交通、灯光、音响、舞台、服装、道具、特技、录制等，这些大都采取外包的模式，需要对外包的供应商进行有效管理		

续表

（三）管控流程			
人力管控	活动现场负责人、团队的人员配置和管理，以及对现场志愿者的管理		
（四）标准管控工具：甘特图表*			
任务	把活动管理各个区域的工作分解成为一个个易于管理的任务或活动		
时间段	对每一个任务设置一个时间段（需要考虑的因素是开始和结束的时间）		
优先顺序	设定任务的优先顺序		
节点	因为此表是用来监控活动进展情况的，所以对于那些特别重要的任务要指定为节点，并在图表中标记出来		
分工	每一个任务对应参与的人员，节点处找第一负责人		

*甘特图表：用图表来衡量实际与预期生产记录之间关系的方法中所使用的图表，称为甘特图表或甘特图，亦称甘特进度表或条形进度表，是以美国企业管理学家甘特（Henry Gantt）的名字命名的，常用于策划和编排工作。它基本上是一种线条图，横轴表示时间，纵轴表示要安排的活动，线条表示在整个期间计划的和实际的活动完成情况。甘特图表直观地表明任务计划在什么时候进行，以及实际进展与计划要求的对比。

表 11-2　活动策划具体执行详细方案

一、前期准备			
任务分工	主要工作要求及内容说明	负责人	完成时间
（一）前期准备的宣传类			
1. 活动策划书	需要先做一份比较完整的活动策划书，这样比较方便活动的开展，更重要的是要让上级认可这份策划书。策划书最主要的是目的意义、活动内容方式及经费预算等		
2. 正式发文	一次活动能否成功地完成还需要得到更多单位的支持和配合，这样就少不了一份正式的发文，这也是一个很好的宣传方式。发文要规范，如文号、主题词、抄送单位等		
3. 悬挂条幅，张贴海报，设置气拱门、电子屏	这些宣传形式的文字内容都要由上级确认，并通过相关部门的审查		
4. 幕布	需要事先量好尺寸进行设计，然后悬挂		
5. 借用展板	展板用于活动的宣传、张贴海报等		

续表

一、前期准备			
任务分工	主要工作要求及内容说明	负责人	完成时间
（一）前期准备的宣传类			
6. 制作邀请函和节目单	为了扩大宣传要邀请领导和嘉宾莅临现场，先制作好邀请函并发送。邀请函背面设计成节目单，并卷成圆筒形绑细绸带，用红色 A4 或 B5 的纸打印		
7. 演示文稿（PPT）	要事先准备好文稿、投影仪和电脑。注意：一是要有组织的标识；二是要考虑到现场播放效果，背景颜色与文字的对比要比较明显；三是内容要规范		
8. 联系校内外媒体	要做到"三化"。联系常规化：经过多次与一个记者联系，就会建立感情，以后报道就容易了；接待程序化：如要到宣传部审批入校手续，由专门的工作人员进行接待、准备相关材料；新闻通稿格式化：给媒体的新闻稿共三段，第一段写时间、地点、主要参加人员，第二段写活动过程、形式，第三段写意义、大家的反应		
9. 领导及嘉宾发言稿	邀请领导或嘉宾发言，要先准备好发言稿，以备不时之需。领导发言稿中要对活动进行肯定、指出活动的意义、对学生提出希望，发言稿一定要经有关领导审定		
10. 主持稿	为了使主持人能主持好节目，为了让所有工作人员对整个活动具体流程都了解，要提前把主持稿写出来		
11. 准备照相机、摄像机	如果活动很重要，最好邀请专业人士；如果场面很大，最好准备广角照相机；要准备多台摄影机		
12. 奖状设计及制作	要注意规范、美观和时尚		
13. 热气球、彩旗	热气球与彩旗不但可以营造气氛还可以扩大宣传，视活动的经费而定		
（二）前期准备的物品类			
1. 水	无论是活动前期的筹备，还是活动现场，都要准备足够的饮用水		
2. 地毯	无论是晚会舞台上，还是会议室门口，都要铺上地毯		
3. 灯光、音响等设备	灯光和音响要事先租借，以够用为原则		
4. 准备签到簿、笔	事先准备好签到簿和笔		

续表

一、前期准备			
任务分工	主要工作要求及内容说明	负责人	完成时间
（二）前期准备的物品类			
5. 花	会议桌、致辞台、茶几要摆放鲜花，还有上台献的花，都要提前准备好		
6. 礼花炮	如果在开场或是结束的时候需要放礼花炮，要提前准备好，同时要安排好放礼花炮的人员		
7. 水果盘、水果	新鲜、易食用、卫生，摆放抽式纸巾		
8. 桌椅	桌椅都要事先借好，摆放好，有条件的话要铺桌布		
9. 观众座位安排表制作及张贴	事先划分好区域，在座位上贴上座位表		
10. 领导座位签（牌）	会议桌上摆放领导及嘉宾名签（牌）		
11. 帐篷	室外活动要考虑到天气变化，提前准备好帐篷，主要用于音响、灯光和工作人员避雨		
12. 预订工作餐	重大活动和长时间的活动要提供工作餐		
13. 观众服装	有的活动需要观众服装统一，要按照活动的需要事前制作或是租借		
14. 哨子、荧光棒	晚会类型的活动为了活跃现场气氛要事先准备哨子和荧光棒，活动之前分发给观众		
15. 小礼品	如果是游园活动或是晚会一般会有互动环节，要准备些小礼品送给积极参与的观众		
16. 提示板	若是访谈类的活动，为了保持和主持人的联系要准备好提示板		
17. 借用礼仪服、鞋子、礼仪盘	联系好礼仪队，并事先准备好礼仪服、鞋子、礼仪盘等		
（三）前期准备的其他事项			
1. 确定到场的领导及嘉宾	活动之前要确定好到场的领导及嘉宾，做好座位签（牌），安排好座位		
2. 邀请评委	如果是赛事性质的活动，还要提前预约评委		
3. 确定主持人	所有活动在开始之前都要与主持人沟通，商量好一些细节。选择主持人要慎重，性质不同的活动要选择风格不同的主持人		

续表

一、前期准备			
任务分工	主要工作要求及内容说明	负责人	完成时间
（三）前期准备的其他事项			
4. 活动场地借用	事先联系场地		
5. 管弦乐队、背景音乐光盘	会议、颁奖仪式、讲座之类的活动，一般要准备乐队和背景音乐光盘，以营造现场气氛		
6. 特殊用电	要事前提出申请，做好审批，如果需要电缆，要提前联系好		
7. 摆放节目单、矿泉水等	事先把节目单与矿泉水摆放好		
8. 活动前现场卫生清扫	活动开始之前要把场地清扫一遍，包括洗手间、抽屉等		
9. 确定礼仪及颁奖顺序	如果活动有颁奖仪式，需要提前确定颁奖顺序，要彩排		
10. 安排基本观众	为了保证观众人数，有时需安排基本观众，要找那些喜欢这种活动的人来参加，可以通过他们做些宣传		
11. 更衣室、化妆间、化妆人员、化妆物品	如果是室外活动，如晚会、游园会，在租借活动场地时要准备好更衣室与化妆间，包括化妆人员和化妆物品		
12. 安排后勤人员、现场维护秩序的人员、催场人员	晚会、游园会等活动的现场一般会比较混乱，要先安排好后勤人员、现场维护秩序的人员和催场人员		
13. 互动环节发问的问题及发问人员的准备	在讲座、访谈和座谈会上一般会有互动提问环节，为了确保不冷场应提前准备好相关问题，如果实在没有人提问，就由安排好的人来提问		
14. 路标制作及摆放	如果活动现场不容易找到，需要事先做好路标；如果是重大活动，需要一些有明显服装标志的志愿者在大门口、道路转弯处等地方用指示牌来引导参加活动的人员		

续表

二、活动现场			
任务分工	主要工作要求及内容说明	负责人	完成时间
1. 现场停车位安排	如果是大型活动,要与保卫部门联系,准备好停车场地,安排好停车引导人员		
2. 贵宾室	供领导和嘉宾稍事休息,注意摆放水、水果、纸巾,室内要整洁		
3. 现场全程拍摄	为了做好后期宣传和总结,要安排人员全程拍摄		
4. 签到、礼仪员迎接领导及嘉宾、合影	当领导和嘉宾到来时要让礼仪员进行迎接、献花,如果有需要还要合影留念,然后礼仪员引导领导及嘉宾入席		
5. 司掌员	为了保证现场气氛最好安排司掌员		
6. 维持现场秩序(安全员)	为了保持活动秩序,要让负责安全的人员在现场维持秩序,如遇突发情况,保证现场不发生意外。一般情况下,安全员主要负责不要让观众在领导前面走动,包括拍照、摄像,要适可而止		
7. 现场话筒传递	在互动环节需要观众发言时,要事先安排专人传递话筒		
8. 观众的调整	如果活动要开始时观众还没坐满,要迅速将后面几排观众调整至前面,保证活动场面紧凑		
9. 记者接待	要保证记者的座位		
10. 活动的开始	可根据现场实际情况提前或者推后,由总负责人决定		
11. 领导介绍	介绍领导时注意不要有遗漏,特别是对临时决定来参加活动的领导		
12. 场内纪律	要制止在场内吃东西、大声聊天、随意走动等		
13. 标明洗手间的位置	要考虑周全		
三、后期工作(总结)			
1. 整理会场和物料	收拾剩余水瓶和节目单;拆卸幕布、条幅等宣传物料;整理归还租借物品;清理现场卫生等		
2. 财务结算	①尾款催收 ②演员劳务结算 ③制作尾款结算 ④项目费用结算		

续表

三、后期工作（总结）			
任务分工	主要工作要求及内容说明	负责人	完成时间
3. 整理文件材料，存档	①合同 ②方案策划、执行台本 ③宣传（网络、电视、报纸、杂志等）资料收集 ④现场照片、录像资料 ⑤物料设计稿、照片 将所有的活动材料进行整理存档		
4. 和媒体沟通确认是否报道	要和媒体沟通确认活动是否需要报道		
5. 整理照片、录像，做好内部刊物宣传	对活动照片进行整理，录像应当及时刻成光盘，视频上传到内部网络，在内部刊物上进行宣传		
6. 汇报工作	活动结束后应该及时向相关领导汇报活动情况，请上级指出不足之处		
7. 工作总结，召开总结大会	及时召开总结大会，总结经验，查找不足，讨论如何改进 ①对内、对外的总结报告 ②参与人员的评价与奖惩		

说明：结合具体活动实际，可对活动项目进行调整。

（案例来源：百度文库：公关公司全套详细活动策划执行方案）

11.4 危机公关策划

【经典案例】

地震与公共关系

2008年，四川汶川发生了特大地震灾害，许多企业积极参与抗震救灾、捐款捐物，在"地震公关"中取得了不同的效果，下面五个案例仅供参考。

王石与万科

万科第一时间捐了200万元，但王石在博客上回复网友时，认为"200万是个适当的数额"，"普通员工的捐款以10元为限"，这番话在网民中"一石激起千层浪"，有网友甚至认为"王石应该引咎辞职"。虽然后来王石道歉了，而且还表示"再捐出1个亿投入灾区重建"，但也弥补不了对万科品牌的伤害。

辽宁女与久游网

久游网是家本分的公司，高管没有像王石那样大放厥词，在哀悼日按照要求关闭了游戏服务器，可是公司还是遭遇了公关危机。

在哀悼日期间，一名"85后"的辽宁女生，用极其恶毒的话诅咒灾区的人，她的话激怒了所有网民。通过人肉搜索，人们认为这是一个玩"劲舞团"游戏的女孩，因为哀悼日在网吧里玩不了游戏，才录制了这段恶毒的视频。在随后的几天，人们纷纷将矛头指向久游网，人民网上有专栏连续刊登有关久游网的负面文章。

而释疑的声音——久游网副总裁吴军的文章20天以后才见诸网络。此时，久游网总裁王子杰也在新浪财经频道接受了一次专访，这是新浪财经频道一年来第一次为游戏公司作品牌访谈。一个游戏公司不在游戏频道做访谈，而选在了财经频道，久游网的意图非常明显，就是为了弥补久游网品牌的损失。

可此时，久游网的流量已经大幅下跌，而品牌方面的损失更无法估量。

马云与阿里巴巴

阿里巴巴也是"地震公关"的受害者。尽管阿里巴巴在第一时间捐款200万元，随后又发动网民和企业站长捐款，善款累计超过2 000万元，但对阿里巴巴的质疑之声仍不绝于耳。质疑主要指向两点：一是捐款数额200万元，二是早年马云参与的1元捐款。其实，马云从来不控股阿里巴巴，捐款数量并不由他个人决定，企业站长和网民长期受益于阿里巴巴，能够在阿里巴巴平台上捐款，也说明阿里系企业在赈灾中的价值；1元捐款是一种理念，而非针对突发灾害，更何况马云绝不可能只为汶川地震捐1元。

对于这次地震公关危机的处理，阿里巴巴非常迅速。一方面是紧急辟谣，阿里巴巴网站上专门制作了关于谴责地震谣言的专题，一些熟悉阿里巴巴的记者也在网络上发表自己的观点，声援阿里巴巴。另一方面，马云受邀和柳传志一起作为"赢在中国第三季"的总裁判，在比赛现场马云对选手的精彩点评及之后的创业演讲，也让人们对阿里巴巴顿生敬意。阿里巴巴迅速化解了这次危机。

马刚与瑞星

瑞星是软件行业中捐款最早的企业之一。100万元不算多，与软件业"大鳄"相比似乎不值一提，但随后瑞星公司组织的救灾队和包机行动，是很多大企业无法相比的。

马刚是瑞星的市场总监，也是瑞星公司救灾队的领队。他介绍，地震后的半个月，瑞星市场部，乃至整个瑞星公司（除研发部门以外）都变成了物流公司——一个运送救灾物资的物流公司。马刚和瑞星的员工以及网络同行（techweb等）包下几辆大货车，将救灾物资源源不断地送到灾区人民手里。瑞星为灾区提供了数千顶帐篷，帐篷数量约占全国救灾帐篷总数的1%左右。除了救援队，瑞星公司还组织了包机，把互联网行业的救灾物资源源不断地运往灾区。

吴海军与神舟

和王石形成鲜明对比的是神舟电脑董事长吴海军的"滚蛋令"。灾后不久，吴海军一句"不向灾区捐款，就从我公司滚蛋"一时成为网络流行语，吴海军也成为热议人物。神舟电脑和吴海军的捐款累计超过了200万元，和万科打算投入的1亿元相比，不在一个数量级，但这200万元在网民对"滚蛋令"的讨论中，慢慢发酵膨胀，效果是万科的几十倍。或许有一天人们忘记了神舟捐了200万元，但人们一定不会忘记吴海军和神舟，不会忘记"滚蛋令"。

五个企业五种不同类型的"地震公关",在汶川地震中,我们看到了形形色色的企业、形形色色的人物,或许从公共关系的角度去分析灾后企业捐助的动机并不恰当,可从客观上看,捐助就是一种公共关系。

(案例来源:上海SEO——汶川地震后制造的网络公关效应案例)

11.4.1 危机公关策划的意义

公关危机现象很多,如管理不善、防范不力等引发的重大伤亡事故;自然灾害造成的重大损失;产品质量和组织的政策或行为引起的信誉危机,等等。对这些危机事件处理不当,将会给组织造成灾害性的后果。

公关危机可分为以下的类型。

一、根据危机存在的状态,可分为一般性危机和重大危机

(一) 一般性危机

一般性危机主要是指常见的公关纠纷。从某种意义上说,公关纠纷还算不上真正的危机,它只是公关危机的一种信号、暗示和征兆。只要及时处理、做好工作,公关纠纷就不会转向公关危机。

(二) 重大危机

所谓重大危机,主要是指企业的重大安全事故、严重的劳资纠纷,以及产品或企业的信誉危机、股票交易中的突发性大规模收购等。对此公关人员必须立即进行处理,最好在平时就有所准备。

二、根据危机与企业的关系,可分为内部公关危机和外部公关危机

(一) 内部公关危机

内部公关危机发生在企业内部。这种危机主要是该企业的成员直接造成的,危机的责任主要由该企业成员承担。

(二) 外部公关危机

外部公关危机是发生在企业外部、影响多数公众利益的一种公关危机。本企业只是受害者之一。

内部和外部只是相对的,因为有些公关危机的发生,内部和外部原因都有。故对具体公关危机的划分与处理必须具体分析、恰当处理。

三、根据危机给企业带来的损失的表现形态,可分为有形公关危机和无形公关危机

(一) 有形公关危机

这种危机给企业带来直接而明显的损失,如房屋倒塌、爆炸、火灾等事故造成的人员伤亡和财产损失。

(二) 无形公关危机

这种危机给企业带来的损失是隐性的,虽然表现得不明显,但不等于对企业的损害不严重,如给企业形象带来损害的危机,就属于无形公关危机,如果不采取紧急有效的措施化解,企业将蒙受重大损失。

11.4.2 危机公关策划的核心

危机公关属于非常态的信息传递行为,需要遵循一些基本原则。这些原则制定的标准是根据在危机中受众所表现出的不同寻常的心理特征。依据这些原则进行危机公关可以在很大程度上减轻受众所表现出的紧张和恐惧心理，从而在处理危机的过程中发挥积极的作用。危机公关主要有以下八项基本原则。

一、保证信息的及时性

危机很容易使人产生恐惧心理，因此保证信息的及时性，让受众第一时间了解事件的情况，对危机公关至关重要。

二、保证受众的知情权

随着社会的不断发展，公众对话语权的诉求越来越强烈。当危机发生时，所有危机受众都有权利参与与之切身利益相关的决策活动。危机公关的目的不应该是转移受众的视线，而是应该是告诉受众真相，使他们能够参与到危机管理工作中来，表现出积极合作的态度。

三、重视受众的想法

危机发生时，受众所关注的并不仅仅是危机所造成的破坏或是所得到的补偿，他们更关心的是当事方是否在意他们的想法，并给予足够的重视。如果他们发现当事方不能做到这些，就很难给予当事方信任，化解危机也就变得更加困难。

四、保持坦诚

始终保持坦诚的态度，面对危机不逃避，敢于承担责任，就容易取得受众的信任和谅解。危机公关的首要目的就在于此，保持坦诚是保证危机公关得以有效实施的基本条件。

五、保证信源的一致性

危机公关中最忌讳的就是所传递的信息不一致，这样很容易误导公众和破坏危机中所建立起来的信任。如果当事方不能保证信息的一致性，那么危机管理将无从谈起。

六、保证与新闻媒体的有效沟通

新闻媒体在危机公关中扮演着非常重要的角色，既是信息的传递者，也是危机事件发展的监督者，所以保证与新闻媒体的有效沟通直接影响危机公关的走向和结果。

七、信息要言简意赅

在危机公关过程中，受众和新闻记者没有兴趣去听长篇大论，他们需要的是言简意赅的核心内容，表述还要通俗易懂，有利于传播。

八、整体策划

危机公关虽然是因某个事件而发起的，具有不确定性，但制定危机公关方案时，需要站在整体的角度进行全面缜密的策划，才能保证危机公关的有效性。

【经典案例】

麦当劳的违规风波

2012年在央视"3·15"晚会上，麦当劳被曝光一些食品在制作和售卖过程中出现多种违规问题。节目播出后一小时，麦当劳官方微博便做出了回应，全文如下：

央视"3·15"晚会所报道的北京三里屯餐厅违规操作的情况，麦当劳（中国）对此非常重视。我们将就这一个别事件进行调查，坚决严肃处理，以实际行动向消费者表示歉意。

我们将由此深化管理，确保营运标准切实执行，为消费者提供安全、卫生的美食。欢迎和感谢政府相关部门、新闻媒体以及消费者对我们的监督。

对于出现的危机，麦当劳反应迅速，并且在舆论上获得了相当高的支持率。在整个危机公关中，麦当劳坚持了以下几条原则。

一、承担责任原则

问题曝光后，麦当劳马上通过官方微博及时向公众公开道歉，并向相关监督部门表示感谢，诚意十足。同时，公司相关负责人也在第一时间赶到现场，与新闻媒体和公众进行沟通，符合承担责任的原则。

二、真诚沟通原则

问题曝光后，麦当劳通过官方微博致歉，态度诚恳，让更多受众看到了其真诚的一面，符合危机公关真诚沟通的原则。

三、速度第一原则

央视播出之后仅一个小时，麦当劳官方微博即发表声明，以坦诚的态度，表示将立即调查，严肃处理。这一快速回应让麦当劳迅速占据了舆论制高点。第二天各新闻媒体报道这一事件时几乎都附带提及这一表明积极态度的微博声明，麦当劳的企业形象也因此在这一事件中得到了保全，符合速度第一的原则。

四、系统运行原则

除了第一时间发表致歉声明，企业相关负责人也及时赶到现场，与公众和新闻媒体进行沟通。此外，对问题店进行停业整顿，并通过新闻媒体公布其全国各门店彻底自查的举措，符合系统运行的原则。

五、权威证实原则

在事件中，麦当劳除了发表致歉声明，还请北京市卫生监督所进行检查，并将检查结果公之于众。虽然检查结果证明麦当劳在卫生方面确实存在问题和漏洞，但让人看到了麦当劳认识错误并勇于改正错误的态度和决心，符合权威证实的原则。

（案例来源：麦当劳案例及企业"3·15"危机公关行动指南_ IWOM）

11.4.3 危机公关策划的要旨

危机公关中发布信息时，有四点对构建组织的公信力十分重要，可以称为"要旨"，无论是从书面还是口头的形式发布信息，都必须鲜明地体现出这四个要旨。

一、同情和关注

发布危机信息时，要在30秒内表达同情和关注，承认自己也感到恐惧、悲伤、痛苦和困惑，从而赢得受众的共鸣，使他们更容易接受相关的信息。这种同情和关注还体现在当事方所采取的具体对策和所掌握的具体情况上。

二、能力和权威性

发布危机信息应当交代基本背景资料，这是在危机过程中表明权威性和赢得公信力的捷径。诚然，能在危机发生之前就已经与受众建立起互信的关系是再理想不过了。如果做不到这一点，那么可以寻找一个目标受众信赖的"第三方"（最好是受众中的"意见领袖"），让他表达对发言人及其所代表的组织的信任，从而通过他的中介作用最终赢得受众的信任。

三、坦诚和开放

坦诚和开放并不意味着什么话都说，或者在时机不成熟的时候发布信息。在此，当事人发言人应当采取务实的态度来对危机事件进行回应。如果你所在的组织不允许你发布信息或做出评论，不要用"无可奉告"一类的外交辞令来搪塞，应该向公众解释此时为何没有可供发布的信息（例如，信息还有待核实，你所在的组织还未得到发布信息的许可，等等）。总之，要让新闻媒体和公众明白，在危机期间谨慎从事，可以确保救援工作万无一失。在解释的过程中，尽量避免使用专业术语或者模棱两可的委婉话语，这样做往往会让人觉得你缺乏诚意，也可能加剧公众的不安全感。

发言人也不能表现出一副居高临下的架势，对受众进行说教或者发号施令，而应当为受众提供足量的信息和各种选择，让他们自己做出判断和决策，这就是所谓的"参与性传播"。

四、责任感和奉献精神

发言人要向新闻媒体和公众阐明所在组织处理危机的目标，一方面承认危机造成的负面影响，另一方面也应该不讳言处理危机的难度和必须付出的代价。相关负责人应当在第一时间到危机现场处理善后事宜。随着时间的推移，新闻媒体对危机事件的关注程度可能会逐渐降低，报道量会相应减少，因此，有关部门应该把后续的信息通过各种渠道传递给受众。这个工作要一直坚持到危机的圆满解决。

为了更易于受众接受，当事方在发布信息时，可以根据具体情况运用以下一些技巧：

（1）信息简明扼要、中心突出。人们在危机面前往往非常焦虑和恐慌，没有心情听长篇大论，因此当事方应当亮出"底牌"，给公众吃"定心丸"。随着他们的情绪逐渐平静下来，再向他们提供更多的信息。

（2）开门见山。直接进入最重要的信息，不要以背景介绍开场。在提供有关具体行动的信息时，尽量使用肯定句，避免使用否定句。换言之，就是直接告诉受众应该做什么。

（3）要不断地重复信息。不断地重复意味着可信度和持久的影响。实际上，每次重复信息都是在对信息做进一步的修正。广告学中最重要的概念是"覆盖面"和"频率"，信息是否得到有效接受，与信息达到的范围和发布的频率有密切关系。

（4）具体化。将抽象的信息转化成容易记忆的形式，例如数字、押韵的口诀和缩略语等。

（5）涉及相关政府部门或组织时，尽量用"我们"进行表述，这样更具有亲和力。

（6）不要推断或预测。不要讨论所谓"最坏（或最糟）的情况"，不要回答任何假设性的问题，坚持以已知事实为依据的原则。任何主观臆断都会让发言人陷于被动，损害其公信力。

（7）不要讨论钱的问题。在危机爆发之初，最重要的问题是受众的切身利益是否受到损害，是否有扩大影响的可能性，组织自身的财产损失是第二位的。此外，也不要在此时谈当时投入了多少资金用于处理危机，这不能说明当事方重视此危机的程度，谈论具体的措施比谈钱更有说服力。

（8）避免幽默。虽然幽默有助于缓解人们的精神压力，但应当注意，这通常是用在

"关起门说话"的私人场合。危机期间面对新闻媒体和公众时，使用幽默往往会产生适得其反的效果。往往是眼前的危机还未平息，不适当的幽默又引发另一场危机。

【策划实战】

招生活动方案策划

（一）实战目标

试着使用头脑风暴法，根据自己学校的特点和特性，想出一次有助于下学年9月份招生的活动。

（二）实战要求

假设本次活动校方提供场地及2 000元的活动赞助费，请写出公关活动的目标、流程、执行要点以及特殊情况（如露天场地下雨，邀请嘉宾无法到场等）的应对方案。

（三）实战任务

请从网络上搜索相关资料以及资源并完成策划，尽可能使实战达到以下任务标准：可操作性强，使用费用控制在合理范围内，产生的效益达到最大化，产生的影响达到最大化。

【本章小结】

1. 公关策划的相关性。各种方法或思路，要么相互重叠，要么突出重点，操作时应考虑到实际情况，予以综合利用。

2. 公关策划的局限性。严格来讲，公关策划并没有固定模式，需要根据实际情况进行摸索。

3. 公关策划人员应该在学习中积累广博的理论知识，阅读大量公关策划案例，保持对时事的敏感度和热情，勇于实践，挖掘自己的创造力，从而提高公关策划水平。

【思考分析】

1. 怎样的公关策划才叫好的策划？
2. 公关策划的程序是什么？
3. 为什么要做好企业内部公关？
4. 危机公关的首要原则是什么？
5. 试着寻找一个公关案例，它必须具备相当的创意和新奇性，同时也能达到最大的新闻影响力，与同学和老师分享此案例。

参 考 文 献

[1] [英] 马尔科姆·麦克唐纳,[英] 彼得·莫里斯. 图解营销策划 [M]. 高杰,译. 北京:电子工业出版社,2014.
[2] [英] 马尔科姆·麦克唐纳. 营销策划:理念·步骤·方法 [M]. 张雪,译. 北京:中国铁道出版社,2016.
[3] 陈建中,吕波. 营销策划文案写作指要 [M]. 北京:中国经济出版社,2011.
[4] 黄尧. 营销策划创意训练教程 [M]. 北京:电子工业出版社,2015.
[5] 任锡源. 营销策划 [M]. 北京:中国人民大学出版社,2016.
[6] 肖梁,董亚妮. 市场调研策划 [M]. 成都:西南财经大学出版社,2010.
[7] 郭勇. 产品分销渠道策划 [M]. 北京:中国时代经济出版社,2005.
[8] [英] 朱利安·丹特. 渠道分销 [M]. 杨博,译. 上海:立信会计出版社,2014.
[9] 郭玉良. CIS品牌策划与设计 [M]. 北京:中国电力出版社,2005.
[10] 程宇宁. 品牌策划与推广 [M]. 北京:中国人民大学出版社,2016.
[11] 刘世忠. 品牌策划实务 [M]. 上海:复旦大学出版社,2012.
[12] 黄升民,段晶晶. 广告策划 [M]. 北京:中国传媒大学出版社,2013.
[13] 钟静. 广告策划:理论、案例、实务 [M]. 北京:人民邮电出版社,2016.
[14] 吴柏林. 广告策划:实务与案例 [M]. 北京:机械工业出版社,2013.
[15] 李森. 企业形象策划 [M]. 北京:北京交通大学出版社,2013.
[16] 叶万春. 企业形象策划——CIS导入 [M]. 大连:东北财经大学出版社,2015.
[17] 王丽. 企业形象策划实务 [M]. 北京:清华大学出版社,2015.
[18] 姜玉洁,李茜,郭雨中. 促销策划 [M]. 北京:北京大学出版社,2011.
[19] 朱华锋. 促销活动策划与执行 [M]. 合肥:中国科学技术大学出版社,2016.
[20] 谭昆智,汤敏慧,劳彦儿. 公共关系策划 [M]. 北京:清华大学出版社,2014.
[21] 余明阳,薛可. 公共关系策划学 [M]. 北京:首都经济贸易大学出版社,2012.
[22] 张昊民. 营销策划 [M]. 北京:电子工业出版社,2015.
[23] 杨明刚. 营销策划创意与案例解读 [M]. 上海:上海人民出版社,2008.
[24] 塞尔. 商业活动策划与整合营销传播 [M]. 北京:中国人民大学出版社,2005.
[25] 王水清,邵斌,王玉波. 市场营销策划 [M]. 南京:南京大学出版社,2011.